Mensch.
Talent.
Zukunft.

Mittelpunkt Mensch

Herausgegeben
von Ines Weber

Band 1

Ines Weber

Mensch. Talent. Zukunft.

Persönlichkeitsbildung
an der Hochschule

mit Basis-Curriculum

Matthias Grünewald Verlag
Jan Thorbecke Verlag

VERLAGSGRUPPE PATMOS

PATMOS
ESCHBACH
GRÜNEWALD
THORBECKE
SCHWABEN
VER SACRUM

Die Verlagsgruppe
mit Sinn für das Leben

Für die Verlagsgruppe Patmos ist Nachhaltigkeit ein wichtiger Maßstab ihres Handelns. Wir achten daher auf den Einsatz umweltschonender Ressourcen und Materialien.

Bibliografische Information der Deutschen Nationalbibliothek
Die Deutsche Nationalbibliothek verzeichnet diese Publikation in der Deutschen Nationalbibliografie; detaillierte bibliografische Daten sind im Internet über http://dnb.d-nb.de abrufbar.

Verlagsgruppe Patmos in der Schwabenverlag AG, Ostfildern
www.gruenewaldverlag.de
www.thorbecke.de

Umschlaggestaltung: Sonja Schmolz, Werbeagentur know-how
Umschlagabbildung: stocksy, Goce Ilievski
Bilder Innenteil: stocksy, Goce Ilievski
Porträt Rückseite: Volker Weihbold
Gestaltung, Satz: Sonja Schmolz, Werbeagentur know-how
Druck: CPI books GmbH, Leck
Hergestellt in Deutschland
ISBN 978-3-7867-3071-2 (Grünewald)
ISBN 978-3-7995-8771-6 (Thorbecke)

Wahre Entwicklung muss
umfassend sein,
sie muss jeden Menschen
und den ganzen Menschen
im Auge haben.

POPULORUM PROGRESSIO 14

Inhalt

Vorwort 8

Einleitung 15

Persönlichkeiten 27
Kultureller Wandel des 21. Jahrhunderts 28
Ganzheitlich gebildete Persönlichkeiten als Antwort 36
Das große Potenzial theologischer Bildung 50
Bildung neu denken 66

Prinzipien 73
Das Prinzip Hochschule 75
Studierende als Akteurinnen und Akteure der Zukunft 82
Persönlichkeitsbildung durch Fachstudium 87
Konzeption der Lehr-Lern-Prozesse 96
Rollendenken und Haltungen 110
Hochschule als Talentschmiede und Laboratorium der Zukunft 115

Curriculum 119
Aufbau und Zielgruppen 122
Fachübergreifendes Studienprogramm 126
· ready.study.go! Erfolgreich studieren 127
· Studienbegleitendes Mentoring 147
· Durchstarten! Erfolgreich in den Beruf oder ins (neue) Forschungsprojekt 151
Fachstudium 155
· Das Proseminar 157
· Das Hauptseminar 168
· Die Übung, die Arbeitsgemeinschaft, das Tutorium, das Kolloquium 174

· Die Vorlesung 178
· Das Forschungsseminar 182
· Das fach- oder hochschuldidaktische Seminar 187
· Die Exkursion 194
· Das Projektseminar 197
· Das Oberseminar, das Privatissimum, das Kolloquium zum Abfassen von Abschlussarbeiten 200
Persönlichkeitsbildung und E-Learning, Distance Learning oder Online-Learning? 204
Universität als Lebens- und Gesellschaftsschule 208

Schluss 210

Zukunftsmusik 215

Literatur 221
Literaturverzeichnis 222
Anmerkungen 254

Vorwort

Als Kirchenhistorikerin einen Band zur „Persönlichkeitsbildung an der Hochschule" vorzulegen und damit eine neue Reihe mit dem Titel „Mittelpunkt Mensch" zu eröffnen, erschließt sich wohl nicht auf Anhieb von selbst. Das Thema der Persönlichkeitsbildung beschäftigt mich jedoch seit den Anfängen meiner beruflichen Tätigkeit an der Hochschule. Dass aus diesen Überlegungen und Bemühungen einmal ein Projekt, ein Buch, gar eine ganze Reihe entstehen sollte, war anfangs nicht absehbar.

Nach einer Ausbildung zur Bankkauffrau habe ich Katholische Theologie und Chemie für das Lehramt der Sekundarstufe II und I studiert. Ich habe danach jedoch kein Referendariat angeschlossen und bin nicht in die Schule gegangen, sondern habe ein Promotionsstudium in Kirchengeschichte begonnen. Später habe ich im Fach auch habilitiert. Meine Liebe zur Kirchengeschichte habe ich gleich zu Beginn meines Studiums entdeckt, als ich in Münster dem großartigen Kirchenhistoriker und meinem späteren Lehrer Arnold Angenendt begegnet bin. Mit seinem Interesse danach zu fragen, warum Menschen ihr Christsein wie gelebt haben, hat er mir ein ganz anderes Bild von Geschichte vermittelt, als ich es bis dahin kannte. Kirchengeschichte als Religions- und Frömmigkeitsgeschichte, als Sozial- und Gesellschaftsgeschichte zu betreiben, hat mich fasziniert. Insofern habe ich sein Angebot, in Kirchengeschichte zu promovieren, gern angenommen. Seine Begeisterung für Lehre und Forschung ist mir über die Jahre zum Vorbild geworden. Schlussendlich habe ich meine Dissertation bei meinem zweiten Lehrer Andreas Holzem in Tübingen abgeschlossen. Auch von ihm und seinem Ansatz der Kirchengeschichte habe ich sehr viel gelernt. Er hat mir über die Jahre allen Freiraum in der Gestaltung meiner Lehrveranstaltungen gelassen.

Die Liebe zur Methodik und Didaktik, die mich ursprünglich zum Lehramtsstudium bewegt hatte, hat mich auch mit dem Beginn des

Promotionsprojektes nicht losgelassen. So habe ich zunächst eine Ausbildung zur Erwachsenenbildnerin gemacht und mit Antritt der Assistentinnenstelle an der Katholisch-Theologischen Fakultät in Tübingen eine hochschuldidaktische Fort- und Weiterbildung absolviert. Alles Gelernte, alle Ideen und Anregungen sind in die Konzeption meiner Lehre im Fach Kirchengeschichte eingeflossen. Zugleich wollte ich Studierenden innerhalb von fachlicher Bildung möglichst viel Raum zur persönlichen Entwicklung geben, damit sie nicht nur an ihren Schwächen und Defiziten arbeiten, sondern vor allem ihre Stärken ausbauen und ihre Talente entwickeln können. Fachbildung und Persönlichkeitsbildung sind hier zusammengewachsen.

Zu Beginn der 2000er-Jahre haben sich neue Möglichkeiten aufgetan. Ich habe zunächst von der Katholisch-Theologischen Fakultät Tübingen, einige Zeit später auch vom Studium Professionale, dem Zentrum zum Erwerb von Schlüsselqualifikationen der Universität Tübingen, sowie vom Ambrosianum Sprachenjahr Tübingen, dem Propädeutischen Seminar der Diözese Rottenburg-Stuttgart, das Angebot erhalten, Kurse und Trainings für Studierende zu entwickeln, die sie bei ihrem Lernen und Arbeiten unterstützen sollten. Meinem Ansatz folgend habe ich die Trainings so konzipiert, dass die individuelle Persönlichkeit jeder und jedes Studierenden, ihre und seine Fähigkeiten, Stärken und Talente, ihre und seine Anliegen und Fragen, Wünsche und Nöte im Mittelpunkt stehen und von hier aus ein Angebot zum Lernen und Arbeiten, zur persönlichen Bildung, konstruiert. Demnach dienten die Kurse von Anfang an nicht einfach der Vermittlung von Studientechniken, sondern folgten der Perspektive der Persönlichkeitsbildung. Seit nunmehr fast zehn Jahren darf ich auch hochschuldidaktische Fort- und Weiterbildungen leiten, die bei der Gestaltung von Lehre die Persönlichkeit der Studierenden ebenso im Fokus haben wie die der Lehrenden.

All das zeigt, von welchen Seiten her sich die Idee entwickelt hat und ein Konzept entstanden ist, das 2014 in ein Drittmittelprojekt gemündet ist, das ich unter dem Namen „Persönlichkeitsbildung an der Hochschule“, inzwischen in „gute Gesellschaft“[1] umbenannt, leiten darf. Alle angesprochenen Dimensionen sind hier miteinander verschmolzen: Persönlichkeitsbildung und Fachstudium, Lehre und Forschung, nicht zuletzt auch Forschungen zur christlichen Bildungsgeschichte. Dabei wird das Konzept auf allen Ebenen kontinuierlich weiterentwickelt. Inzwischen sind einige Multiplikatorinnen und Multiplikatoren ausgebildet worden und es haben auch Kurse zur persönlichen Bildung von Mitarbeiterinnen und Mitarbeitern im kirchlichen Bereich stattgefunden. Genauso sind erste Studien zur Frage nach der Bildung in der Christentumsgeschichte angestellt worden.

All das war möglich, weil viele Menschen und Institutionen die Projektidee über die Jahre hinweg unterstützt, begleitet, mich ermutigt und ermuntert, mir zugetraut und zugesprochen haben. Entweder hatten sie dieselben Interessen und das gleiche Anliegen oder sie waren gar konträrer Meinung. In unzähligen Gesprächen haben wir immer wieder diskutiert und debattiert, Erfahrungen ausgetauscht, Konzepte und Situationen problematisiert, kritische Rückfragen gestellt, neue Ideen durchdacht, einige weiterentwickelt und andere verworfen. Die Gespräche haben über Jahre hinweg an vielen Orten zu unterschiedlichen Zeiten in völlig verschiedenen Kontexten stattgefunden – in beruflichen Zusammenhängen genauso wie im Privaten und in der Freizeit. Mit Kolleginnen und Kollegen sowie Studierenden, unter Verwandten und Freunden, aber auch mit Amtsträgerinnen und Amtsträgern aus Kirche und Politik, Hochschule, Wirtschaft und Gesellschaft habe ich mich an verschiedenen Fakultäten und Universitäten, an Akademien, an Zentren für Schlüsselqualifikationen und an hochschuldidaktischen Zentren, im Netzwerk Theologie und Hochschuldidaktik und innerhalb von Kirche und Pastoral auf Tagungen und in Fort- und Weiterbildungen, in Seminaren, in Sitzungen oder beim gemütlichen Beisammensein austauschen dürfen. Mit diesen Menschen durfte ich über die Jahre wachsen und reifen, mich entwickeln, in Sackgassen geraten und neue Wege finden. Ihnen bin ich für ihre Offenheit und für ihre Anregungen sehr dankbar. Das gilt auch für meine jetzige Wirkungsstätte, die Katholische Privat-Universität Linz sowie die Diözese Linz, die mir ein hervorragendes Arbeitsfeld bieten. Ein ebenso großer Dank gilt den Studierenden, mit denen ich über die Jahre in der kirchenhistorischen Lehre sowie in den fächerübergreifenden Kursen und Trainings zusammenarbeiten durfte. Sie waren bereit, ihre Erfahrungen, ihre Erfolge genauso wie ihre Schwierigkeiten und Ängste mitzuteilen, mit ihnen durfte ich viele Glücksmomente erleben. Von ihnen habe ich viel gelernt und ich lerne täglich neu dazu. Selbiges gilt für alle Mitarbeiterinnen und Mitarbeiter am Institut für Kirchengeschichte – angefangen von der Lehrstuhlvertretung in Regensburg, über meine Gastprofessur für Nachwuchswissenschaftlerinnen in Augsburg bis hin zur Katholischen Privat-Universität Linz – sowie im Projekt Persönlichkeitsbildung. Wir haben intensiv und ausgiebig geredet, beraten, debattiert, uns mit unseren unterschiedlichen Persönlichkeiten ausgetauscht. All das hat mich sehr bereichert.

Bei der finalen Manuskripterstellung für die Drucklegung waren mir meine derzeitigen Mitarbeiterinnen und Mitarbeiter am Institut für Kirchengeschichte und Patrologie und im Projekt mit ihrem immensen Engagement, ihrem Enthusiasmus und ihrer unermüdlichen Schaffenskraft eine sehr große Stütze. Überaus großer Dank gilt Sonja Schmolz und der Werbeagentur know-how, mit der ich seit Jahren zusammenarbeite. Sie hat nicht einfach nur technisch unterstützt. Vielmehr hat sie das Projekt mit ihren überzeugenden, kreativen, individuell zugeschnittenen Ideen und ihrer Begeisterung vorangetrieben und sie tut es weiterhin. Auch mit ihr bin ich vielfach inhaltlich im Gespräch gewesen. Sie hat mich ermuntert und beflügelt sowie persönlich gebildet. In dem Zusammenhang sei auch Herrn Harald Ehrl vom Augustiner-Chorherrenstift St. Florian gedankt. Die von ihm konzipierte Ausstellung mit den von ihm bearbeiteten Zitaten von Theologen der Kirchengeschichte hat mich so berührt und ist derartig mit dem Projektinhalt kompatibel, dass Texte von Augustinus und

Alkuin in den vorliegenden Band eingeflossen sind. Nicht zuletzt sei der Verlagsgruppe Patmos, näherhin dem Matthias Grünewald Verlag und dem Jan Thorbecke Verlag, speziell Claudia Lueg und Volker Sühs sowie Jürgen Weis, gedankt, die dieses Projekt angenommen und die Vollendung des Bandes über die Jahre geduldig abgewartet haben.

Mein Herz schlägt für die Kirchengeschichte genauso wie für die Persönlichkeitsbildung. Wie gut beides zusammengeht, wird der vorliegende Band zeigen.

„Mittelpunkt Mensch“

Mit dem Band „Mensch – Talent – Zukunft. Persönlichkeitsbildung an der Hochschule. Mit Basis-Curriculum“ wird zugleich die Reihe „Mittelpunkt Mensch“ eröffnet. Diese will in verschiedenen Bänden die Möglichkeit bieten, Materialien zur praktischen Umsetzung des im ersten Band vorgeschlagenen Konzeptes zu publizieren sowie die theoretische Debatte weiter fortzuführen. Insoweit fügen sich die Folgebände nahtlos in die im Grundlagenband erarbeitete Veranstaltungsstruktur und das sich daraus ergebende Basis-Curriculum ein. Sie explizieren das ganzheitliche Konzept, sodass es in die universitäre Lehrpraxis implementiert werden kann. Im Hinblick auf die Kirchengeschichte sind themenspezifische, epochenübergreifende Quellensammlungen mit einer konfessions- und in Einzelfällen auch religionsübergreifenden Perspektive geplant. Dasselbe gilt für andere Fächer und Disziplinen. Die entsprechenden Lehrmaterialien werden alle mit Kommentaren und methodischen Anregungen versehen sein, sodass mit ihnen die Rezeption des Konzeptes der Persönlichkeitsbildung innerhalb der Lehrveranstaltungen ermöglicht wird. Desgleichen sind methodisch-didaktische Hilfen vorgesehen. Genauso werden die fachübergreifenden Kurse und Trainings in eigenen Bänden erläutert werden. Entsprechend werden Handreichungen erscheinen, die sowohl innerhalb der universitären Lehre als auch in anderen Bereichen wie Schule und Erwachsenbildung eingesetzt werden können.

Einleitung

Mut
Verantwortungsbewusstsein
Solidarität
Kritisches Denken
Reflexionsfähigkeit
Unterscheidungsfähigkeit
Dialogfähigkeit
Diskussionsfähigkeit
Kreativität
Fantasie
Achtsamkeit
Respekt
Mitgefühl
Zeitmanagement
Selbstständigkeit
Durchhaltevermögen
Fachwissen

Mut, Verantwortungsbewusstsein, Solidarität, kritisches Denken, Reflexions- und Unterscheidungsfähigkeit, Dialog- und Diskussionsfähigkeit, Kreativität, Fantasie, Achtsamkeit, Respekt, Mitgefühl, ein gutes Zeitmanagement sowie Selbstständigkeit, Geduld und Durchhaltevermögen – alle diese Kompetenzen haben sich in der Corona-Pandemie für die Einzelne und den Einzelnen als überaus wichtig erwiesen, um den beruflichen genauso wie den privaten Alltag zu meistern. Sie haben geholfen, den gesellschaftlichen Zusammenhalt zu gewährleisten sowie Lösungen für die ‚neue Normalität' zu finden. Aber ist das neu? Wissen wir erst seit Corona, wie wichtig diese Fähigkeiten sind? Mitnichten. Globalisierung, Diversifizierung und Digitalisierung sowie Pluralisierung und die damit verbundenen inter- sowie transkulturellen und -religiösen Herausforderungen einschließlich der veränderten sozialen, wirtschaftlichen und demografischen Bedingungen haben in den letzten Jahrzehnten ihre Spuren hinterlassen und zu grundlegenden gesellschaftlichen und kulturellen Wandlungen geführt. Diese haben ausnahmslos alle Bereiche unseres Lebens vollkommen verändert: das Arbeitsleben genauso wie das Privat- und Gesellschaftsleben – und sie verändern sie weiter.

Folglich betonen Arbeitsmarkt- und Bildungs- sowie Zukunftsforscherinnen und -forscher schon seit mindestens zehn Jahren, dass jeder Mensch ein umfassendes Kompetenzprofil aufweisen sollte, um resilient die Zukunft mitgestalten zu können. Nicht zuletzt deshalb ist immer wieder der Ruf nach gebildeten Persönlichkeiten laut geworden, die über ein ebensolches Profil verfügen. Von welchen Persönlichkeiten aber ist hier die Rede? Sollen Menschen zu Persönlichkeiten werden, um sich effizient in Arbeitsprozesse einzubringen, sodass sie Staat und Gesellschaft funktionsfähig halten und den Output von Unternehmen oder ganzen Gesellschaften steigern? Oder soll das gesellschaftliche Zusammenleben und -arbeiten gerecht, demokratisch, menschlich gestaltet werden? Steht das Kollektiv im Zentrum oder wird auf die Selbstentfaltung bzw. Selbstoptimierung der und des Einzelnen gesetzt? Und bleibt bei alledem das Fachwissen auf der Strecke? Die Pandemie hat schließlich auch gezeigt, dass wir ohne selbiges nicht auskommen: die Forschungen zum Impfstoff, das Kämpfen um das Überleben von Menschen in Kliniken, das Umstellen einzelner Bekleidungshersteller auf die Produktion von Mund-Nasenschutz-Masken oder der Autoindustrie auf Beatmungsgeräte genauso wie die (Weiter-)Entwicklung von (neuer) Software oder von Apps sowie von E-Learning-Formaten für Schule und Hochschule, die Lernen und Bildung weiterhin ermöglichten. All das beruht auch auf solidem Fachwissen. Demnach ist es unmöglich, Letzteres gegen die eingangs genannten Kompetenzen auszuspielen. Im Gegenteil bedingen sich alle diese Fähigkeiten wechselseitig: Nur mit profunder Fachkompetenz können die übrigen Kompetenzen überhaupt zur Anwendung kommen. Eine Diskussion beispielsweise zur Frage von Homeschooling oder darüber, welche digitalen Kommunikationsmedien in Schule oder Hochschule eingeführt werden, benötigt Softwarekenntnisse und methodisch-didaktisches Wissen über guten Unterricht.

Wo aber geschieht eine solche Form der Persönlichkeitsbildung? Wo wird der Fachausbildung das gleiche Gewicht zugemessen wie der Bildung anderer Kompetenzen? Wo können Menschen die kognitiven, kommunikativen, sozialen, personalen, vielleicht sogar spirituellen sowie fachlichen Kompetenzen miteinander verschränkt ausbilden und wo werden sie darauf hingewiesen, dass eine solche Qualifikation nicht allein für den Arbeitsmarkt befähigt? Wo werden berufliche Anforderungen oder die gesellschaftliche Verantwortung der und des Einzelnen überhaupt thematisiert?

Bei aller Kompetenzorientierung wird eine solche Bildung und werden solche Fragen in der Hochschule nach wie vor eher wenig angesprochen und ermöglicht. Nur in den seltensten Fällen werden Lernumgebungen explizit umfassend und zugleich reflektiert organisiert, sodass die und der Einzelne sich darin entfalten kann. Wo zum Beispiel dürfen Studierende das Diskutieren üben und erhalten entsprechende Rückmeldung auf Wortwahl und Körpersprache? Geschieht das im täglichen Fachstudium oder nur in gesonderten Veranstaltungen, zu denen in der Regel lediglich jene gehen, die ohnedies an der Materie interessiert sind, die schon diskutieren können und es sich demnach trauen? Letzteres ist wohl vornehmlich der Fall. Demnach werden die eingangs genannten Kompetenzen eher noch im Vorbeigehen, zufällig und unbewusst eingeübt. Dasselbe gilt für die Einbindung der und des Einzelnen in die Gesellschaft sowie für die Arbeitsmarktanforderungen. Auch sie werden allenfalls nebenbei erwähnt.

Persönlichkeiten, die auch gesellschaftlich Verantwortung übernehmen können, werden jedoch nur in den seltensten Fällen als solche geboren. Auch entwickeln sie sich zumeist nicht von selbst und autodidaktisch. Dafür braucht es explizite und bewusst geschaffene Räume der Ermöglichung. Aber ist das im jetzigen Bildungssystem überhaupt zu leisten? Oder brauchen wir dafür eine erneute Studienreform, bestenfalls mit neuen und damit zusätzlichen Unterrichtsfächern wie ‚Glück und Achtsamkeit', ‚Talentschmiede' oder ‚Persönlichkeitsbildung', ein Angebot, das Coaching- und Beratungsunternehmen der Wirtschaft schon längst machen? Mitnichten! Das aktuelle Bildungssystem bietet eine Vielzahl von Möglichkeiten, Persönlichkeitsbildung in jedem Fachstudium zu ermöglichen, ohne dafür neue Fächer zu kreieren oder die Lehr- sowie Studienpläne umschreiben und neu akkreditieren zu müssen.

Forschungs- und universitärer Praxisstand

Konkrete Vorschläge, wie sich eine solche Persönlichkeitsbildung an der Hochschule mit entsprechendem gesellschaftlichen Bezug in der Praxis umsetzen lässt, fehlen bislang jedoch. Zwar hat nicht erst die Pandemie gezeigt, wie virulent diese Überlegungen sind. Vielmehr ist das Thema in den breit geführten (bildungs-)politischen sowie pädagogischen Debatten der letzten zwei Jahrzehnte im deutschsprachigen Raum immer wieder deutlich ins Wort gehoben worden. In regelmäßigen Abständen ist in der Tagespresse sowie in entsprechenden Bildungsspiegeln, auf Fachtagungen und online veranstalteten Diskussionsrunden betont worden, wie wichtig Persönlichkeitsbildung an der Hochschule sei. Der Blick in die Fachliteratur zeigt selbiges. Unter Bezugnahme auf das Humboldtsche sowie das humanistische Bildungsideal wurde und wird seit über 20 Jahren ventiliert, wie sehr Hochschulen „einen Beitrag zu allgemeiner Menschenbildung"[2] zu leisten hätten. Schließlich sei es das Ziel von Hochschulbildung, „das Wohl von Gruppen zu mehren"[3] genauso wie dem „Einzelnen und seinem Potenzial gerecht [zu] werden"[4]. Beides aber müsse sich die Waage halten. Die „Ausbreitung von Kälte in der Gesellschaft" müsse ebenso verhindert werden wie es nicht „zu einem Zurückstellen der Belange des Einzelnen"[5] kommen dürfe und die „Bedürfnisse der gegenwärtigen Generationen unter Einbeziehung aller" müssten bedacht werden, „ohne die kommenden Generationen zu beeinträchtigen"[6]. Mit anderen Worten: Das Wohl der Gemeinschaft müsse genauso miteinbezogen werden wie das der und des Einzelnen, das der jetzigen Generation genauso wie das der zukünftigen. Folglich müssten Hochschulen „neben der Vermittlung von Fachwissen [...] einen Beitrag zur charakterlichen Entwicklung der Studierenden und zu einer sozialen, kulturellen und kommunikativen Befähigung leisten, sie auf lebenslanges Lernen einstellen und dafür ausstatten", um ihnen die Möglichkeit zu bieten, sich zu Persönlichkeiten mit gesellschaftlicher Verantwortung zu entwickeln und sie so auf künftige „vielfältige Führungsaufgaben" vorzubereiten.[7]

Die einzelnen Beiträge gehen in der Regel jedoch nicht über solche Bestandsaufnahmen oder einen Appell, Persönlichkeitsbildung zu ermöglichen, hinaus. Das ist in mehrfacher Hinsicht erstaunlich: So existiert *erstens* trotz aller Kritik, die bekanntermaßen seit Jahrzehnten innerhalb der gesamten deutschsprachigen Bildungsdebatten am Kompetenzbegriff immer wieder neu geäußert wird, eine hohe Sensibilität dafür, dass Studierende am Ende ihres Studiums über viel mehr und weitreichendere als nur fachliche Fähigkeiten verfügen müssen. Dabei ist es unerheblich, ob diese Kompetenzen – wie noch zu Beginn der 2000er-Jahre – als Schlüsselqualifikationen, später dann als *soft skills* oder *professional skills* oder wie neuerdings als Zukunftskompetenzen oder *future skills* bezeichnet werden. Weil diese als unerlässlich gelten, um mit den aktuellen kulturellen Herausforderungen umgehen und Zukunft gestalten zu können, sind *zweitens* über die Jahre und Jahrzehnte an verschiedenen Hochschulstandorten Zentren zur Ausbildung von eben jenen heute als Zukunftskompetenzen bezeichneten Fähigkeiten eingerichtet worden. *Drittens* sind in unterschiedlichen Disziplinen hervorragende Ansätze präsentiert worden, die an einzelnen Veranstaltungen sowie an unterschiedlichen Fächern exemplarisch vorführen, wie universitäre Lehre konsequent von den Learning Outcomes her in der Praxis umgesetzt werden kann. *Viertens* ist von der lerntheoretischen sowie psychologischen Forschung genauso wie von der Hirn- und Gedächtnisforschung aufgezeigt worden, welche individuellen Lernbedingungen – auch und gerade für junge Erwachsene – geschaffen werden müssen, damit Fachinhalte erfolgreich und dauerhaft für den späteren beruflichen Weg abrufbereit im Gehirn verankert werden und welche Rolle die Lehrendenpersönlichkeit dabei spielt. Auch ist *fünftens* immer wieder auf die künftige Verantwortung einschließlich der Leitungs- und Führungsaufgabe von Absolventinnen und Absolventen verwiesen worden.

Alle diese Ansätze stehen jedoch nach wie vor unverbunden nebeneinander und sind noch nicht zu einem curricularen Konzept, weder für einzelne Fächer noch für die jeweiligen Studiengänge oder ganze Hochschulen, zusammengebunden worden. Auch beziehen sie trotz aller Praxisverhaftung die einzelnen Studierenden mit ihren individuellen Fähigkeiten, Fertigkeiten und Talenten genauso wenig wie die Lehrendenpersönlichkeit oder die gesellschaftlichen Erfordernisse mit in die Veranstaltungskonzeption ein, wie überhaupt das Thema der Persönlichkeitsbildung im Fachstudium nahezu unberücksichtigt geblieben ist. Allenfalls spielt dieses eine sekundäre Rolle und die Bildung von verschiedenen Kompetenzen findet quasi additiv neben oder als Zusatz zum Fachstudium statt. Dabei liegt die Einführung der neuen Studiengänge im Anschluss an den Bologna-Prozess und die damit verbundene Umstellung der Studienpläne auf die dort geforderte Kompetenzorientierung inzwischen mehr als 20 Jahre zurück. Gerade diese hätte die Umsetzung von Persönlichkeitsbildung an der Hochschule in der Breite ermöglicht. In Zeiten, in denen die digital gestützte Lehre mehr und mehr Raum greift, mag dieselbe noch mehr erschwert sein.

Zielsetzung des vorliegenden Bandes und Vorgehensweise

Insoweit ist es Ziel des vorliegenden Bandes, angesichts der aktuellen gesellschaftlichen Herausforderungen ein Konzept von ganzheitlicher Persönlichkeitsbildung mit einem Curriculum zu präsentieren, das praxiserprobt ist. Bei diesem handelt es sich um ein Grundgerüst, das sich in allen geistes- und naturwissenschaftlichen Fächern und Disziplinen implementieren lässt. Als Basis-Curriculum bezieht es die individuellen Persönlichkeiten der Studierenden genauso mit ein wie die der Lehrenden, die aktuellen Vorgaben des Bildungssystems ebenso wie die individuelle sowie lebenslange Bildung und Entwicklung der Einzelnen in intellektueller sowie emotionaler und spiritueller Hinsicht, ihre Zukunftsfähigkeit genauso wie die gesellschaftliche Verantwortung, die sie tragen.

Vor diesem Hintergrund werden im Folgenden in einem ersten Schritt theoretische Überlegungen zu einem ganzheitlichen Konzept von Persönlichkeitsbildung mit gesellschaftlicher Verantwortung angestellt. In einem zweiten Schritt werden die Prinzipien entfaltet, die angesichts der Ausrichtung von universitärer Bildung sowie Lerntheorie und Neurodidaktik bei einer Implementierung beachtet werden müssen, um in einem dritten Schritt das konkrete Curriculum zu präsentieren, innerhalb dessen alle zuvor entfalteten Aspekte aufgegriffen und umgesetzt werden.

Weil gerade die theoretischen Überlegungen viele verschiedene Fächer und Disziplinen tangieren, erhebt das Buch keinen Anspruch auf Vollständigkeit. Im Gegenteil bedürfen die aufgeworfenen Fragen und angesprochenen Ideen weiterer Einzelstudien. Insoweit versteht sich der vorliegende Band, der zugleich der erste Band einer neuen Reihe ist, dezidiert als ein Studienbuch, versehen mit einem umfangreichen, thematisch sortierten Literaturverzeichnis zur weiterführenden Lektüre. Über das praxiserprobte Beispiel von Persönlichkeitsbildung an der Hochschule, das hier vorgeführt wird und das zur Weiterentwicklung anregen will, gilt es in den Austausch zu treten.

Persönlichkeiten

Kultureller Wandel des 21. Jahrhunderts

Veränderte Arbeits- und Berufswelt

„Die Arbeitswelt verändert sich rasant und in immer kürzer werdenden Zyklen: so wird beispielsweise vorausgesagt, dass mehr als die Hälfte der Schüler von heute in Zukunft in Berufen tätig sein werden, die es aktuell noch gar nicht gibt. Vor dem Auge der Zukunftsforscher und Futurologen entstehen heute seltsam anmutende Berufsbilder wie der Space Tour Guide, der für die Animation während eines touristischen Weltraumfluges verantwortlich ist, oder der Avatar-Design- und Sicherheitsberater, der beim Gestalten und Schützen des virtuellen Ichs hilft."[8] Zu einem solchen Ergebnis kam die Studie „Bildung der Zukunft. Persönlichkeit versus Digitalisierung"[9] bereits im Jahr 2016! Auf den Punkt gebracht wurde formuliert, vor welche Herausforderungen sich die Menschheit im Jahr 2030 gestellt sehen wird.

Teile des geschilderten Zukunftsszenarios sind jedoch längst Realität: In nahezu allen Arbeitsbereichen haben sich in den letzten Jahrzehnten die Anforderungsprofile entweder erheblich gewandelt oder sind gänzlich neu ausgerichtet worden bis dahin, dass bestimmte Berufe völlig verschwunden und andere neu entstanden sind. Die heutige Schülerinnen- und Schüler- sowie Studierendengeneration bekommt das insoweit hautnah zu spüren, als sie weitestgehend erfolglos nach festgefügten Berufsbildern mit bestimmten fachlichen Ausrichtungen sucht, um darauf ihre Ausbildung oder ihr Studium auszurichten. Arbeitsämter und Arbeitsmarktservices, Industrie- und Handels- sowie Wirtschaftskammern reagieren in der Weise darauf, als sie die eingangs genannten Zusammenhänge in ihren Orientierungs- und Beratungsgesprächen thematisieren und darauf verweisen, dass zwar fachliches Grundwissen wichtig sei, heute geltendes Spezialwissen jedoch im künftigen Berufsleben wenig helfen werde. Demgegenüber seien für Führungskräfte genauso wie für Facharbeiterinnen und

Facharbeiter die sogenannten Schlüsselqualifikationen, *future skills* oder Zukunftskompetenzen unerlässlich, um auf dem künftigen Arbeitsmarkt bestehen zu können. Mit anderen Worten: Schon lange reicht reines Fachwissen nicht mehr aus, um die beruflichen Herausforderungen zu bewältigen. Stattdessen wird von jeder und jedem Einzelnen ein Höchstmaß an unterschiedlichen Fähigkeiten, Fertigkeiten, Kompetenzen, Stärken und Talenten einschließlich der Bereitschaft, ein Leben lang dazulernen zu wollen, erwartet. Vor allem Letztere könne nicht hoch genug eingeschätzt werden.

Familie, Freunde, soziales Miteinander – verändertes Privatleben

All das trifft jedoch nicht nur auf unsere Arbeitswelt zu. Auch unser Privatleben hat sich in den letzten Jahrzehnten vielfältig verändert – bis hin zu massiven Akzentverschiebungen. So betonen immer zahlreichere ältere genauso wie jüngere Frauen und Männer, dass sie mehr Zeit für eine etwaige Partnerin oder einen etwaigen Partner, für Freundinnen und Freunde und/oder die Familie haben wollen, und dass sie – wenn vorhanden – ihre Kinder erziehen und die ältere Generation – vielleicht sogar zu Hause – pflegen möchten. Ein achtsamer und wertschätzender Umgang sowie gleichberechtigtes Handeln aller Beteiligten – der Geschlechter untereinander ebenso wie der jüngeren Generation gegenüber der älteren – wird als selbstverständlich erachtet oder, wenn noch nicht vollständig umgesetzt, zumindest immer wieder eingeklagt. So werden in Familienkonferenzen mittels komplexer Aushandlungsgespräche Absprachen getroffen, wer was wann für alle im Haushalt erledigt, was man gemeinsam unternehmen will oder wie man das Miteinander im Alltag gestaltet, sodass derartige Entscheidungen in der Regel nicht mehr autoritär von einem Mitglied verordnet, sondern gemeinsam, vielleicht durch Mehrheitsentscheid, getroffen werden wollen. Dasselbe gilt im Freundeskreis, bei Freizeitaktivitäten, im Ehrenamt. Immer geht es darum, alle

Beteiligten in möglichst hohem Maße einzubeziehen und Win-win-Situationen herbeizuführen, um das Zusammenleben in der Gruppe den Interessen entsprechend möglichst demokratisch zu gestalten.

Veränderte Wahrnehmung des Individuums

Gleichzeitig nimmt die Wahrnehmung der und des Einzelnen, ein Individuum mit persönlichen Rechten und einem Anspruch auf eine selbstbestimmte Lebensgestaltung zu sein, ebenfalls seit geraumer Zeit zu. Immer mehr Menschen wollen sich neben oder innerhalb ihres Berufes, in der Familie, bei Hobbys und Freizeitaktivitäten selbst verwirklichen. Zugleich suchen sie nach regelmäßigen Ruhe- und Auszeiten sowie nach Kraftorten, um den Alltag zu bewältigen. Überbordende Ansprüche der Schul-, Studien- oder Arbeitswelt und/oder des Familienlebens haben dazu geführt, dass Menschen sich mehr Zeit für sich selbst wünschen. Die Pandemie mit Homeoffice und Homeschooling und die daraus resultierende Auflösung der in der Regel räumlichen und örtlichen Trennung von Beruf und Privatbereich haben diese Bedürfnisse in ganz bestimmten Bevölkerungsgruppen noch drängender werden lassen. Der Wunsch, nicht mehr um jeden Preis hohe bis maximale Gehälter zu erzielen, wird ebenfalls seit Jahren von vielen Erwerbstätigen – auch von Führungskräften – geäußert bis dahin, dass auf Gehalt zugunsten von weniger Arbeit für mehr Privatleben verzichtet werden kann. Überhaupt wird die Forderung nach gerechter Verteilung von Erwerbsarbeit und Entlohnung zwischen den Geschlechtern immer wieder laut. Und so betonen viele Studierende bereits seit mehr als zehn Jahren – unabhängig von der gewählten Fachrichtung, also auch unter wirtschaftswissenschaftlichen oder juristischen Studentinnen und Studenten –, dass Beruf und Privatleben künftig bei ihnen in einem ausgewogenen Verhältnis stehen sollen, dass der Beruf das Private auf keinen Fall gänzlich beherrschen dürfe, dass Ersterer nach Möglichkeit ganz vom Privaten abgetrennt sein solle, sodass es zu keinerlei Störungen der

Systeme kommen könne. Eine nicht unerhebliche Anzahl von Studierenden strebte und strebt jedoch gar keine Trennung an. Im Gegenteil wünschten und wünschen sie sich, dass ihr Hobby zu ihrem Beruf werden möge, sodass sich dieser durchaus in die eigentlich freie Zeit hineinziehen dürfe.

Welcher Sichtweise die einzelnen Studierenden auch zuneigen mögen, beim Großteil ist – genauso bei der mittleren und älteren Generation – seit Jahrzehnten die sogenannte Work-Life-Balance in den Vordergrund getreten und sie wiegt vielfach höher als die angestrebte berufliche Entlohnung. Alle wünschen sich gleichermaßen ein gutes Einkommen, jedoch muss dieses nicht maximal erreicht werden. Vielmehr sollen die monatlichen Einkünfte für ein gutes Leben ausreichen, das gleichgesetzt wird mit Zufriedenheit und Ruhe, der Möglichkeit, sich selbst und eine Familie ernähren und sich in Maßen Hobbys, Urlaub und Freizeitaktivitäten leisten zu können. Mit anderen Worten: Über alle Generationen und Geschlechter hinweg stehen Zeit für Freundinnen und Freunde sowie Familie, vor allem aber freie Zeit für sich selbst, hoch im Kurs.

Plural, komplex, interreligiös, transkulturell – Segmentierungsprozesse

Alle diese Herausforderungen wurzeln in einem gesamtgesellschaftlichen, äußerst komplexen Veränderungsprozess, der mindestens in den 1950er-Jahren eingesetzt und sich seither immer massiver beschleunigt hat. Im Ergebnis haben sich innerhalb eines Dreivierteljahrhunderts die Anforderungen an die Einzelne und den Einzelnen im Arbeitsleben wie im privaten Alltag völlig gewandelt. Das Angebot an Berufen, an Lebensformen sowie an Freizeitaktivitäten, das an Partnerschafts- und Familienformen, ja das von ganzen Lebensentwürfen bei zugleich sich immer wieder auflösenden Lebensbedingungen und sich neuformierenden Gegebenheiten ist nicht nur vielfältig und plural. Die Möglichkeiten scheinen auch unbegrenzt und gleichzeitig unüberschaubar zu sein. Das gilt jedoch nicht nur im Großen. Auch im Kleinen ist nicht einmal mehr die konkrete Lebenswelt der und des Einzelnen so geschlossen und kleinräumig, wie sie es noch vor 60 bis 100 Jahren gewesen ist. Im Gegensatz zu den Generationen vor uns leben wir heute schon in unserer direkten Umgebung in einer differenzierten, segmentierten, kulturell diversen Welt. Wir bewegen uns ständig in unterschiedlichen Teilgesellschaften, die kaum noch zur Deckung zu bringen sind. Was heißt das konkret?

Täglich begegnen uns im Alltag, bei der Arbeit, in der Freizeit, in der Familie, im Ehrenamt Menschen mit einem von uns verschiedenen kulturellen Hintergrund. Damit sind jedoch nicht nur jene Personen gemeint, die anderen Regionen der Welt und damit anderen Kulturkreisen oder Religionen entstammen. Das Gleiche gilt auch für Personen in unserem direkten Glaubens- und Lebensumfeld. Hier treffen wir ebenfalls beständig auf Menschen, die im weiteren Sinn eine andere kulturelle oder religiöse Prägung aufweisen, die einen von uns verschiedenen Verstehenshintergrund besitzen, nicht über die gleiche Weltanschauung verfügen und eine andere Wirklichkeitswahrnehmung haben. Es ist schließlich ein Unterschied, ob ein Mensch in sogenannten traditionellen Familienstrukturen oder in einer Patchworkfamilie aufgewachsen ist, ob er auf dem Land oder in der Stadt groß geworden ist, ob er religiös sozialisiert ist oder nicht. All das prägt die Menschen des 21. Jahrhunderts und es prägt jede Einzelne und jeden Einzelnen anders. Es lässt sie und ihn die Welt unterschiedlich wahrnehmen und anders deuten sowie ihr und sein Leben abweichend gestalten. Zusammengenommen macht es Menschen kulturell verschieden. Folglich sind bereits im kleineren Lebensumfeld differente Bedingungen in der Sozialisation in gleichgläubigen Milieus so entgegensetzt wie noch nie. Kommen Religions- oder Herkunftsländerunterschiede hinzu, wird es noch komplexer.

Selbiges lässt sich auch im beruflichen Sektor, in Betrieben, in Ämtern, im Handel, in Schulen und in Hochschulen beobachten. Auch hier bestimmen unterschiedliche Unternehmenskulturen den Alltag, die nicht immer miteinander kompatibel oder in Einklang zu bringen sind, von jenen der Gesamt- oder gar Weltgesellschaft ganz zu schweigen.

Komplexe Herausforderungen

Die heutige Welt stellt uns Menschen beständig vor neue, immer unüberschaubarer werdende Herausforderungen. Wirtschaft, Kirche und Gesellschaft, Arbeits-, Freizeit- und Privatleben, unsere ganze Kultur befindet sich in einem anhaltenden Wandel, der ausnahmslos alle Lebens- und Arbeitsbereiche betrifft und sich – nicht zuletzt durch die fortschreitende Digitalisierung – immer weiter beschleunigt. Schon seit geraumer Zeit wird uns höchste Flexibilität abverlangt bis dahin, dass wir ein Leben lang stets dazulernen müssen. Die aktuelle Corona-Situation hat dies zusätzlich untermauert und die Entwicklungen nochmals beschleunigt.

All das fordert Menschen maximal heraus – jüngere wie ältere, Frauen wie Männer. Für sie alle stellt sich immer häufiger die Frage, wie sie mit all dem umgehen, wie sie sich in dieser Welt orientieren und wie sie dabei eine gute Balance zwischen Arbeit, Familie und/oder Freundinnen und Freunden sowie dem eigenen Ich, dem Selbst, der eigenen Person herstellen können, wie sie ihren Beruf finden, wie sie das Eigene als persönlich-privates Feld gegenüber dem des Mitmenschen oder -lebenden abgrenzen sollen, ohne das Gegenüber mit seinen Bedürfnissen zu übersehen. Mit anderen Worten: Wie können sie sich selbst und anderen gerecht werden, ohne sich dabei zu verlieren und ohne dabei nur wirtschaftlichen Notwendigkeiten oder gesellschaftlichen Zwängen zu unterliegen? Lebt die und der Einzelne dabei in Gemeinschaft – in Partnerschaft, Familie oder Wohngemeinschaft – und/oder füllt sie oder er im beruflichen Kontext eine Führungsrolle aus, potenziert sich diese Herausforderung nochmals. Schließlich wird ihr und ihm in einem bestimmten Ausmaß immer auch eine Sorge für ihre und seine Mitlebenden bzw. ihre und seine Mitarbeiterinnen und Mitarbeiter abverlangt. Bei alledem sind die globalen und klimatischen Herausforderungen, Krieg und Unrecht noch gar nicht berücksichtigt.

Ganzheitlich gebildete Persönlichkeiten als Antwort

Komplexes Handlungsprofil

Um auf den verschiedenen Lebensfeldern – ob beruflich oder privat, ob im direkten Lebensumfeld oder gesamtgesellschaftlich, ob in Leitungsposition oder ohne spezielle Führungsverantwortung – nicht nur passiv rezipierend den Anforderungen zu entsprechen und auf Wandlungen zu reagieren, sondern unter Einbeziehung der Interessen der eigenen Person und des Gegenübers sowie der Gesamtgesellschaft verantwortet zu agieren, die Welt also aktiv mitzugestalten, muss die und der Einzelne über ein breit gefächertes Kompetenzprofil verfügen, das weit über jene Fähigkeiten hinausgeht, die eingangs beispielhaft genannt worden sind.

Analytisches, strukturiertes, systematisches, vernetztes, logisches, abstraktes und strategisches Denken, konzeptionelles Denken, Denken in Zusammenhängen und Transferfähigkeit sind genauso unabdingbar wie Dialog- und Diskussionsfähigkeit, Argumentationsfähigkeit, aber auch rollen- und adressatengerechtes sowie situationsgerechtes und gewaltfreies Reden und die Kenntnis nicht nur der westeuropäischen Kommunikationsregeln, aktives Zuhören, das begründete und begründende Vertreten des eigenen Standpunktes, Diskursfähigkeit wie überhaupt rhetorische Fähigkeiten mündlicher, schriftlicher und sogar künstlerischer Natur, Ausdrucksfähigkeit, Textverstehen, Medienkompetenz, metakognitive und metakommunikative Kompetenzen, didaktische Fähigkeiten, Präsentationskompetenz, Methodenkompetenz, Recherchekompetenz, Unterscheidungsfähigkeit, Differenzfähigkeit, Kreativität, Fantasie, Teamfähigkeit, Kritikfähigkeit, Feedback geben und annehmen, Problembewusstsein, lösungsorientiertes Denken, Lösungskompetenz, Abstraktionsvermögen, Überzeugungskraft, Selbstbewusstsein, Selbststand, Kritikfähigkeit, Konfliktfähigkeit,

Führungs- und Leitungskompetenz, Organisationsfähigkeit, Prioritäten setzen können, Zeitmanagement, Talente erkennen, eine eigene Meinung bilden können, Fake News entlarven, Offenheit, interkulturelle Kompetenz, Selbstreflexionsfähigkeit, Akzeptanz, Toleranz, Selbstständigkeit, Frustrationstoleranz, Leistungsbereitschaft, Ausdauer, Geduld, Kontingenzbewältigung, Optimismus, sicheres Auftreten, Zuverlässigkeit, Urteilsvermögen, Flexibilität, Stressresistenz, Resilienz, Zielorientierung, Begeisterungsfähigkeit, Charisma, Durchsetzungsstärke, Eigenmotivation, Empathie, die Fähigkeit zum Perspektivenwechsel, ein achtsamer und wertschätzender Umgang, Vertrauen, Fingerspitzengefühl, emotionale Intelligenz, Spiritualität, Selbst- sowie Fremdwahrnehmung, Verantwortungsbereitschaft, Mitdenken, interreligiöse Kompetenz, Krisenmanagement, Visionen, …

Die Liste wäre noch um vieles erweiterbar. Dies alles sind Fähigkeiten, Fertigkeiten, Kompetenzen, um Zukunft zu gestalten, Zusammenleben zu ermöglichen und sich selbst zu bilden.

Zugleich scheinen sie auf den ersten Blick schier unüberschaubar und endlos zu sein. Um diese Fülle handhabbar zu machen, bedarf es einer Kategorisierung. Entgegen der in der Literatur üblichen Einteilung in Fach-, Sozial- und Selbstkompetenz, die von einzelnen Autorinnen und Autoren noch um die Handlungskompetenz erweitert wird, wird im Folgenden eine weniger bekannte Ordnung zugrunde gelegt. Die Kompetenzen werden nämlich in kognitive, kommunikative, soziale, personale und fachliche gegliedert. Das hat den Vorteil, sie möglichst kleinteilig und zugleich breit beschreiben, Gemeinsamkeiten und Überschneidungen verdeutlichen, sie aber auch voneinander abgrenzen und ordnen zu können. Darüber hinaus spielt dieses Ordnungsschema bei der Berufswahl eine Rolle. Es geht mit der Kriteriologie von Stellenbeschreibungen auf dem Arbeitsmarkt konform, liegt Bewerbungsmappen zugrunde und ist Bewertungsmaßstab in der Bewerbungssituation. Bei alledem ist jedoch ausdrücklich zu betonen, dass auch die hier zugrunde gelegten Kategorien künstlich geschaffene sind und eine Trennung der einzelnen Kompetenzen selbst auf der Theorieebene kaum möglich ist. Eine bestimmte Fähigkeit kann nicht immer ohne eine andere ausgeübt werden, sie durchdringen sich wechselseitig und die eine baut auf der anderen auf. Ich nenne ein Beispiel: Um im westlichen Kulturraum eine Diskussion professionell und achtsam führen und die anderen vom eigenen Standpunkt überzeugen zu können, bedarf es nicht nur einer guten Rhetorik oder der Kenntnis der westeuropäischen Kommunikationsregeln, sondern auch verschiedener kognitiver, sozialer und personaler Kompetenzen: analytisches, systematisches und logisches Denken, Argumentationsfähigkeit, Problembewusstsein, Empathie, die Fähigkeit, die Perspektive zu wechseln, und Selbststand. Mit anderen Worten: Kompetenzen hängen eng miteinander zusammen, sind verzahnt, überlappen sich und lassen sich nicht immer eindeutig einer der Kategorien zuordnen. Allein der Fachkompetenz kommt eine gewisse Sonderstellung zu. Sie kann und darf nicht einfach nur als eine Fähigkeit neben allen anderen verstanden werden. Sie muss allen anderen Kompetenzen zugrunde liegen und alle übrigen Kompetenzen können sich nur am Fachgegenstand ausprägen. Das bedeutet: Die zuvor genannte Diskussion kann nur vor dem Hintergrund profunden Fachwissens überzeugend geführt werden.

KOGNITIVE KOMPETENZEN
KOMMUNIKATIVE KOMPETENZEN
FACHLICHE KOMPETENZEN
SOZIALE KOMPETENZEN
PERSONALE KOMPETENZEN

KOGNITIVE KOMPETENZEN

- analytisches Denken
- systematisches Denken
- strukturiertes Denken
- vernetztes Denken
- logisches Denken
- abstraktes Denken
- strategisches Denken
- konzeptionelles Denken
- Denken in Zusammenhängen
- Transferfähigkeit
- Informationskompetenz
- quantifizierendes Denken
- Unterscheidungsfähigkeit
- Differenzfähigkeit
- kreatives Denken
- Problembewusstsein
- lösungsorientiertes Denken
- Abstraktionsvermögen
- eine eigene Meinung bilden können
- interdisziplinäre Kompetenz
- hierarchiefreies Denken
- Urteilsvermögen
- komplexes Denken
- unternehmerisches Denken
- Fake News erkennen
- visionäres Denken
- Kombinationsfähigkeit
- Konzentrationsfähigkeit
- Reflexionsfähigkeit
- Argumentationsfähigkeit
- Synthesefähigkeit
- Auswahl-/ Filtrationsfähigkeit
- Erkenntnisfähigkeit
- Entscheidungsfähigkeit
- metakognitive Kompetenz
- Unterscheidungsfähigkeit
- Selbstreflexionsfähigkeit
- ...

KOMMUNIKATIVE KOMPETENZEN

- Dialogfähigkeit
- Diskussionsfähigkeit
- rhetorische Fähigkeit
- Auskunftsfähigkeit
- rollengerechtes Reden
- adressatengerechtes Reden
- situationsgerechtes Reden
- gewaltfreies Reden
- Kenntnis der westeuropäischen Kommunikationregeln
- aktives Zuhören
- eigenen Standpunkt begründet und begründend vertreten
- Argumentationsfähigkeit
- Diskursfähigkeit
- Textverstehen
- Präsentationskompetenz
- Kritikfähigkeit
- metakommunikative Kompetenz
- Feedback geben und annehmen
- didaktische Kompetenz
- Gestik
- Mimik
- Fremdsprachen
- Aufmerksamkeit
- Echtheit
- Höflichkeit
- Kommunikationsbereitschaft
- Moderationsfähigkeit
- Small-Talk-Fähigkeit
- Verständlichkeit
- Stil
- Überzeugungsfähigkeit
- Blickkontakt
- Redefluss
- mündliche, schriftliche, künstlerische Ausdrucksfähigkeit
- ...

FACHLICHE KOMPETENZEN

Diese sind fachspezifisch und können hier nicht im Einzelnen aufgezählt werden.

SOZIALE KOMPETENZEN

- Überzeugungskraft
- Teamfähigkeit
- Kritikfähigkeit
- Konfliktfähigkeit
- Führungs- und Leitungskompetenz
- Akzeptanz
- Toleranz
- Empathie
- Medienkompetenz
- Recherchekompetenz
- Kontaktstärke
- Offensivität
- Reflexivität
- interkulturelle Kompetenz
- Offenheit
- Initiationsfähigkeit
- Perspektivenwechsel
- Wertepluralismus
- Kompromissbereitschaft
- Durchsetzungsvermögen
- Extraversion
- Internalität
- Handlungsflexibilität
- Fähigkeit zu delegieren
- Fähigkeit zur Begleitung
- Kollegialität
- Fairness
- Wertschätzung
- Abgrenzungsfähigkeit
- Kooperationsfähigkeit
- Talente erkennen
- Begeisterungsfähigkeit
- Achtsamkeit
- Vertrauen
- Fingerspitzengefühl
- Fremdwahrnehmung
- Verantwortungsbereitschaft
- interreligiöse Kompetenz
- Krisenmanagement
- ...

PERSONALE KOMPETENZEN

- Eigenmotivation
- Organisationsfähigkeit
- Prioritäten setzen können
- Zeitmanagement
- Kreativität
- Fantasie
- Selbstbewusstsein
- Durchsetzungsstärke
- Ausdauer
- Selbststand
- Leistungsbereitschaft
- Belastbarkeit
- Selbstständigkeit
- Frustrationstoleranz
- Authentizität
- Geduld
- Kontingenzbewältigung
- Zuverlässigkeit
- Initiativfähigkeit
- Flexibilität
- Charisma
- Stressresistenz
- Resilienz
- Zielorientierung
- Optimismus
- sicheres Auftreten
- Offenheit
- geistige Mobilität
- Empathie
- Spiritualität
- Selbstwahrnehmung
- Selbstvertrauen
- Motivationsfähigkeit
- Planungskompetenz
- Projektmanagement
- emotionale Intelligenz
- Verantwortungsbewusstsein
- Risikobereitschaft
- Unabhängigkeit
- Lernbereitschaft
- Rollendistanz
- Selbststeuerungsfähigkeit
- Ambiguitätstoleranz
- Selbstdarstellung
- Spontanität
- Sorgfalt
- Disziplin
- Konsequenz
- Bereitschaft zur Weiterbildung
- Neugierde
- Demut
- Mut
- Visionen
- ...

Ganzheitliches Kompetenzprofil

Alle diese Kompetenzen zusammengenommen ermöglichen es jeder und jedem Einzelnen, innerhalb einer sich immer schneller verändernden Welt unter Abwägung aller Umstände, Bedingungen, Möglichkeiten sowie Interessen vieler Beteiligter einschließlich der eigenen Person, Probleme auszumachen und Lösungen zu finden, Position zu beziehen und reflektierte Entscheidungen zu treffen, diese in Handlungen zu überführen und angemessen zu kommunizieren: in Kultur und Wirtschaft, in Kirche und Gesellschaft, im naturwissenschaftlichen ebenso wie im geisteswissenschaftlichen Bereich, im beruflichen Kontext, in der Freizeit und im privaten Umfeld. Sie können verhindern, dass die und der Einzelne in den Strudel der unendlichen Möglichkeiten hingezogen wird und darin unterzugehen droht. Mit anderen Worten: Die Kompetenzen machen es der und dem Einzelnen möglich, nicht nur in der Arbeitswelt zu bestehen und den Beruf professionell auszufüllen, sondern sie lassen sie und ihn in allen Lebensbereichen – im Kleinen – in Partnerschaft, Familie, Freundeskreis, bei der Arbeit, im Ehrenamt, im Hobby – sowie im Großen – in Politik, Kirche und Gesellschaft, national wie international – für sich selbst und andere verantwortet einstehen und dabei ein gutes Bild von sich selbst, den eigenen Stärken und Talenten, aber auch den Schwächen besitzen.

Gerade die zuletzt genannten Aspekte zusammen mit der zuvor erwähnten wechselseitigen Durchdringung und Überlappung der Kompetenzen dürften verdeutlicht haben, dass dem hier präsentierten Konzept ein breiter, umfassender, ganzheitlicher sowie konstruktivistischer Kompetenzbegriff zugrunde liegt, der sich auf die Bewältigung und Gestaltung aller Lebensbereiche bezieht und den Menschen als Ganzen – in seinem Sosein und in allen seinen Wirkungsbereichen – miteinbezieht. Kompetenzen werden gerade nicht allein in dem vielfach kritisierten Sinn einer Arbeitsmarktbefähigung, der sogenannten Employability, verstanden. Stattdessen werden sie als Fähigkeiten,

Fertigkeiten, Stärken, Talente und Gaben aufgefasst, die sich der einzelne Mensch aneignen kann und die es ihm ermöglichen, in den unterschiedlichen Lebenssituationen reflektiert für sich und andere zu handeln sowie verantwortet einzutreten.

Persönlichkeiten sind gefragt

Menschen, die ein solches ganzheitliches Kompetenzprofil aufweisen, die über die genannten Fähigkeiten, Fertigkeiten, Kompetenzen, Stärken und Talente verfügen und damit innerhalb einer globalisierten, pluralisierten, diversifizierten, digitalisierten und segmentierten sowie interkulturellen und -religiös vielfältigen Lebenswelt beruflich, gesellschaftlich und privat verantwortet agieren, bezeichnen wir als Persönlichkeiten. Rückgekoppelt an die eigene Person und mit einem guten Gespür für sich selbst und andere verlieren sie auch die Gesamtgesellschaft nicht aus dem Blick und können unter Einbeziehung von Wünschen und Vorstellungen sowie Problemlagen gewissenhaft handeln und von hier aus Arbeits- und Berufswelt sowie Privatwelt verantwortet mitgestalten. Sie sind in der Lage, immer wieder auf neue Herausforderungen zu reagieren, in fremden Kontexten einem ihnen fremden Gegenüber wertschätzend zu begegnen, Rücksicht zu nehmen, andere in ihrer Entwicklung zu begleiten und sich selbst lebenslang weiterzuentwickeln.

Zu Persönlichkeiten werden Menschen jedoch nicht, indem sie über ein Konglomerat von unterschiedlichen, maximal ausgeprägten und wahllos aneinandergereihten Kompetenzen verfügen. Im Gegenteil: Menschen werden zu Persönlichkeiten, wenn sie die Kompetenzen in ihrer Person zu einem Ganzen zusammenwachsen lassen und ihnen ein ganz eigenes Gepräge verleihen. Anders formuliert: Erst wenn es dem einzelnen Menschen gelingt, alle notwendigen, geforderten und gewünschten, schon entwickelten und in ihm angelegten Fähigkeiten – ein breites Fachwissen mit kognitiven, kommunikativen, sozialen und personalen, emotionalen und spirituellen Fähigkeiten – symbiotisch zu einen, kann er authentisch und echt sowie wertebewusst und verantwortet mit den eigenen Stärken und Talenten wirklich überzeugend seinen persönlichen und gesellschaftlichen Handlungsauftrag erfüllen und zum Vorbild für andere werden.

Folglich werden Menschen nicht zu Persönlichkeiten, wenn sie sich in ihrer Entwicklung allein an den Anforderungen des Arbeitsmarktes, bestenfalls noch an der Gesellschaft oder an den Wünschen anderer – beispielsweise jener der Familie, der Freunde, der Partnerinnen oder Partner – ausrichten oder versuchen, diesen gerecht zu werden. Deren Bedürfnisse sind wichtig und dürfen nicht vergessen werden. Für die Persönlichkeitsbildung der und des Einzelnen können sie jedoch nicht den Ausschlag geben. Im Gegenteil werden Menschen zu Persönlichkeiten, wenn sie sich den eigenen Anlagen entsprechend entwickeln, ihre Talente und Stärken, ihre Besonderheit, Einzigartigkeit und Unverwechselbarkeit hervorbringen und erst dann – von sich selbst ausgehend – die übrigen, vornehmlich äußeren Faktoren miteinbeziehen. Schließlich ist jeder Mensch individuell und unterscheidet sich in guter Weise von der und dem anderen. Es gibt die Charismatische, den Lachenden, die Ausgleichende, den Kreativen, den Stadtliebenden, die Landliebende, den Analytiker, die Netzwerkerin, die Empathische, den Fantasievollen, die Strukturierte, die Alleskönnerin, den bunten Vogel, ... Das macht uns Menschen, unsere Welt und unser Zusammenleben reich und reizvoll.

Da zudem Tätigkeits- und Anforderungsprofile selbst im gleichen beruflichen Sektor oder im freizeitlichen und familiären Engagement per se schon unterschiedlich sind, ist die individuell-persönliche Ausrichtung eines jeden Menschen wertvoll und bereichernd für alle. Schließlich brauchen wir Mathematiklehrer genauso wie Englischlehrerinnen, Abteilungsleiter in einem kleinen Unternehmen genauso wie Vorstandsvorsitzende eines Weltkonzerns, wir brauchen die Solistinnen und Orchestermusiker, den Stürmer, den Mittelfeldspieler und die Verteidigerin. In allen Bereichen sind Persönlichkeiten gefragt. Folglich muss gar nicht jeder Mensch alle genannten Fähigkeiten ausprägen. Schon längst muss er dieselben nicht maximal entwickeln und er sollte es auch nicht. Schließlich fehlen dann die Spezialistinnen und Spezialisten. Kompetenzen sollen, können und müssen je nach Person unterschiedlich ausgeprägt sein. Teilbegabungen sind nicht nur erlaubt, sondern geradezu erwünscht. So können Aufgaben den Fähigkeiten der und des Einzelnen entsprechend aufgeteilt und verteilt werden und jede und jeder kann mit ihren und seinen Stärken selbst glücklich werden und im Kleinen wie im Großen zum gelingenden Zusammenleben und -arbeiten beitragen. Das ist insoweit nochmals von Vorteil, als es gerade die Talente sind, die den Menschen nicht nur in seinem Berufsleben und in seinem Privatleben besonders gut oder erfolgreich werden lassen. Sie sind es auch, die – wenn sie in den Mittelpunkt gestellt werden, wenn Talente bestenfalls zum Beruf gemacht und im Ehrenamt, Hobby und im Zusammenleben vollends eingebracht werden –, die Einzelne und den Einzelnen exzellent agieren, begeistern und Zukunft gestalten lassen. Sie sind der Schlüssel zu einem wirklich erfüllenden und erfüllten, ausfüllenden und glücklichen Leben für sich und andere.

Wie aber können sich Menschen zu solchen Persönlichkeiten bilden? Wie können sie ihre Stärken ausprägen, Talente finden, Verantwortung für sich, für andere, für die Welt übernehmen lernen? Wie muss ein entsprechender Bildungsgang angelegt sein? Welche Prämissen sind dafür zu treffen? Wie kann vor allem verhindert werden, dass Persönlichkeiten sich nur aufgrund eines bestimmten, auch ökonomischen Nutzens oder zum Zweck von einzelnen Interessengruppen bilden? Schließlich stellt eine solche umfängliche Handlungskompetenz als Bildungsziel eine erhebliche Herausforderung dar.

Tritt ein
verweile
hör auf
dein
Herz
frag
wofür es
brennt
dann geh
und bedenke
acht zu geben
auf Leib
und Seele.

NACH ALKUIN

Das große Potenzial theologischer Bildung

Die Theologie im Allgemeinen und das Verständnis von katholischer Bildung im Besonderen hat hier ein großes Potenzial, das bislang in mehrfacher Hinsicht unentdeckt und damit weitestgehend ungenutzt geblieben ist, um einen solchen Bildungsprozess nicht nur innerkirchlich, sondern auch gesamtgesellschaftlich zu initiieren und wegweisend mitzuprägen.

Schließlich ist das Christentum von jeher am Menschen, an seiner Würde und an seinen Talenten interessiert, und zwar jenseits aller gesellschaftlichen Zwänge sowie wirtschaftlichen Notwendigkeiten und damit schon von der Sache her auf die Person und ökonomisch losgelöst auf die Gesellschaft ausgerichtet.

Was genau ist damit gemeint?

Bildung als Selbstbildung

Nach christlichem Grundverständnis hat Gott den Menschen als sein Abbild und damit als grundsätzlich gutes, überaus wertvolles Wesen geschaffen. Dabei hat er ihm vielfältige Fähigkeiten, Fertigkeiten, Kompetenzen, Stärken, Gaben und Talente verliehen. Diese Stärken und Talente, die sich auch als kognitive, kommunikative, soziale sowie personale, emotionale und spirituelle oder fachliche Kompetenzen beschreiben lassen, soll der Mensch entdecken, ausbilden und sein Leben lang weiterentwickeln. Interessanterweise sprechen einige Theologinnen und Theologen schon in vergangenen Jahrhunderten davon, dass der Mensch sich perfektionieren soll. Perfektionismus ist damit ein Begriff, der die Debatten um Bildung schon von nahezu dem Beginn der Christentumsgeschichte an mitbestimmt hat und eine lange Tradition aufweist. Entgegen der heute vielfach verwendeten Bedeutung ist mit Perfektionierung jedoch nicht Selbstoptimierung gemeint. Vielmehr wird sie von verschiedensten altkirchlichen Autoren mit Rückgriff auf die *Padeia*-Lehre des Aristoteles verwendet, um den individuellen Bildungsgang des einzelnen Menschen als einen stufenweisen Entwicklungsprozess zu beschreiben, der darauf zielt, dem Urbild, Gott, dem Guten, welches im Menschen angelegt ist, immer ähnlicher zu werden. Jede und jeder Einzelne ist dazu aufgerufen, die eigenen Stärken auszubilden, aber auch Schwächen auszumachen und diese möglichst zu verringern. Anders formuliert: Der Mensch ist dazu angehalten, das Bild Gottes, das Gute schlechthin, in sich zu erkennen, es in sich aufzuspüren, es „beharrlich auszubilden"[10], ihm sein ganz eigenes Gepräge zu geben und es ein Leben lang „zu vervollkommnen"[11].

Das Vermögen dazu wohnt jedem Menschen nach katholischem Verständnis ebenfalls qua Schöpfungsakt inne. Von Gott als frei handelndes Vernunftwesen geschaffen und mit dem Geschenk ausgestattet, die ihm verliehenen Gaben zu nutzen, um seine Anlagen auszubilden, ist jeder Mensch dazu in der Lage, das Gute in sich zu erkennen und diesem zuzustreben. Weil Gott dem Menschen jedoch auch einen freien Willen verliehen hat, ihm also jegliche Entscheidung über sein Handeln und seine Entwicklung selbst überlassen hat, kann sich der Mensch jeder Zeit auch gegen das Gute und für das Schlechte entscheiden. Die Verantwortung für diese Entscheidung trägt er selbst; er kann sie keinem anderen übertragen. Schließlich hat er sich (zumeist bewusst) und freiwillig vom Guten abgewendet.

Dafür muss er sich nicht nur gegenüber Gott, sondern auch gegenüber den Mitmenschen und der Gesellschaft rechtfertigen – nach christlichem Verständnis täglich aufs Neue und schließlich final im Tod. Menschliches Fehlverhalten und Scheitern – partiell oder sogar gänzlich – ist also im Schöpfungsakt und damit von Beginn eines Menschenlebens an einkalkuliert. Dieses ist jedoch keinesfalls unumkehrbar und es lässt den Menschen nicht von vornherein verloren sein. Im Gegenteil ist der Mensch mit seinem Fehlverhalten und seinem Scheitern nicht alleingelassen. Vielmehr wird ihm immer wieder das Angebot gemacht, sich davon ständig aufs Neue ab- und dem Guten zuzuwenden, sich also mit sich selbst, mit Gott und dem Mitmenschen zu versöhnen und sich bewusst und willentlich auf den Weg der Besserung zu begeben.

Mit anderen Worten: Der Prozess der Selbstperfektionierung, auch bezeichnet als Gottesverähnlichung, also dem Guten immer näherzukommen, ist ein urchristlicher Gedanke, der jedem Menschen qua Natur – psychische und körperliche Einschränkungen hier einmal ausgeblendet – möglich ist. Dieser kann jedoch nur gelingen, wenn jeder Mensch diese Form der Selbstidentität als Annäherung an das göttliche Urbild anerkennt, wirklich intendiert und sich mit ganzer Kraft mit dem von Gott verliehenen freien Willen für seine Talententwicklung und das gute Handeln einsetzt. Das erfordert erhebliche Mühe und viel Anstrengung und ist in der Regel ein lebenslanger Prozess, der nicht immer gradlinig und kontinuierlich aufsteigend verläuft, also kein steter Wachstums- und Reifungsprozess, sondern immer auch mit kleineren und größeren Rückschritten oder Umorientierungen bis hin zum gänzlichen Scheitern verbunden ist. Will man es in Verbindung mit dem zuvor eingeführten Kompetenzbegriff ausdrücken: Den ganzen menschlichen Bildungsweg lang können Fähigkeiten und Kompetenzen dazu erworben werden, sie können aber auch aufgrund bestimmter Erlebnisse oder Ereignisse ganz oder teilweise wieder verloren gehen.

Das Ausmaß der Selbstvervollkommnung verbunden mit der Frage, ob und in welchem Umfang jeder Mensch diese erreicht oder erreichen kann, in welcher Weise dieses Vermögen überhaupt im Menschen vorhanden oder durch welche Umstände es eventuell verdeckt ist, wie viel also der Mensch aus sich heraus aufgrund seiner eigenen Fähigkeiten vermag, ist im Laufe der Christentumsgeschichte von den Autorinnen und Autoren je nach Sichtweise und je nach persönlicher Erfahrung unterschiedlich interpretiert sowie eingeschätzt worden und hat im Laufe der Geschichte mit der Herausbildung der verschiedenen Konfessionen unterschiedliche Entwicklungen genommen, in der katholischen Tradition andere als in der evangelischen oder reformierten. Unter den ersten Kirchenvätern war es nach Clemens von Alexandrien vor allem Origenes (* um 185 in Alexandrien; † 254 in Tyros), neben Augustinus und Ambrosius einer der meistgelesenen Autoren der Christentumsgeschichte, der dem Menschen hinsichtlich seiner Selbstvervollkommnung Maximales zutraute. Weil dem Menschen das Vermögen, sich zu entwickeln, und die Vernunft, das zu erkennen, als Geschenk – von Origenes noch nicht als Gnade bezeichnet – verliehen worden war, so sein Argument, könne er sich Jesu vorbildliche Lebensweise gänzlich zu eigen machen, um sich am Ende aller Zeiten nach verschiedenen Entwicklungsstadien Gott ganz und gar angenähert zu haben. Zwar brauche der eine Mensch dafür länger oder mehr Hilfe als der andere, am Ende aber würden alle – jeder in seinem Tempo – das Ziel erreichen. Anders hingegen schätzte der spätere Kirchenvater Augustinus (* 13. November 354 in Tagaste; † 28. August 430 in Hippo) das Vermögen des Menschen ein. Dieser entwickelte ein gegenüber Origenes deutlich negativer geprägtes Bild. Er ging davon aus, dass der Mensch durch und durch Sünder sei und von seiner Sündhaftigkeit einzig durch die Gnade Gottes, sein Geschenk, befreit werden könne. Der Mensch könne zwar durchaus versuchen, gut zu handeln, aus der grundsätzlichen Sündhaftigkeit aber könne er sich nicht einmal durch gutes Handeln herausarbeiten. Urgrund dieser Seinsweise ist in den Augen des Augustinus die Erbsünde, die als menschliches Konstitutionsmerkmal zwar auch schon von einigen Autoren vor ihm gedacht worden war, als festgefügte Idee letztlich aber erst von Augustinus wirklich ausgearbeitet wurde.

Beide Sichtweisen – die eher positive, dass der Mensch sich entwickeln kann, und die eher negative, dass ihm eine Entwicklung eher weniger gelingt – wurden über die Jahrhunderte hinweg auf je unterschiedliche Weise aufgegriffen, sodass sie als Traditionslinien im Glaubensgut gänzlich erhalten geblieben sind. Was die Rezeption des augustinischen Bildes angeht, dürfte Martin Luther der berühmteste Vertreter und damit das bekannteste Beispiel sein, der sich auf Augustinus und sein Menschenbild bezog und von hierher eigene Ideen entwickelte. Auch er rang genauso wie Augustinus mit sich und seiner Sündhaftigkeit, verzweifelte daran und konnte den Ratschlägen seines Beichtvaters Johannes von Staupitz, auf Christus zu vertrauen, solange nicht folgen, bis er im Studium der Heiligen Schrift diese Erkenntnis selbst nachvollzog. Zugleich fand er bei Augustinus die Antworten, die er auch für sich selbst mittragen konnte: Der Mensch ist durch und durch Sünder bei gleichzeitigem gerechten und gnadenvollen Anschauen durch Gott. Demgegenüber zog Ignatius von Loyola, der zur selben Zeit wie Martin Luther lebte, jedoch in Spanien aufwuchs und damit eine völlig andere kulturelle, aber auch familiäre Prägung erfahren hatte (er entstammte dem Adel, Luther hingegen mütterlicherseits dem Bürgertum und väterlicherseits der aufstrebenden Montanindustrie), ganz andere anthropologische Konsequenzen. Er stellte dem Menschen ein Werkzeug zur Verfügung, mit dem er aus eigener Kraft aus dem Dilemma innerer Zerrissenheit herauskommen konnte: Mittels der von ihm entwickelten Methode der Unterscheidung der Geister leitete er ihn an zu erspüren, welche Ideen, welche Gedanken, welche Regungen im Menschen von Gott kamen und welche nicht, welche er also behalten und aufgreifen sollte und welche zu verwerfen waren. Das eher Origenes zuzuschreibende positive Menschenbild griffen jedoch nicht erst Ignatius und andere Autorinnen und Autoren am Beginn der Neuzeit auf. Auch waren es nicht erst die katholischen Aufklärer im frühen 19. Jahrhundert, die dieses rezipierten, um dem Menschen vor Augen zu führen, wie wichtig es sei, sein Leben lang sich selbst und das eigene Handeln zu perfektionieren. Schon große Teile der mittelalterlichen Autorinnen und Autoren hatten es vor ihnen rezipiert und weiter transportiert, freilich ohne Origenes selbst zu zitieren, war dieser doch noch nach seinem Tod als Ketzer verurteilt worden.

Auch im evangelischen Christentum kehrte man schon im 16. Jahrhundert zu Teilen dieses Gedankengutes zurück, sodass Martin Luthers Ideen nicht in Reinform erhalten geblieben sind. Vielmehr verabschiedete man sich schon bald von seiner sehr rigorosen Sichtweise, weil eine Erziehung des Menschen auf der Basis der lutherischen Annahmen und damit jegliches pädagogische Handeln im Grunde nicht möglich war. Wenn der Mensch durch und durch Sünder ist und nicht allein zum Guten streben kann, wird Erziehung obsolet.

In der katholischen Tradition hingegen blieben bei allen Unterschieden in den Feinheiten – es sind vor allem die Autorinnen und Autoren des späten 19. Jahrhunderts, die auf die eher augustinische Tradition im Menschenbild zurückgreifen – die Grundlinien über die Jahrhunderte gleich. Schlussendlich hat sich dieses Menschenbild einschließlich der positiven Einschätzung des menschlichen Entwicklungsvermögens im Katholischen bis auf wenige Ausnahmen durchgesetzt und ist im 20. Jahrhundert verbunden mit der sogenannten anthropologischen Wende in den Texten des II. Vatikanums und den folgenden Jahrzehnten neuerlich betont worden:

Aus dieser Perspektive ist der Mensch
nicht nur in der Lage,
sich immer wieder
dem Guten zuzuwenden,
seine Talente zu entdecken und
weiterzuentwickeln,
er ist qua Taufe geradezu
dazu verpflichtet, sich selbst zu bilden,
wobei eine Fehlertoleranz,
eine Kultur des Scheiterns verbunden
mit maximalem Zutrauen,
sich davon wieder zu befreien,
inbegriffen ist.

Selbstbildung als Gesellschaftsbildung

Bildung im katholischen Sinn betrachtet, bleibt jedoch nicht bei diesem Verständnis von Selbstbildung stehen. Im Gegenteil darf, soll und muss die und der Einzelne ihre und seine Fähigkeiten und Talente nicht nur für sich sowie ihr und sein eigenes Lebensglück einsetzen. Vielmehr sollte jede katholische Christin und jeder katholische Christ ihre und seine Gaben zum Wohle aller in das gesellschaftliche Leben einbringen, um eine in zutiefst christlicher Weise humane Gesellschaft verantwortet mitzugestalten. Die Metapher, die hier immer wieder bemüht wird, ist die des einen Leibes mit den vielen Gliedern, die schon auf Paulus und den Korintherbrief und damit auf das Neue Testament zurückgeht (1 Kor 12,12–31a): So wie jeder Körperteil und jedes Organ für das Leben und Funktionieren des gesamten Menschen unverzichtbar sind, der menschliche Organismus also nur (über-)leben kann, wenn jedes Glied gesund ist und seinen Beitrag leistet, so muss jeder Mensch als Teil des Ganzen seine Gaben und Talente zum Funktionieren des Gesamtleibes der (Welt-)Gesellschaft einbringen. Schließlich ist die einzelne Christin und der einzelne Christ immer Mitglied der Gesellschaft und muss sich an der Stelle bei der Ausgestaltung derselben nach christlichen Werten beteiligen.

Demnach bedeutet Christin oder Christ zu sein nicht, dass sich alles Handeln nur auf die eigene Person bezieht oder dass es sich nur innerhalb einer wie auch immer gearteten Institution Kirche vollzieht. Christin und Christ zu sein ist eine ganzheitliche Seinsweise, die beständig in alle Lebensbereiche hineinspielt. Der Mensch ist immer Christ und Bürger sowie Mitglied der Kirche und der Weltgesellschaft zugleich. Er kann und darf sein Christsein im Alltag nicht ablegen. Kirchesein heißt schließlich nicht innerhalb eines Kirchengebäudes oder einer wie auch immer gearteten Institution mit bestimmten Aktivitäten in dafür konkret vorgesehenen Handlungsräumen zu agieren. Kirchesein geschieht an jedem Tag an jedem Ort zu jeder Zeit, weil das Zeugnisgeben gleichzusetzen ist mit dem Leben der christlichen Botschaft, der Nächsten- und Gottesliebe und dem Ausgestalten des schon angebrochenen Reiches Gottes. Auf diese Weise sollte jeder Mensch innerhalb seines eigenen Lebens- und Wirkungskreises nach besten Kräften für Frieden und Gerechtigkeit sorgen. Als „zugleich Gläubiger und Bürger"[12] muss er sich „zum Wohl der Menschen und zur Erbauung der Kirche in der Kirche und in der Welt"[13] einsetzen. Das ist ihr und sein „Recht", zugleich ist es aber auch ihre und seine „Pflicht".[14] Insoweit ist die und der Einzelne, unabhängig von Geschlecht, Beruf und Stand, in höchstem Maße verantwortlich, „sich selbst zu bilden, sich für die eigene Besserung und das eigene Gemeinwohl einzusetzen, Kreativität zu entwickeln, immer mehr lernen zu wollen und den anderen aufgeschlossen zu begegnen."[15] Dass ein solcher Weg nicht immer leicht ist, dass das durchaus auch einmal bedeuten kann, sich gegen den Mainstream aufzulehnen und gegen den Strom zu schwimmen, einmal eine andere Meinung zu haben und sie auch zu äußern, ist selbstredend.

Diese Art der Lebensauffassung ist ebenfalls von Beginn der Christentumsgeschichte an präsent gewesen und als solche von der Antike bis in die Postmoderne immer wieder in Erinnerung gerufen worden. Insoweit wäre auch und gerade in heutigen Zeiten, in denen Religion und Gesellschaft nicht mehr so eng miteinander verwoben sind, dieses gegenseitige Bedingtsein nochmals neu zu betonen. Es hängt gerade nicht davon ab, ob Kirche und Staat als Einheit aufgefasst werden oder ob sie – wie seit dem Ende des 2. Weltkrieges – voneinander getrennt gesehen werden. Schließlich hängt die Tatsache, dass sich jede Christin und jeder Christ auch heute noch mit ganzer Kraft in die Gesellschaft einbringt, weniger mit einer dafür vorhandenen Verquickung von Staat und Kirche als vielmehr mit dem grundsätzlichen Tauf- und Missionsauftrag der und des Einzelnen zusammen, verstanden als Erzählen vom Evangelium und von der Frohen Botschaft.

Bildung als Fremdbildung

Der Bildungsauftrag der und des Einzelnen ist jedoch weder mit der Selbstbildung und der eigenen Vervollkommnung noch mit dem Einbringen ihrer und seiner Fähigkeiten in die Gesamtgesellschaft erschöpft. Es kommt eine mindestens genauso wichtige dritte Dimension hinzu:

Christinnen und Christen
sind auch dazu aufgerufen,
ihre Nächsten und damit
ihre Mitmenschen bei deren
jeweiligen Bildungsprozessen
zu begleiten und zu unterstützen –
und zwar unabhängig von
ihrer beruflichen Position.

Dieser Gedanke ist bereits im Neuen Testament und dem dort praktizierten gemeindlichen Bußverfahren verankert. Clemens von Alexandrien sowie Origenes benennen ihn ihrerseits insoweit, als sie explizit jeden Menschen als Pädagogen der und des anderen bezeichnen. Dieses Konzept wird in der mittelalterlichen Theologie genauso aufgegriffen, wie es in der Neuzeit von Ignatius von Loyola, den Jesuiten und anderen Vertreterinnen und Vertretern als pädagogisches Konzept weiterverfolgt wird. Im Ergebnis sollte jede und jeder die und den anderen in seiner Selbstbildung und der damit verbundenen Gesellschaftsgestaltung unterstützen, also Begleiterin und Begleiter, Pädagogin und Pädagoge, Korrektorin und Korrektor der und des anderen sein. Anders gesagt: Jeder Mensch, der katholisch getauft ist, ist dazu aufgerufen, seinen Mitmenschen in seinem Wachstums- und Reifungsprozess zu unterstützen. Und: Diese Verpflichtung endet nicht an den Konfessions- und Religionsgrenzen. In jedem Menschen, egal welchen Glaubens und welcher Konfession er ist, scheint das Abbild Gottes auf. Deshalb bezieht sich Bildung unabhängig von Glaube, Alter und Geschlecht auf alle Menschen. Ihnen sind mit „Respekt vor der Würde und Einzigartigkeit jeder Person" die „Chancen, zu wachsen und ihre eigenen Fähigkeiten und Gaben zu entfalten", zu bieten.[16] Einzig der einzelne Mensch mit seinem individuellen Vermögen einschließlich aller Fehler und Makel ist in seinem Sosein und Personsein anzunehmen.

**Zum eigenen Wohl
und dem Wohl aller
für eine humane,
friedvolle,
demokratische
und freiheitliche
Gesellschaft.**

Katholische Bildung als Impulsgeberin

Alles in allem bewegt sich das katholische Bildungsverständnis damit zwischen drei Polen: der Selbstbildung, der Gesellschaftsbildung und der Fremdbildung. Alle drei Pole stehen miteinander in Beziehung, sind wechselseitig aufeinander verwiesen und bedingen sich gegenseitig. Das Potenzial katholischer Bildung sowie die damit verbundene Chance für die Einzelne und den Einzelnen sowie für die Gesamtgesellschaft liegt damit angesichts der eingangs genannten kulturellen Herausforderungen des 21. Jahrhunderts auf der Hand:

Bei aller Zentrierung auf den Menschen ist katholisch verstandene Persönlichkeitsbildung *erstens* nicht einfach Selbstzweck. Und christlich verstandene Selbstvervollkommnung bzw. Selbstperfektionierung ist deutlich weitreichender und umfassender als eine reine, auf das Ego bezogene Selbstverwirklichung. Es geht nicht allein darum, die eigenen Ideen, Wünsche, Sehnsüchte und Ziele um jeden Preis und ohne Rücksicht auf die Nächsten durchzusetzen. Auch zielt sie nicht darauf, den Erwartungen und Anforderungen des Arbeitsmarktes oder etwaiger Dritter zu entsprechen und sich selbst zu optimieren, um beispielsweise Unternehmensgewinne zu steigern. Vielmehr darf die und der Einzelne die eigenen Stärken und Talente aus sich heraus ausbauen und Schwächen beheben, um sich mit der ganzen Persönlichkeit zu entwickeln, zu wachsen und zu reifen.

Weil der Mensch bei alledem *zweitens* nie isoliert von seinem Gegenüber oder der Umgebungsgesellschaft betrachtet wird, alle drei vielmehr in Wechselwirkung miteinander stehen, sind der Entwicklung des einzelnen Menschen dort Grenzen gesetzt, wo die Würde der und des anderen oder das Wohl der Gemeinschaft missachtet werden. Wenn ihre und seine Freiheits- und Entfaltungsrechte eingeschränkt werden oder gegen ethische Grundsätze verstoßen wird, enden die eigene Vervollkommnung und die damit verbundene Selbstentfaltung. Schließlich scheint im Gegenüber ebenfalls das Abbild Gottes auf, das es anzuerkennen und zu respektieren gilt und das sich gleichfalls selbst verwirklichen darf, sodass die eigene Freiheit bei der Freiheit der und des anderen endet.

Da *drittens* vonseiten katholischer Bildung nicht der Anspruch erhoben wird, dass Menschen sich zum Katholizismus bekehren müssen, um dieselbe zu erfahren, ist sie unabhängig von religiöser Zugehörigkeit. Jede Frau und jeder Mann darf ihre und seine Talente aufgrund ihres und seines Menschseins entdecken und diese im Laufe ihres und seines Lebens selbstständig weiterentwickeln. Dies wird geradezu gefordert.

Ein solcher Selbstbildungsprozess wird jedoch *viertens* nicht immer nur ein stetig aufsteigender Wachstums- und Reifungsprozess sein, genauso wenig wie jegliche Form von Wissens- und Kompetenzaneignung immer linear verläuft und verlaufen kann. Vielmehr wird es zu Rückschritten, zum ganzen oder teilweisen Scheitern kommen, sodass Neuanfänge, Neubildungen, Um- und Neuorientierungen notwendig werden. Eine Kultur des Fehlens und Scheiterns ist schon mitgedacht.

Weil *fünftens* alle Menschen dazu aufgerufen sind, die je andere und den je anderen zu begleiten, weiß die und der Einzelne sich in ihrem und seinem Entwicklungsprozess genauso unterstützt wie im Falle von Rückschritten aufgefangen. Jede und jeder kann zum Korrektiv der und des anderen werden, weiß sich dabei aber auch beschützt und aufgehoben.

Bei alledem macht das katholische Bildungsverständnis *sechstens* darauf aufmerksam, dass Bildung eine Haltung ist, die von jedem Menschen selbst ausgehen muss, dass jede und jeder Einzelne für den eigenen Bildungsprozess verantwortlich ist und diese Verantwortung nicht auf andere übertragen kann. Verweigert sich jedoch ein Mensch dieser Bildung, so ist das von allen Umliegenden zu akzeptieren. Schließlich kann und darf jede und jeder frei entscheiden, welchen Weg sie oder er einschlägt. Eine solche Entscheidung aber ist nicht unumkehrbar, sondern damit verbunden, dass jedem Menschen immer wieder aufs Neue diese Bildung angeboten wird.

Ein solcher Prozess ist *siebtens* nach der Schul-, Hochschul- oder Berufsausbildung nicht abgeschlossen, sondern setzt sich ein Leben lang fort.

Achtens und letztens reagiert der Mensch damit nicht einfach nur auf die Anforderungen an sich selbst, die Mitmenschen und die Umwelt. Vielmehr agiert er mit seiner Person und seinen Anlagen und gestaltet aufgrund seiner Verantwortung sich selbst und anderen gegenüber die Welt – im Großen wie im Kleinen und in allen Lebensbereichen – zum eigenen Wohl und dem Wohl aller als eine humane, friedvolle, demokratische und freiheitliche Gesellschaft (mit).

Mit anderen Worten: Katholische Bildung ist in mehrfacher Hinsicht ganzheitlich. Sie ist weder nur auf Fachwissen noch auf etwaige Skills konzentriert, allein auf die Einzelne und den Einzelnen beschränkt oder nur die Gesamtgesellschaft fokussierend. Stattdessen hat sie jeden Menschen unabhängig von seiner Konfession oder Religion im Blick. Sie schaut den ganzen Menschen mit allen seinen kommunikativen, kognitiven, sozialen und personalen einschließlich seiner spirituellen und emotionalen Fähigkeiten an. Sie bezieht alle Lebensbereiche mit ein. Und sie stellt den gestalterischen Charakter heraus: Jeder Mensch ist sein eigener Bildner, Erbauer von Gesellschaft sowie Begleiter für andere. Insoweit ist katholisch fundierte Persönlichkeitsbildung von der Antike bis heute immer schon ganzheitliche Persönlichkeits- und Gesellschaftsbildung gewesen.

Damit aber geht katholische Persönlichkeitsbildung weit über das momentan in der Breite praktizierte Bildungsideal – Ausnahmen bestätigen die Regel – hinaus und bietet vielfach ungenutzte Möglichkeiten. Vor allem widerspricht sie diametral dem funktionalistisch-technokratischen und rein ökonomischen Logiken unterliegenden Bildungsverständnis der Europäischen Union, der OECD oder der Weltbank. Im Mittelpunkt steht eben nicht das Humankapital oder ein ökonomischer Nutzen, auch sind nicht die Wirtschaft oder besonders einflussreiche Teile der Gesellschaft tonangebend. Im Mittelpunkt steht vielmehr der einzelne Mensch in seiner ganzen Einzigartigkeit und Besonderheit und seinem Personsein. Eingebunden in die Gesellschaft und mit engem Bezug zum Gegenüber kann die Selbstverwirklichung der und des Einzelnen nicht ohne Rücksicht auf die Nächsten geschehen. An keiner Stelle besteht also die Gefahr, den Menschen zu übergehen oder zu verzwecken und sich von vermeintlich gesellschaftlichen Zwängen und wirtschaftlichen Notwendigkeiten vereinnahmen zu lassen. Achtsamkeit und Wertschätzung, Solidarität und Rücksichtnahme sind inhärent. Damit hat katholische Bildung ein immenses Potenzial und kann Ideen- und Impulsgeberin für eine das Individuum wahrnehmende und die Gemeinschaft miteinbeziehende Persönlichkeits- und Gesellschaftsbildung sein. Sie kann einen gewinnbringenden Paradigmenwechsel evozieren, gerade weil katholisch verstandene Persönlichkeitsbildung eben nicht auf den binnenkirchlichen Raum beschränkt bleiben muss.

Bildung neu denken

Wenn Bildung in der zuvor beschriebenen Weise als lebenslange Selbstbildung verstanden wird, wenn sie Entfaltung der eigenen Persönlichkeit mit dem hohen Gut ist, die individuellen Fähigkeiten in die Gesellschaft einzubringen sowie die andere und den anderen bei ihrem und seinem Bildungsprozess zu unterstützen, kann Bildung nicht länger auf jene Institutionen beschränkt bleiben, die explizit als solche ausgewiesen sind: auf Kinderbetreuungseinrichtungen, Schulen, Hochschulen, auf Erwachsenenbildungseinrichtungen oder Bildungshäuser. Vielmehr findet Bildung zu jeder Zeit bei allen Menschen jeden Alters an jedem Ort statt: in der Familie, im Freundeskreis, bei der Arbeit, in der Freizeit, im Ehrenamt etc. Überall dort darf sich die und der Einzelne entfalten, sie und er darf ihre und seine Talente entwickeln und diese zum eigenen Wohl und zum Wohle aller in die umgebende Welt einspeisen. Zugleich darf dort jede und jeder ihre und seine Nächsten bei ihren Bildungsprozessen unterstützen: Eltern ihre Kinder, Kinder ihre Eltern, Chefinnen und Chefs ihre Mitarbeiterinnen und Mitarbeiter, Mitarbeiterinnen und Mitarbeiter wiederum ihre Vorgesetzten, Trainerinnen und Trainer ihre Sportlerinnen und Sportler, Sportlerinnen und Sportler ihre Trainerinnen und Trainer und so weiter, nicht zuletzt aber natürlich auch Lehrerinnen und Lehrer ihre Schülerinnen und Schüler sowie Schülerinnen und Schüler ihre Lehrerinnen und Lehrer, Hochschullehrende ihre Studierenden, Studierende ihre Lehrenden etc. Anders formuliert: Nicht nur Elementarpädagoginnen und -pädagogen, Lehrerinnen und Lehrer oder Hochschullehrende sowie Erwachsenenbildnerinnen und -bildner haben den Auftrag, Pädagoginnen und Pädagogen, Begleiterinnen und Begleiter, Mentorinnen und Mentoren der und des anderen zu sein. Diese Aufgabe betrifft jeden Menschen. Damit haben alle Katholikinnen und Katholiken in allen Lebensbereichen – jede und jeder an ihrem und seinem Platz – den Auftrag, sich selbst zu bilden und die anderen zu begleiten: bei der Arbeit, in der Freizeit und im Privaten. All das ist die logische Konsequenz ihres Christseins.

Folglich kann der Bildungsauftrag auch hier nicht nur auf klassische Bildungseinrichtungen als solche und noch weniger nur auf den schulischen Religionsunterricht sowie auf Kinderbetreuungseinrichtungen und Schulen in katholischer Trägerschaft oder auf katholische Hochschulen sowie auf katholisch-theologische Fakultäten beschränkt bleiben. Katholische Bildung ist nicht Religions- oder Glaubenskunde, schon gar kein Katechismusunterricht, sondern sie ist Menschenbildung. Demnach sollte im Bildungsbereich jede katholisch getaufte Lehrerin und jeder katholisch getaufte Lehrer in jedem Fachunterricht an jeder, auch staatlichen (Hoch-)Schule, Persönlichkeitsbildung ermöglichen: der katholische Mathematiklehrer genauso wie die katholische Religionslehrerin, die katholische Englischprofessorin oder der katholische Chemieprofessor an einer staatlichen Universität.

Bei Einrichtungen in katholischer Trägerschaft stellt sich die Sachlage nochmals ein wenig anders dar. Dort sind qua Zugehörigkeit zur Einrichtung alle Mitarbeiterinnen und Mitarbeiter diesem Bildungsauftrag verpflichtet, unabhängig davon, ob sie katholisch getaufte Christinnen oder Christen sind. Mit der Unterschrift unter den Dienstvertrag erkennen sie die Grundlagen und damit den Codex sowie die Werte und Handlungsmaximen der jeweiligen Einrichtung an. Kinderbetreuungseinrichtungen in katholischer Trägerschaft betonen das ebenso wie Schulen oder Universitäten, Erwachsenenbildungseinrichtungen oder auch Kliniken. Eine solche Bindung an Grundsätze der Arbeitgeberin oder des Arbeitgebers ist im kirchlichen Kontext jedoch keine Ausnahme. Selbiges findet sich in allen anderen gesellschaftlichen Bereichen ebenfalls. Wirtschaftsunternehmen, Kultureinrichtungen, Vereine haben ihre Richtlinien, die für ihre Mitarbeiterinnen und Mitarbeiter handlungsleitend sind. Der Auftrag des Sich-selbst-Bildens und des Sich-gegenseitigen-Unterstützens kulminiert dann allenfalls in der getauften Persönlichkeit einer katholischen Einrichtung: Zum einen ist sie genauso wie alle anderen als Katholikin oder Katholik gefragt und darf und soll ihre Mitmenschen in der Entwicklung unterstützen. Zum anderen aber ist sie diesem Wachstums-

und Reifungsprozess der und des anderen qua Bildungsauftrag katholischer Institutionen verpflichtet.

Weil aber trotz aller Anstrengung zur Begleitung und Unterstützung jeder einzelne Mensch in erster Linie für seine Bildung selbst verantwortlich zeichnet und diese Verantwortung auch niemals auf das Gegenüber übertragen kann, darf sich jede getaufte Katholikin und jeder getaufte Katholik gewahr sein, alle Kraftanstrengung aufzubieten, um sich zu entwickeln und Akteurin und Akteur ihres und seines eigenen Bildungsprozesses zu sein. Das jedoch bedeutet nicht, dass sie oder er sich autodidaktisch und außerhalb aller Institutionen Wissen aneignen und Kompetenzen bilden soll und – um nur zwei Beispiele zu nennen – Schule oder Hochschule fortan überflüssig wären. Im Gegenteil kommt den klassischen Bildungseinrichtungen an dieser Stelle der besondere Auftrag zu, dieses Bildungsverständnis explizit zu ventilieren, es erfahrbar zu machen und Räume zu schaffen sowie Möglichkeiten anzubieten, dass jeder Mensch sich umfänglich selbst bilden kann und dass er dafür sensibilisiert wird, in seinem je eigenen Bereich gesellschaftlich wie privat Verantwortung zu übernehmen und andere bei ihrer Bildung zu unterstützen. Damit können Menschen zu Multiplikatorinnen und Multiplikatoren und somit zu Superspreadern im positiven Sinn werden. Was ist damit gemeint?

Wenn Menschen dafür sensibilisiert werden, dass dieses Bildungsideal nicht auf Bildungseinrichtungen beschränkt ist, sondern in allen Lebensbereichen wirken kann und soll, so tragen es alle Beteiligten an jeder Stelle, wo sie leben und wirken, weiter. Lehrende sind schließlich auch Partnerinnen und Partner, Eltern, Geschwister, Kinder, haben vielleicht ein Ehrenamt inne, sind Mitglied in einem Verein, einer Laufgruppe etc. Überall dort können sie im Sinne des genannten Bildungsideals wirken: sich selbst entwickeln, mit ihren Talenten die jeweiligen Gemeinschaften und Teilgesellschaften bereichern und durchwegs Begleiterinnen und Begleiter der und des anderen sein. Dasselbe gilt für Studierende. Auch sie sind Kinder, Geschwister, vielleicht Partnerinnen und Partner oder Eltern, sind Freundinnen und Freunde, Mitglieder in einem Verein, einer Laufgruppe, geben Nachhilfe oder leiten eine Jugendgruppe und so weiter. Überall dort können auch sie bildnerisch an sich selbst und bei anderen tätig sein und für ein achtsames, wertschätzendes, ermöglichendes Miteinander sorgen. In diesem Sinne schließt sich der Kreis: Bildung ist Persönlichkeits- und Gesellschaftsbildung zugleich.

Vergegenwärtigt man sich dann nochmals, dass das Bildungsverständnis mit dem ihm inhärenten Menschenbild eben nicht auf den Katholizismus beschränkt ist und schon gar nicht mit einer Konversion zum Katholizismus einhergeht, kann es auch in alle anderen Lebens- und Arbeitsbereiche sowie auf jegliche Teilgesellschaft genauso übertragen werden wie auf die Gesamtgesellschaft. Dem Menschen maximal zutrauen, sich zum Guten hin entwickeln zu können und dieses auch anderen wieder zuteilwerden zu lassen, ist schließlich eine Frage der Haltung und nicht des Glaubens und kann demnach Religionen übersteigend gelten. Was wäre der Effekt? Jeder Mensch würde dann in seinem Bereich zum Bildner seiner selbst, könnte seine Talente in seinen Kontexten und damit in den (Teil-)Gesellschaften umfänglich wirken lassen und andere unterstützen. Dann würden alle Menschen an der Selbst-, Gesellschafts- und Fremdbildung mitwirken und gemeinsam am eigenen Wohl und dem Wohl aller bauen.

Wie kann ein solches Bildungsverständnis nun in der Praxis – in diesem Fall an Hochschulen – umgesetzt werden? Welchen Beitrag können die einzelnen Fachdisziplinen leisten, damit zukünftige Absolventinnen und Absolventen nicht nur mit fundiertem Fachwissen und wissenschaftlich gebildet, sondern auch als gut gebildete Persönlichkeiten mit einem breiten Kompetenzprofil die Hochschulen verlassen, um Gesellschaft verantwortet mitzugestalten und den Bildungsansatz im beruflichen und privaten Bereich zu leben und weiterzugeben?

SUPERS

READER

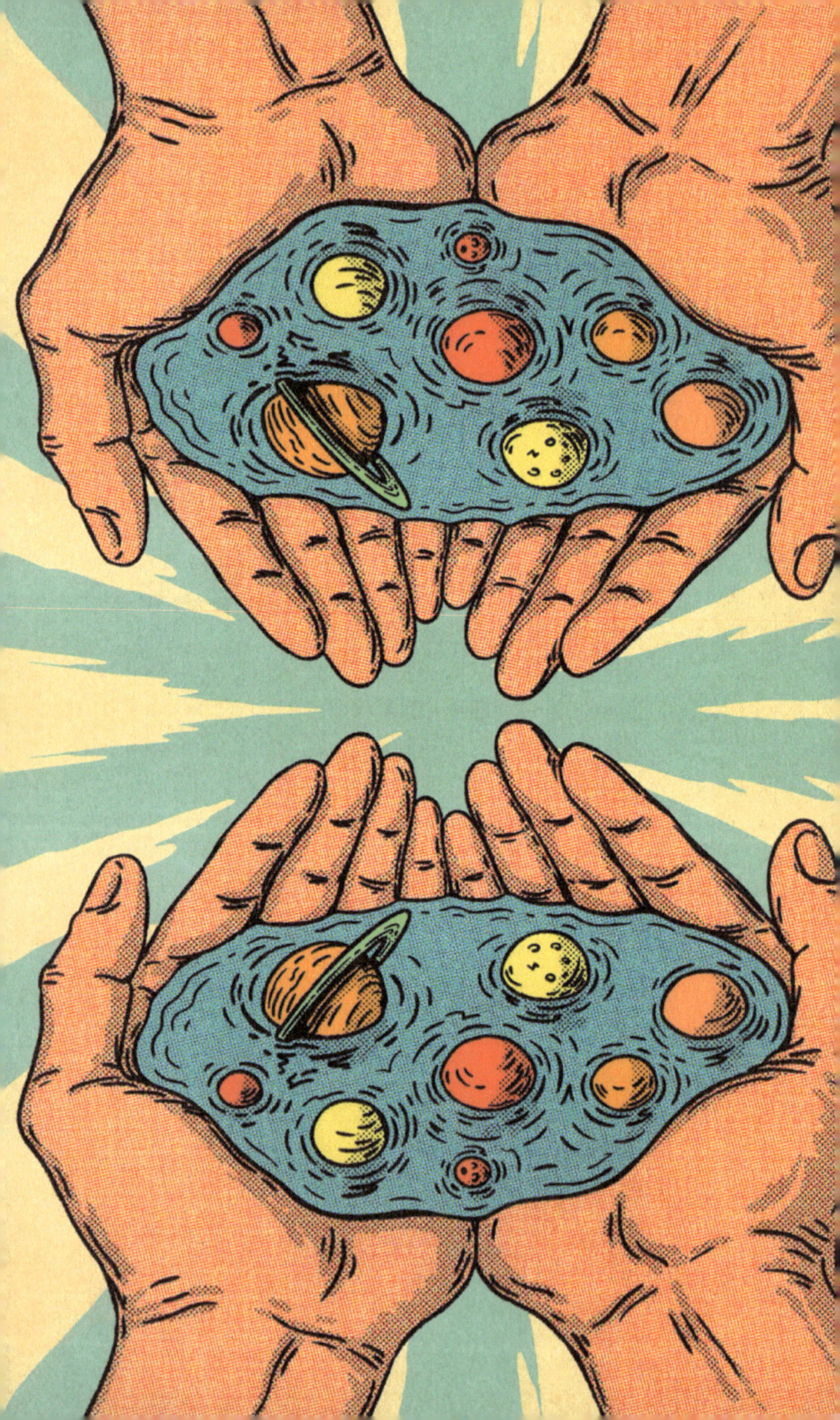

Prinzipien

Wenn Menschen auf der ganzen Breite Fähigkeiten, Fertigkeiten, Kompetenzen, Stärken und Talente ausbilden sollen, die es ihnen erlauben, achtsam und wertschätzend sowie moralisch-ethisch verantwortet mit sich selbst und anderen umzugehen sowie das gesellschaftliche Leben mitzugestalten und damit zu selbstverantwortlichen Bürgerinnen und Bürgern zu werden, die das eigene Wohl genauso im Blick haben wie das Wohl der und des anderen und der ganzen Welt, dann müssen alle diese Dimensionen auch im Bildungsgeschehen an der Hochschule Berücksichtigung finden, dann kann Hochschulbildung nur eine ganzheitliche Bildung der Persönlichkeit sein und muss mit Gesellschaftsbildung einhergehen. Dabei kann die wissenschaftliche Ausbildung mit ihrer speziellen Berufsbefähigung weder gegen die Selbstentfaltung der und des Einzelnen noch gegen das Wohl der Gesamtgesellschaft ausgespielt werden. Ein Entgegensetzen der Aspekte ist genauso wenig möglich wie sinnvoll. Nur eine Bildung, die den Blick auf das Selbst und auf die und den anderen sowie auf die Gesamtgesellschaft hat, lässt die Einzelne und den Einzelnen in Gemeinschaft ein erfülltes, gutes und glückliches Leben führen und lässt die Gesellschaft demokratisch und human ausgerichtet sein. Hochschule darf also zum Lern- und Erfahrungsort, zum Experimentier- und Erprobungsfeld werden, wo den Studierenden ein breit angelegter Bildungsprozess ermöglicht wird, in dem die optimale Fachausbildung mit Persönlichkeits- sowie Gesellschaftsbildung verschränkt ist.

Das Prinzip Hochschule

Humboldt, die Universitätsgeschichte und Bologna

Dass Hochschule eine solche Bildung ermöglicht, dass sie in besonderer Weise ihren Beitrag zur Persönlichkeitsbildung leisten kann, will und muss sowie einen gesellschaftsgestaltenden Auftrag hat, darüber ist man sich innerhalb der deutschsprachigen Bildungsdiskussionen über die Fächer hinweg schon länger einig. Das zeigt der Blick in die entsprechende Forschungsliteratur ebenso wie es Beiträge auf Tagungen und in Diskussionsveranstaltungen sowie in der Tagespresse spiegeln. Die spezifische Art und Weise, wissenschaftlich zu arbeiten und zu denken, ermöglicht es ja gerade, dass Studierende sich forschend Fachinhalte aneignen und diese weiterentwickeln, dass sie lernen, Probleme zu erkennen, nach Lösungen zu suchen, selbstständig Fragen zu stellen und Antworten zu geben. Dabei werden sie kommunikations- sowie handlungsfähig und eignen sich soziale ebenso wie personale Kompetenzen an. Lehre und Forschung sind dabei keine Gegensätze oder besetzen unterschiedliche Felder eines universitären Alltags. Sie sind vielmehr zwei Seiten einer Medaille und stehen im direkten Verhältnis zueinander. Die eine ist ohne die andere nicht denkbar.

Dieses Ideal von Hochschule ist jedoch nicht neu. Im Gegenteil hatte universitäre Bildung von jeher das Ziel, dass Menschen sich in einer Lehr-Lern- und Forschungsgemeinschaft von Studierenden und Lehrenden am Fachgegenstand persönlich bilden und dabei wissenschaftliche Erkenntnisse vorantreiben, damit sie sprach- und diskursfähig sowie dialog- und diskussionsfähig werden, sich kritisches und lösungsorientiertes Denken aneignen und damit Gesellschaft gestalten. Ein solches Verständnis lag bereits den Anfängen der Universität im Mittelalter zugrunde. Als *universitas* konstituierte sie sich als Disputiergemeinschaft, wo Wissen zwischen Lehrern und Schülern dialogisch ausgehandelt wurde, wo um die Auslegung von Texten, die als Autoritäten galten, gerungen, wo argumentiert, systematisiert, synthetisiert wurde, wo logische Schlüsse gezogen wurden und wo Neues kreiert wurde. Im Verlauf der Jahrhunderte wurde selbiges unter anderem an den jesuitischen Universitäten weitergeführt. Bildung durch Wissenschaft geschah dort nicht um ihrer selbst, sondern um der inneren Formung und Reifung und des persönlichen Wachstums der sich Bildenden willen, auch damit diese die Nächsten bei ihrer Entwicklung begleiten konnten. Universitäre Bildung hatte damit immer auch eine seelsorgliche und pastorale Zielsetzung.

All das wurde im deutschsprachigen Raum zu Beginn des 19. Jahrhunderts nicht zuletzt von Wilhelm von Humboldt, Protestant sowie Beamter im preußischen Staat und vielfach – wenngleich nicht unumstritten – auch als Vater der Universität des 19. Jahrhunderts bezeichnet, neuerlich zur Sprache gebracht. Selbiges geschah – das sei der Vollständigkeit halber gesagt – in England durch den Katholiken Paul Henry Newman. Humboldt stellte seinerseits heraus, wie sehr Wissenschaft und ganzheitliche Menschenbildung zusammengehörten und wie Hochschule im damaligen Verständnis des protestantischen Preußen auch im Dienste und zum Nutzen des Staates, der Wertebildung und der Vervollkommnung der und des Einzelnen zu stehen hatte.

Die letzte Hochschulreform, deren Anfänge über 20 Jahre zurückliegen, hat all das den heutigen Verhältnissen entsprechend angepasst. Gemeint ist die viel diskutierte, hochgelobte und ebenso heftig verteufelte Bologna-Reform, in deren Folge europaweit Studiengänge vereinheitlicht und konsequent von einer Kompetenzorientierung her organisiert worden sind. Inwieweit etwaige Kritik an der Idee von Bologna berechtigt ist oder ob sie besser an dem geübt werden sollte, was am Ende aufgrund der Umsetzung durch die jeweiligen Hochschulen daraus geworden ist, sei dahingestellt. Der Blick in die entsprechenden Dokumente jedenfalls zeigt, dass Bologna auf der zuvor genannten und damit althergebrachten Linie von universitärer Bildung geblieben ist. Sie folgt – übersetzt ins 21. Jahrhundert – dem, was Humboldt und seine Vorgänger als wichtig erachtet hatten. Mit der Deklaration von 1999 sollte ein „Europa des Wissens" kreiert werden, das auf der Basis des universitären Lehrens und Lernens „seinen Bürgern die notwendigen Kompetenzen für die Herausforderungen des neuen Jahrtausends ebenso vermitteln kann wie ein Bewußtsein für gemeinsame Werte und ein Gefühl der Zugehörigkeit zu einem gemeinsamen sozialen und kulturellen Raum."[17] Hochschulbildung soll demnach auch heute noch eine breite wissenschaftliche Bildung sein, die es den Absolventinnen und Absolventen ermöglicht, Gesellschaft gemeinsam verantwortlich zu gestalten. Freilich muss an dieser Stelle nochmals darauf aufmerksam gemacht werden, wie interpretationsfähig und zugleich erläuterungsbedürftig der hier verwendete Kompetenzbegriff ist, wie schillernd er ist und wie unterschiedlich er ausgedeutet wird. Wo die einen mit Bologna eine ganzheitliche Bildung durch Wissenschaft proklamieren können, sehen die anderen vor dem Hintergrund eines technokratischen, ökonomiesteigernden und nutzenorientierten Kompetenzbegriffes Hochschulbildung auf eine reine Arbeitsmarktbefähigung oder Berufsausbildung reduziert. Dass Bologna so unterschiedlich aufgefasst und Kompetenzen so different verstanden werden können, zeigt nur erneut, wie wichtig es ist zu klären, mit welchem Kompetenzbegriff jeweils operiert wird. Letztlich dürften diese differenten Interpretationen auch dazu geführt haben, dass in den aktuellen Debatten immer wieder auf Humboldt als Vorbild für eine ganzheitlich ausgerichtete Hochschulbildung rekurriert wird, um sich gegen eine Ökonomisierung und Verzweckung derselben zu verwehren – allerdings nicht ganz unproblematisch, weil Humboldt dabei vielfach kontextenthoben rezipiert wird.

Das Prinzip katholischer Hochschulbildung heute

Blickt man vor diesem Hintergrund in die aktuellen kirchlichen Dokumente, so finden sich – vielleicht zum Erstaunen von manchen – viele der zuvor genannten Ideen und Gedanken, Prinzipien und Ansätze mit nahezu identischen Formulierungen auch hier. Schon weit vor dem Bologna-Papier hatte das Zweite Vatikanische Konzil (1962–1965) im Dekret *Gravissimum Educationis*, der ‚Erklärung über die christliche Erziehung', ausdrücklich ins Wort gehoben, was katholische Universitäten angesichts der Herausforderungen der 1960er-Jahre nach wie vor zu leisten hätten und welche Verantwortung junge Akademikerinnen und Akademiker nach Ende des Studiums in der Welt übernähmen. Bis in die Gegenwart hinein ist der Bildungsauftrag immer wieder neu entfaltet und an die zeitaktuellen Kontexte angepasst worden: Durch die Apostolische Konstitution *Sapientia Christiana* von 1979, die bis zum Wintersemester 2018/19 die Grundordnung für Katholisch-Theologische Fakultäten und Katholische Universitäten gewesen ist, genauso wie durch die seither geltende Ordnung *Veritatis Gaudium* ebenso wie im sehr lesenswerten und innovativen Arbeitspapier, dem *Instrumentum laboris* ‚Erziehung heute und morgen. Eine immer neue Leidenschaft' von 2014, das anlässlich des 50. Jahrestages des Dekretes *Gravissimum Educationis* die Chancen und Möglichkeiten sowie den Auftrag und die Ziele universitärer Bildung neuerlich aktualisiert und gebündelt hat.

In allen Dokumenten wird Hochschule als Ort verstanden, an dem „den Lernenden eine Bildung" ermöglicht wird, „die sie befähigt, mit angemessenen Kompetenzen in die Welt der Arbeit und des gesellschaftlichen Lebens einzutreten".[18] Durch die „Entwicklung aller persönlichen Ressourcen"[19] sollen Studierende rede- und antwort- sowie handlungsfähig werden, um „die kulturellen, sozialen und religiösen Verantwortungen, die ihnen auferlegt werden würden, voll und ganz anzunehmen".[20] Somit will Bildung „den jungen Generationen lebenswichtige Werte und Grundsätze vermitteln, und zwar nicht nur, um den einzelnen Personen zu Wachstum und Reife zu verhelfen, sondern auch, um miteinander am Gemeinwohl zu bauen".[21] Gerade weil „wir nicht nur eine Zeit des Wandels, sondern einen regelrechten Zeitenwandel erleben", seien „*leaderships* zu bilden, die Wege aufzeigen" könnten, um auf die kulturellen Herausforderungen des 21. Jahrhunderts zu reagieren.[22]

Insofern bedeutet Bilden „sehr viel mehr als unterrichten [sic]"[23], weil Lernen in einem umfänglichen und ganzheitlichen Sinne „nicht nur die Aneignung von Inhalten, sondern eine Chance, sich selbst zu bilden"[24] ist. Demnach bleibt Hochschulbildung gerade nicht beim „Erwerb bestimmter Kenntnisse oder Fertigkeiten"[25] stehen, sondern fokussiert „den individuellen Prozess des geistig-seelisch-leiblichen Wachsens und Geprägtwerdens sowie zugleich eine Selbstüberschreitung"[26]. Denn: „Bildung ist nicht nur Kenntnis, sondern auch Erfahrung. Sie verbindet Wissen und Handeln, stiftet Einheit unter den Wissensinhalten und ist bestrebt, das Wissen in einen Zusammenhang einzuordnen. Sie umfasst den affektiven und emotionalen Bereich und hat überdies eine ethische Dimension: handlungsfähig zu sein und zu wissen, was wir tun wollen, uns an die Veränderung der Gesellschaft und der Welt heranzuwagen und der Gemeinschaft zu dienen."[27] Demnach sind Katholisch-Theologische Fakultäten und alle Fakultäten an Katholischen Universitäten nicht nur für die Fachausbildung zuständig oder können allein als Forschungseinrichtungen verstanden werden. Sie sollen vielmehr im Austausch der Wissenschaften untereinander und unter „ausgewogene[r] Berücksichtigung der kognitiven, affektiven, sozialen, professionellen, ethischen und spirituellen Aspekte"[28] die Persönlichkeitsbildung von Studierenden fördern, um sie „zu hoher Qualifikation heranzubilden und sie für ihre künftigen Aufgaben sinnvoll vorzubereiten."[29] Insofern zielt universitäre Bildung auf ein „zweifaches Wachstum, nämlich das der Wissenschaft und das der Menschlichkeit."[30]

Damit das gelingt, sei es geboten, „die Person der Lernenden in ihrer Ganzheit zu respektieren“[31] und sie innerhalb des Bildungs- und Begleitungsprozesses als eigenständige Persönlichkeiten wahrzunehmen. Der „Respekt vor der Würde und Einzigartigkeit jeder Person“, die „Achtung der Person“ ist zu wahren. Innerhalb eines solchen Klimas der engen Verbindung von Forschung und Lehre können alle Lernenden ihre „eigenen Talente in einem Klima der Zusammenarbeit und Solidarität entfalten“, um auf diese Weise „zu wachsen und ihre eigenen Fähigkeiten und Gaben zu entfalten“.[32] Dabei gehört es zum „Sendungsauftrag“ des Pädagogen, „den jungen Menschen eine ganzheitliche Bildung anzubieten“ und sie „dabei zu begleiten.“[33]

Das Plus katholischer Hochschulbildung

Der hier sehr rudimentär und nur ausschnitthaft präsentierte Einblick in die westeuropäische säkulare sowie christlich-katholische und mit Humboldt auch evangelische universitäre Bildungsgeschichte zeigt, dass die Grundlinien über die Jahrhunderte erhalten geblieben sind. Auch die Bildungsideale, die im säkularen Kontext gegenwärtig von Wissenschaftlerinnen und Wissenschaftlern für Hochschulen vorgeschlagen werden, setzen ganz ähnliche Schwerpunkte wie die kirchlichen Papiere. Angesichts gemeinsamer bis ins Mittelalter reichender Wurzeln ist dies nur wenig erstaunlich.

Zugleich geht katholische Bildung an vielen Stellen über heutige Bildungsideale hinaus: Sie hat den einzelnen Menschen als ganzen Menschen mit all seinen Fähigkeiten und Talenten im Blick. Dabei wird ausdrücklich Wert auf den Auftrag zur Selbst- sowie Fremdbildung der und des Einzelnen und zur Gesellschaftsgestaltung gelegt, womit die Wechselwirkung von Mensch und Gesellschaft sowie die Verantwortung einer und eines jeden für sich und andere zum Ausdruck kommt. Bildung endet zudem nicht mit dem Abschluss des Studiums, sondern wird weitergeführt. Und: Da katholische Bildung viel deutlicher als staatliche auf Menschen- und Gesellschaftsbildung zielt, ist sie auch von keinem Nützlichkeits- oder Optimierungsgedanken bestimmt, der sich vor allem in den Dokumenten der OECD, der EU und der Weltbank spiegelt. In dieser Weise kann katholisch verstandene Hochschulbildung Impulsgeberin sein und Hochschule kann unter ihrem Eindruck zur Talentschmiede und zum Laboratorium der Zukunft für das Arbeits-, das Privat- und das Gesellschaftsleben werden, sie kann Lernbegleitungs- und Übungsfeld für Führungskräfte sein. Was bedeutet das nun konkret?

Studierende als Akteurinnen und Akteure der Zukunft

Studierende als künftige Führungspersönlichkeiten

Die Studierenden von heute sind unsere Führungspersönlichkeiten von morgen. Als zukünftige Akademikerinnen und Akademiker werden sie in wenigen Jahren zu jenen Menschen gehören, die mit ihrem Potenzial die Geschicke von Gesellschaft, Kultur, Politik und Kirche in der Arbeitswelt, im öffentlichen und im privaten Leben bestimmen werden. Dabei werden sie täglich mit all jenen eingangs geschilderten ökonomischen, klimatischen, wirtschaftlichen, politischen, technologischen und sozialen Herausforderungen konfrontiert sein. Sie werden in Anbetracht ethischer Gesichtspunkte sowie der Bedürfnisse der Einzelnen, von Teilgruppen und der Gesamtgesellschaft Probleme erkennen, Lösungen finden sowie selbige in Handlungen überführen müssen. Sie werden Arbeitsfelder und Berufe ausfüllen, die es heute noch gar nicht gibt, sowie an der Kreation weiterer und neuer mitwirken. Als angehende Leiterinnen und Leiter von Abteilungen oder von ganzen Unternehmen – Kirchengemeinden zählen ebenso dazu wie klassische Wirtschaftsunternehmen –, als Pfarrer oder Pastoralreferentinnen und -referenten, als Vertreterinnen und Vertreter der Medienwelt oder als Mitarbeiterinnen und Mitarbeiter von Personal- und Unternehmensberatungsgesellschaften, um erneut nur wenige Beispiele zu nennen, werden sie je nach Bereich im Team arbeiten sowie in mehr oder weniger großem Umfang andere Menschen individuell führen, leiten und begleiten. Sie werden zwischen unterschiedlichsten Standpunkten vermitteln, dabei Kommunikationsprozesse steuern sowie verantwortet zur Meinungsbildung beitragen und als Vorbilder wirken. Dasselbe gilt für Lehrerinnen und Lehrer, Universitätsdozentinnen und -dozenten oder Erwachsenenbildnerinnen und -bildner, also für jene Personen, die in den als klassisch zu bezeichnenden

Bildungsinstitutionen wie Schulen, Hochschulen oder Bildungshäusern tätig sein werden. Auch sie werden Führungskräfte mit immenser Verantwortung und damit Vorbilder mit hohem Identifikationspotenzial sein. Das kann deshalb nicht oft genug betont werden, weil diese Personen nur selten explizit als Führungspersönlichkeiten bezeichnet werden und diese Rolle auch nicht immer allen bewusst ist. Insoweit trifft für unsere Absolventinnen und Absolventen von morgen unabhängig von ihrem künftigen Tätigkeitsfeld sowie der Ausrichtung ihres privaten Lebens und ihrer Verortung in der Gesellschaft nochmals in besonderer Weise zu, was eingangs schon gesagt worden ist: Sie benötigen ein umfangreiches Kompetenzprofil, das nicht allein auf Fachwissen beruht, sondern auf vielfältigen kognitiven, kommunikativen, sozialen, personalen, emotionalen und spirituellen Kompetenzen. Mit diesen werden sie in ihrem beruflichen Alltag und in allen anderen Lebensbereichen wirken. Überall werden sie andere Menschen prägen.

Studierende – keine unbeschriebenen Blätter

Studierende sind, wenn sie an die Hochschule kommen, jedoch keine unbeschriebenen Blätter. Vielmehr beginnen sie ihr Studium als individuelle, vielfältig ausgestattete Persönlichkeiten. Sie verfügen bereits über ein breites Spektrum an Fähigkeiten, Fertigkeiten, Stärken und Talenten, die sie von Natur aus auszeichnen und die sie auf ihrem bisherigen Lebens- sowie Bildungsweg ausgebildet haben. In Kinderbetreuungseinrichtungen, in Schulen und in Berufsausbildungen haben sie mannigfaltige fachliche Kompetenzen erworben: vom Lesen, Schreiben, Rechnen und dem Erlernen mindestens einer Fremdsprache über Spezialwissen wie Algebra, Interpretationen oder Gedichtanalysen bis hin zur Zusammensetzung von Proteinen oder wie Stromleiter funktionieren, um nur wenige Beispiele zu nennen. Bei alledem haben sie im jeweiligen Unterrichtsfach diverse kommunikative, kognitive, soziale und personale Kompetenzen ausgebildet. Von schriftlicher und mündlicher Ausdrucksfähigkeit über eine gute Streitkultur haben sie das Arbeiten im Team ebenso wie ein gutes Zeitmanagement bis hin zu einem achtsamen Umgang im Klassenverband erprobt. Aber nicht nur in Schule und Kinderbetreuungseinrichtung oder während einer bereits absolvierten Ausbildung oder einer beruflichen Tätigkeit haben sie diese Fähigkeiten ausgeprägt. Auch im Elternhaus oder in der Begegnung mit Freundinnen und Freunden, in der Freizeit, in verschiedenen Ehrenämtern und in vielen anderen Lebensbereichen haben sie gelernt zu streiten, Rücksicht zu nehmen, Verantwortung zu übernehmen, ihren Standpunkt zu vertreten, Dinge zu organisieren und vieles mehr. Mit anderen Worten: Jede und jeder einzelne Studierende weist bereits ein breites, sehr individuelles Persönlichkeits- und damit Kompetenzprofil auf. Damit gestalten sie jetzt schon ihren Alltag, ihr Privat- und ihr Gesellschaftsleben und starten in ihr Studium. Es ist ihr Potenzial, auf dem sie aufbauen und das sie im Laufe ihres Studiums erweitern wollen, sollen und dürfen. Bei aller Vorprägung stehen junge Menschen jedoch noch sehr am Anfang ihres persönlichen Wachstums- und Reifungsprozesses, der zugleich nie abgeschlossen sein, sondern ein Leben lang andauern wird.

Persönlichkeitsbildung als integrativer Bestandteil des Studiums

Aufgabe der Hochschule muss es deshalb sein, Studierende auf ihrem Bildungsweg zu begleiten, ihnen während des Studiums jene Persönlichkeitsbildung mit einem breiten Kompetenzerwerb zu ermöglichen, von dem jetzt mehrfach die Rede war. Dementsprechend sind Lern-, Erfahrungs- und Handlungsräume zu schaffen, innerhalb derer Studierende in Anbetracht ihrer eigenen Persönlichkeit sukzessive, schritt- und stufenweise sowie individuell verschieden ihre Stärken und Talente entdecken sowie Kompetenzen ausbilden und zum lebenslangen Weiterlernen angeregt werden. All das benötigen sie, um am Ende des Studiums als gut gebildete Persönlichkeiten ihrer Führungs-, Leitungs- und Begleitungsrolle im beruflichen Alltag sowie im privaten und im gesellschaftlichen Leben gerecht zu werden und Zukunft verantwortet mitzugestalten.

Folglich kann Lehren und Lernen an der Hochschule nicht länger auf die Aneignung von Fachwissen oder fachlicher Kompetenz fokussiert bleiben. Bildung an der Hochschule ist mehr als nur Wissensvermittlung oder reiner Kompetenzerwerb im Sinne einer Employability und einer Arbeitsmarktbefähigung. Auch ist es zu wenig, die mit der Bologna-Reform eingeführte Kompetenzorientierung in den einzelnen Lehrveranstaltungen stringent umzusetzen. Ebenfalls reicht es nicht aus, die verschiedenen kognitiven, kommunikativen, sozialen, personalen und spirituellen Kompetenzen zu den bisher im Studium vermittelten Inhalten in entsprechenden (persönlichkeitsbildenden) Zusatzkursen, zum Beispiel in Präsentations- oder Rhetorikkursen oder Seminaren zur Selbst- und Fremdwahrnehmung, quasi additiv zum Fachstudium ‚auch noch' anzubieten. All das greift zu kurz. Stattdessen muss ein ganzheitlicher, integrativer und vernetzter universitärer Bildungsprozess – über die gesamte Studiendauer angelegt – kreiert werden. In diesem müssen alle genannten Elemente, Faktoren und Dimensionen mitberücksichtigt werden: die Selbstbildung der und des Einzelnen, der gesellschaftliche Bildungsauftrag sowie die Aufgabe zur Fremdbildung. Dabei bleibt der einzelne Mensch in seiner Einzigartigkeit genauso im Blick wie in seiner Rolle als Multiplikator in der Gesellschaft.

Bei alledem dürfen das fachwissenschaftliche Studium und die Forschung nicht vernachlässigt werden. Schließlich zielt universitäres Lehren und Lernen darauf, Studierenden eine wissenschaftliche Bildung zu ermöglichen, innerhalb derer sie sich Fachwissen ebenso aneignen wie methodische und hermeneutische Fertigkeiten zusammen mit kognitiven, kommunikativen, sozialen und personalen Kompetenzen. Letzteres kann nicht häufig genug betont werden, da immer noch das Missverständnis vorherrscht, Persönlichkeitsbildung sei eine Qualifikation, die sich Menschen in Kursen losgelöst vom Fachwissen aneignen können. Wissen aber ist immer Handlungswissen und Kompetenzen können nur am Fachgegenstand und damit in den entsprechenden Lehrveranstaltungen im Fachstudium dauerhaft abrufbar und rekommunizierbar angeeignet werden. Wie kann das konkret geschehen?

Persönlichkeitsbildung durch Fachstudium

Die wissenschaftliche Beschäftigung mit dem jeweiligen Fachgegenstand birgt grundsätzlich ein immenses Potenzial in sich, um Studierenden Persönlichkeitsbildung mit breitem Kompetenzerwerb zu ermöglichen. Das mag von Disziplin zu Disziplin für einzelne Kompetenzen und Teilkompetenzen in mehr oder weniger ausgeprägtem Maße – je nach Fach mit Abstufungen und anderen Schwerpunkten – unterschiedlich gewichtet sein. Alles in allem aber können mit, am und durch Fachwissen immer kommunikative, kognitive, soziale, personale und spirituelle Kompetenzen angeeignet werden. Wie das geschieht, soll im Folgenden am Beispiel der Kirchengeschichte verdeutlicht werden. Vergleichbare Überlegungen lassen sich für alle anderen Fachgegenstände und -disziplinen – Geistes- wie Naturwissenschaften – anstellen.

Persönlichkeitsbildung durch Kirchengeschichte

Moderne Kirchengeschichte, so wie ich sie verstehe und wie sie unter dem Eindruck der neuen kulturgeschichtlichen Ansätze unter Einbeziehung einer historischen Anthropologie mit sozialgeschichtlichen Implikationen verstanden und betrieben wird, ist personen- sowie gesellschafts- und damit kulturorientiert. Im Mittelpunkt der Betrachtungen stehen konkrete Subjekte, jene „Menschen, die vor uns Christen gewesen sind“[34], mit der gesamten Fülle ihrer Existenz einschließlich ihres Bekanntheits- oder auch Nichtbekanntheitsgrades, die Eliten genauso wie die breite Masse. Allesamt werden in ihren historischen Verflechtungen – den sozialen, wirtschaftlichen, gesellschaftlichen, politischen, herrschafts- und verfassungsgeschichtlichen, theologie- und frömmigkeitsgeschichtlichen sowie bildungsgeschichtlichen, den geografischen, klimatischen und demografischen

Verhältnissen – um nur wenige Beispiele zu nennen – untersucht. Dabei werden mittels moderner Quellenkritik einzelne Akteurinnen und Akteure oder ganze Akteursgruppen in ihrem Handeln und Denken ausgemacht. Wissensvorräte profaner und religiöser Provenienz werden erschlossen, Diskurse offengelegt und Kommunikationsprozesse analysiert. Immer steht der Mensch mit all seinen Erfahrungen und Optionen, mit seinen Möglichkeiten, aber auch mit seinen Kontingenzen und den entsprechenden Bewältigungsmechanismen im Fokus der Untersuchungen. Bei alledem wird offensichtlich, wie Menschen vor uns an Gott geglaubt haben, wie der Glaube zum Ausdruck kam, wie er das Handeln der Menschen bestimmte und Ereignisverläufe evozierte und wie er in Institutionen, Formen und Verfahren konkret sichtbar wurde. All das multiperspektivisch zu rekonstruieren, steht im Mittelpunkt kirchengeschichtlicher Analyseverfahren und Urteilsbildungen.

Erklärtes Ziel ist es zu verstehen, wie Menschen innerhalb ihres Rahmens gesellschaftlicher Möglichkeiten ihr Christsein verstanden haben, wie sie es gelebt, wie sie gehandelt und was sie mit ihrem Handeln, ob beabsichtigt oder unbeabsichtigt, bewirkt haben. Insofern beschäftigt sich Kirchengeschichte mit der Rekonstruktion des Handelns und Wollens, des Wissens und Glaubens von Menschen vergangener Zeiten. Als solche ist Kirchengeschichte Christentumsgeschichte und damit „Geschichte des geglaubten Gottes" und „praktisch gewordene Theologie der Vergangenheit".[35] Weil jedoch über das historisch abgesicherte Sachurteil hinaus nach den der jeweiligen Handlung zugrunde liegenden Intentionen gefragt wird, die im Rahmen der möglichen und erreichbaren Erfahrungs- und Wissensräume erschlossen werden können, wird auch ein historisch-moralisches Urteil ermöglicht, das schließlich sogar zum historischen Folgeurteil führt.

Diese spezifische Art, Kirchengeschichte zu betreiben – die Rekonstruktion und Beurteilung vergangenen Christseins anhand von Quellen aus unterschiedlichen Epochen –, ermöglicht es Studierenden, verschiedene Kompetenzen auszubilden. Zunächst einmal befähigt es sie dazu, den eigenen Glauben kritisch und multiperspektivisch vor dem Hintergrund eigener Entwicklung angesichts der spezifischen Herausforderungen der jeweiligen Zeit zu reflektieren. Es hilft zu verstehen, wie sich bestimmte Glaubensinhalte und Strukturen über die Jahrhunderte hinweg entwickelt und verändert haben, wie sie immer wieder neu entworfen und verworfen wurden und wie sich daraus die heute greifbare soziale Gestalt abgeleitet hat. Von hieraus eröffnen sich möglicherweise auch Anregungen für Wege im Hinblick auf die Gestaltung von Kirche und Gesellschaft heute. Gleichzeitig erlaubt die zuvor genannte Art, Kirchengeschichte zu betreiben, die Ausbildung vielfältiger weiterer Kompetenzen. Indem Quellen analysiert und ihre Inhalte systematisiert und strukturiert, mit anderen Quellen aus der gleichen Zeit oder aus anderen Epochen verglichen und vernetzt sowie die Ergebnisse in neue Kontexte transferiert werden, werden vielfältige kognitive Kompetenzen ausgebildet. Wenn die jeweiligen Quellen in ihren Entstehungskontexten untersucht werden, wird gefragt, wer den Text für wen abgefasst hat, welcher Semantiken man sich bediente, warum so und nicht anders geschrieben oder gesprochen wurde. Dabei bilden die Untersuchenden insoweit kommunikative Fähigkeiten aus, als sie ihr Wissen über Kommunikation erweitern und Kommunikationssituationen und ihre Verläufe einschließlich eskalierender und deeskalierender Faktoren beschreiben können.

Überdies – und das mag auf den ersten Blick weniger offensichtlich sein – sind interkulturelle Fähigkeiten, metakommunikative Fertigkeiten sowie soziale und personale Fähigkeiten wie Perspektivenwechsel, Empathie und Differenzfähigkeit Ergebnis eines solchen Arbeitens. Ich nenne ein Beispiel: Wer in der Lage ist, sich in Menschen vergangener Epochen hineinzudenken und hineinzuversetzen, um ihr Christsein zu ergründen, ihre Motive und ihr Handeln nachzuvollziehen, das heißt zu verstehen und zu tolerieren, nicht zu werten, der ist auch fähig, in verschiedenen aktuellen Diskussions- und Begegnungszusammenhängen seinem Gegenüber Empathie und Akzeptanz entgegenzubringen. Schließlich entstammt dieses nicht immer dem gleichen sozialen Milieu, dem gleichen kulturellen Kontext, dem gleichen Glaubenszusammenhang wie der- oder diejenige selbst. Dabei ist nicht nur an Menschen mit Migrationshintergrund oder an Angehörige anderer Glaubensrichtungen zu denken. Differenzen der genannten Art werden auch produziert, wenn Gesprächspartnerinnen und -partner sich zwar zum gleichen Glauben bekennen, die einen jedoch einem ländlichen, die anderen einem städtischen Kontext entstammen – um nur ein Beispiel zu nennen. Kirchengeschichtskompetenz befähigt die Untersuchenden also dazu, diese Hintergründe auch heute beim Gesprächs- oder auch bei der Streitpartnerin und dem -partner zunächst zu analysieren. Von hieraus können sie Differenzen zur eigenen Argumentationsweise und Überzeugungsrichtung aufdecken und in der Genese nachvollziehen, um im Anschluss mit dem Gegenüber konstruktiv ins Gespräch zu kommen. Auf diese Weise ermöglicht kirchengeschichtliches Arbeiten die Bildung vielfältiger Kompetenzen. Dabei ist sie in unterschiedliche Richtungen personen-, gesellschafts- und kulturorientiert: im Hinblick auf das Objekt der Geschichte, hinsichtlich des heutigen Gegenübers und im Hinblick auf das Subjekt der und des Untersuchenden. Kirchengeschichtliches Arbeiten ist damit nie losgelöst vom Individuum und dessen Kontext, weder im Blick auf die Vergangenheit noch in Bezug auf die Gegenwart.

Studierende eignen sich die genannten Kompetenzen jedoch nur bedingt und in einem sehr geringen Ausmaß an, wenn sie sich mit den entsprechenden zeitgenössischen Quellen beschäftigen, Texte einfach nur lesen, Bilder, Kunstgegenstände, Architektur lediglich anschauen oder die Quellen und ihre Interpretationen von den Lehrenden erläutert bekommen. Um sich persönlich am Fachgegenstand bilden und jenes breite Kompetenzprofil nachhaltig ausprägen zu können, bedarf es nicht nur einer intensiven selbstständigen Auseinandersetzung mit dem Inhalt, sondern auch spezifisch angeordneter Lernräume und -umgebungen.

Lerntheoretische und neurodidaktische Grundsätze

Die Gründe dafür wurzeln in der Funktionsweise und der Leistungsfähigkeit unseres Gehirns, in der menschlichen Konstitution und damit im ganzheitlichen Menschsein als solchem. Grundsätzlich werden alle Erlebnisse und Erfahrungen, alles Wissen und alle Informationen, jegliche Kompetenzen aufgrund von Synapsenbildungen in den jeweiligen Hirnarealen gespeichert. Tausende von Neuronen gehen dazu Verknüpfungen miteinander ein, sodass alles, was eingebunden wurde, nur noch mit größter Mühe, durch Unfälle oder Krankheiten wieder gelöscht werden kann. Dazu zählen Kompetenzen und Fachwissen genauso wie Traumata und Negativerlebnisse, aber auch falsches und falsch abgespeichertes Wissen. Zugleich ist das Gehirn allerdings auch in der Lage, zerstörte und nicht mehr funktionsfähige Areale zu ersetzen. Was das Erlernen und Behalten neuer Kompetenzen angeht, ist unser Gehirn dann zu Höchstleistungen fähig, wenn Arbeiten und Lernen ihm entsprechend organisiert wird. So wie unsere Lunge nur eine bestimmte Zeit ohne Sauerstoff sein kann, kann unser Gehirn nur Dinge verarbeiten, wenn die Aufnahme derselben seiner Funktionsweise entspricht. Mit anderen Worten: Informationen können nur auf ganz bestimmte Weise eingebunden werden. Dabei ist jedes Gehirn völlig individuell aufgebaut, weil jegliche Erfahrungen, die Menschen machen, sich im Gehirn hinterlegen, dieses formen und die spätere Wahrnehmungen von Ereignissen und Wissen beeinflussen.

Bei aller Individualität folgen Aneignungsprozesse dennoch bestimmten Gesetzmäßigkeiten. Diese hat sich schon die Reformpädagogik, deren Anfänge bis ins 17. Jahrhundert hineinreichen, in ihrem erzieherischen und bildnerischen Handeln vom Kind her zunutze gemacht. Auf dieselben verweist seit Jahrzehnten die Schul- sowie die Hochschuldidaktik, die Pädagogik sowie die Bildungsforschung und auf sie hat auch vor einigen Jahren die Neurodidaktik aufmerksam gemacht.

Alle Fachrichtungen betonen gleichermaßen *erstens*, dass sich circa 95 Prozent aller Menschen bilden, indem sie sich mit den Inhalten oder mit dem Fachwissen sowie mit den Fähigkeiten und Kompetenzen selbst- und eigenständig beschäftigen, im wahrsten Sinne des Wortes aus-einander-setzen. Menschen müssen zu Lernendes selbst bearbeiten. Sie müssen Inhalte lesen, dieselben anderen erklären, in Gesprächen mit anderen durchdenken, in Visualisierungen überführen, sich über die Sachverhalte austauschen oder sie niederschreiben. Sie müssen streiten, kritisieren, diskutieren, dialogisieren und sie müssen aktiv zuhören. Mit anderen Worten: Menschen können sich Inhalte und Kompetenzen nur selbst erarbeiten, die Zusammenhänge selbstständig begreifen, verstehen, durchdringen, durchdenken, sie ausprobieren und anwenden. Erst wenn das geschieht, können Inhalte und Kompetenzen dauerhaft im Gehirn verankert werden, um im Bedarfsfall wieder aktiviert und abgerufen werden zu können.

Bei alledem müssen für ein nachhaltiges Behalten *zweitens* neue Inhalte an altes, bereits vorhandenes Wissen, an schon vorhandene Kenntnisse, angeknüpft werden. Andernfalls fallen sie bildlich gesprochen durch das Netz des Gehirns hindurch und verankern sich nicht dauerhaft. Was mit bekanntem Wissen verknüpft und damit wirklich verstanden und konstruiert worden ist, wird langfristig behalten, ist reproduzier- und rekommunizierbar.

Hinzu kommt *drittens*: Lernen gelingt deutlich besser, wenn Menschen wissen, wozu sie lernen bis dahin, dass Lernergebnisse sogar exponentiell ansteigen, wenn sie verstehen, in welchen Kontexten sie das entsprechende Wissen und die Kompetenzen wieder abrufen werden, welche Probleme sie damit lösen, welche Herausforderungen sie mit ihnen bewältigen oder in welchen Praxisfeldern sie sich damit erfolgreich bewegen können.

Viertens setzt Lernen eine bestimmte Grunddisposition aufseiten der Lernenden genauso voraus wie eine entsprechende Lernatmosphäre. So werden die besten Lernerfolge erzielt, wenn Menschen mit Freude bei der Sache sind. Unlust und Ablehnung gegenüber dem Arbeits- und Lerngegenstand hingegen führen dazu, dass die Verankerung der Inhalte im Gehirn nicht nur erschwert, sondern vielfach gar nicht möglich ist. Demnach ist die persönliche Disposition der und des Lernenden genauso entscheidend wie die von ihr und ihm selbst sowie von der Veranstaltungsleitung zusammen mit der Lerngruppe hergestellte Lernatmosphäre. Je begeisterter die Lernenden von ihrer Studienfachwahl sind und je mehr die Lehrendenpersönlichkeiten von ihren Fächern, von ihren Methoden oder ihren Umsetzungen und von den dort stattfindenden Lehr-Lern-Prozessen angetan sind, desto höher ist in der Regel der Lernerfolg.

Schließlich kommt *fünftens* hinzu, dass Wissen immer Handlungswissen ist, sodass es am Fachgegenstand angeeignet und angesichts der Herausforderungen im späteren beruflichen Alltag schon jetzt geprobt werden sollte.

Der Mensch als Schöpfer des eigenen Bildungsprozesses

Jegliche Form von Bildung ist ein aktives Geschehen, das von jeder und jedem Einzelnen selbst ausgehen muss und nicht von einem Menschen auf den anderen Menschen übertragen oder rezeptiv bewirkt werden kann. Jede und jeder kann ihr und sein Wissen und damit ihre und seine Fachkompetenz genauso wie alle übrigen Fähigkeiten nur eigenständig, in gewissem Grade auch nur auf ihre und seine spezifische und individuelle Weise aneignen. Nicht zuletzt aufgrund der menschlichen Gehirnfunktionen determiniert, beruht Bildung deshalb immer auf individueller Selbstbildung und damit auf eigenem Engagement.

Für den universitären Lehr-Lern-Prozess hat das zur Folge, dass Studierende in den entsprechenden Lehrveranstaltungen nicht einfach nur zuhören, zuschauen oder bestenfalls noch mitschreiben können sollten. Es reicht ebenfalls nicht, ein Skript zur Veranstaltung, ein Lehrbuch oder andere Fachliteratur einfach nur zu lesen, Objekte und Versuchsaufbauten nur anzuschauen. All das ist nicht nur kontraproduktiv, weil Studierende bei dieser Art des Lernens nur mäßigen Erfolg erzielen, es kann auch frustrierend und demotivierend sein. Anstatt ihre Lernmethoden zu überprüfen und die gebotene universitäre Lernsituation kritisch zu hinterfragen, zweifeln sie an sich selbst, an ihrer Eignung oder an der Wahl des Studienfaches. Mag das in dem einen oder anderen Fall auch berechtigt sein, so vergeudet es in den allermeisten Fällen wertvolle Zeit und Energie, die besser in den eigenen Bildungsprozess investiert werden könnte.

Folglich müssen Studierende auf unterschiedliche Weise mit ihrer individuellen und einzigartigen Persönlichkeit unabhängig von der Veranstaltungsform in hohem Maße aktiv am universitären Lehr-Lern-Prozess beteiligt werden. Es müssen Räume zum eigenständigen Nachdenken, zum Fragestellungen entwickeln, zum Probleme erkennen, zum Antworten geben und Lösungen finden, zum Analysieren, Vernetzen, Strukturieren, zum Visualisieren, zum Besprechen, Diskutieren und Dialogisieren, zum Erklären, zum Anwenden, zum Reflektieren – auch über den eigenen Lernprozess und über die eigene Persönlichkeit –, zum Arbeiten im Team, zum Geduld und Mut aufbringen, zum Kreativ- und Fantasievollsein geboten werden, um erneut nur wenige Beispiele zu nennen. Diese Räume machen es möglich, dass Studierende sich die Fachinhalte selbstständig aneignen, die Zusammenhänge eigenständig begreifen, verstehen, durchdringen, mit Freude selbstverantwortlich neues Wissen an altes anknüpfen und so ihre Kompetenzen erweitern und ihr Persönlichkeitsprofil schärfen können.

Allein schon lerntheoretisch determiniert kann der einzelne Mensch nicht länger als Objekt, sondern er muss als Subjekt und damit als Schöpfer seines Bildungsprozesses betrachtet werden, für den – egal welchen Alters – optimale Lernumgebungen zu schaffen sind, damit er sich eigenverantwortlich bilden kann. Spätestens an dieser Stelle schließt sich der Kreis zu dem eingangs ausführlich beschriebenen, den Menschen in den Mittelpunkt rückenden Konzept der Persönlichkeitsbildung und dem damit verbundenen Menschenbild. Dieses fügt sich nahtlos in lerntheoretisch und neurodidaktisch begründete Bildungsideale ein.

Konzeption der Lehr-Lern-Prozesse

Methodengestützte Aktivierung von Studierenden

Damit ein solcher Bildungsprozess gelingt, muss der Lehr-Lern-Prozess methodisch-didaktisch vor dem Hintergrund des eingangs geschilderten Persönlichkeitsbildungsverständnisses konzipiert werden. Welche Methoden schlussendlich konkret eingesetzt werden, ob zudem außerhalb der Lehrveranstaltung im Eigenstudium und dort allein, in Partnerarbeit oder im Team, und innerhalb der Lehrveranstaltung in Einzelarbeit, in Kleingruppen oder im Plenum gearbeitet wird, hängt von den jeweils anzueignenden Inhalten sowie von den zu bildenden Kompetenzen ab und kann demnach nur von Fall zu Fall entschieden werden. Einige Beispiele seien genannt:

Sollen Studierende disputieren üben, bedarf es einer Diskussion. Ob diese als Fishbowl, als gestellte Diskussion mit Hot Seat oder als Rollenspiel etc. organisiert wird, wird vom zu diskutierenden Inhalt und vom speziell angezielten Kompetenzerwerb bestimmt. Sollen Studierende ihre Fähigkeit erweitern, die Perspektive einer oder eines anderen zu übernehmen, Empathie zu entwickeln oder eine Meinung zu vertreten, die nicht die ihre ist, bietet sich ebenfalls eine Diskussion oder ein Rollenspiel an. Sollen sie strukturieren, systematisieren und vernetzen lernen, braucht es eine Visualisierung in Form einer Mindmap, eines Schemas, eines Schaubildes, eines Clusters, eines Metaplans. Sollen sie an ihrem mündlichen Ausdruck arbeiten, müssten sie Statements abgeben, Vorträge halten, Inputs geben, mit anderen in Partner- oder Gruppenarbeit in den Austausch gehen, an Diskussionsforen teilnehmen können. Sollen sie Aspekte sammeln, wäre ein Brainstorming hilfreich. Sind die gesammelten Inhalte zugleich zu ordnen, käme auch eine Mindmap infrage. Sollen Geduld, Ausdauer und Frustrationstoleranz, Teamfähigkeit und Verantwortungsübernahme eingeübt werden, erweist sich ein Referat in einer Gruppe als gut geeignet. Sollen sie ihre didaktischen Fähigkeiten verbessern, müssten sie Lehrveranstaltungen oder Teile derselben konzipieren und schlussendlich auch durchführen, um das entwickelte Konzept auf Tauglichkeit zu prüfen. Sollen sie kritikfähig werden, ihre Selbstreflexionsfähigkeit und ihre Kompetenz erweitern, Fremdwahrnehmungen mit der Eigenwahrnehmung abgleichen, müssen sie Feedback geben und erhalten. Sollen sie üben, selbstständig zu arbeiten, zu planen, ihre Zeit einzuteilen oder sogar Projekte durchzuführen, muss Raum zu kontrolliertem Eigenstudium zur Verfügung stehen einschließlich einer späteren praktischen Umsetzungsphase. Soll die Relevanz des Fachinhaltes und der Kompetenzen für den künftigen beruflichen Alltag erfahrbar werden, sind reale oder fiktive Anwendungssituationen zu kreieren. Ob das zum Beispiel mithilfe des sogenannten Service Learning oder in Praktika geschieht, ist nicht nur eine Frage des gewünschten Kompetenzerwerbs, sondern ist eng mit zeitlichen Ressourcen der Studierenden verknüpft. Die genannten Elemente – im überschaubaren Maß eingesetzt – bergen immense Möglichkeiten und sind ohne Frage überaus wertvoll, um Studierende in ihrer Entwicklung weiterzubringen. Da sie jedoch zeitintensiv sind und die Studiendauer nicht zuletzt aus Kostengründen determiniert ist – Studierende müssen sich ihr Studium teilweise durch Nebenjobs finanzieren oder erhalten Studienkredite, jedoch nur, wenn sie die Regelstudienzeit erfüllen –, sollten solche Elemente nicht überhandnehmen. Schließlich lässt sich derselbe Lern- und Bildungsgewinn auch mittels der zuvor genannten und vieler weiterer Methoden innerhalb der jeweiligen Lehrveranstaltung und damit im universitären Alltag erzielen. Anwendungssituationen können simuliert werden, die vielfach nicht nur den gleichen Zweck erfüllen, sondern oftmals sogar einen noch größeren Lerneffekt bieten. Die Simulation kann wirklich als Lern- und Übungsfeld erfahren werden und erzeugt bei Studierenden verminderten Stress als die Realsituation. Fehler dürfen gemacht und können vom Lernenden als weniger beschämend empfunden werden. Ich nenne einige Beispiele: Sollen künftige Lehrerinnen und Lehrer, Erwachsenenbilderinnen und -bildner oder Hochschullehrende eine Unterrichtseinheit erproben, wird eine solche unter Anleitung der oder des Lehrenden vorbereitet und innerhalb der regulär stattfindenden Lehrveranstaltung, im Seminar, in der Übung, im Tutorium etc. mit den Kommilitoninnen und Kommilitonen durchgeführt. Letztere können Rollen von Schülerinnen und Schülern, Studierenden, Erwachsenen zugewiesen bekommen: die Stille, der Kasper, der Störenfried, die Reflektierte, die Besserwisserin, der Eifrige etc. Auf diese Weise üben Studierende unter anderem die Vermittlung von Inhalten, Führung und Leitung sowie Rhetorik und Agieren im Raum. Zugleich bewirkt die Simulation auch aufseiten der teilnehmenden Studierenden einen Bildungseffekt. Indem sich Letztere in die ihnen zugewiesenen Rollen hineinversetzen, müssen sie überlegen, wie sie sich verhalten und was sie bewegt, so zu handeln. Damit lernen sie, Empathie zu entwickeln und die Perspektive zu wechseln. Sie schulen aber auch ihr Verantwortungsbewusstsein, die Rollen sach- und adressatengerecht auszufüllen, oder Mut, das geforderte Verhalten auch wirklich an den Tag zu legen. In der späteren Realsituation, wenn sie selbst einmal Leitung sind, können sie mehr Verständnis aufbringen, reagieren überlegter und können leichter gegensteuern. Demnach lernt nicht nur die und der Studierende, welche und welcher die Unterrichtseinheit simuliert, sondern auch die übrigen Seminarteilnehmerinnen und -teilnehmer. In gleicher Weise können auch andere Anwendungssituationen im universitären Alltag kreiert werden: Kundengespräche können im Rollenspiel nachgeahmt oder Predigten vor der Seminargruppe gehalten werden. Neben diesen sehr konkreten Anwendungssituationen sollte immer auch das künftige berufliche Feld als Ganzes genauso wie das Privat- und Gesellschaftsleben explizit gemacht und so im Blick behalten werden. Gesellschaftliche Planspiele können durchgeführt oder Vorstellungsgespräche simuliert werden.

Diese wenigen Beispiele, herausgegriffen aus einem breiten Methodenspektrum, sind in allen Lehrveranstaltungen, unabhängig vom Veranstaltungstyp, der Gruppen- oder Raumgröße – also auch in der Vorlesung mit hoher Teilnehmerinnen- und Teilnehmerzahl – umsetzbar und lassen sich um andere, dem Kompetenzziel entsprechende erweitern. Zudem können alle Methoden miteinander kombiniert werden. Das Clustern kann der gestellten Diskussion vorausgehen oder derselben folgen, wenn die Inhalte während der Debatte von eigens dafür verantwortlich zeichnenden Studierenden festgehalten werden.

Wichtig ist allerdings – und das kann nicht häufig genug betont werden –, dass jeglicher Methodeneinsatz nicht um der Methode willen geschieht. Es geht nicht darum, Studierende irgendwie aktiv zu beteiligen. Stattdessen ist jede einzelne Methode eng auf die Lernziele, die Learning Outcomes und damit auf die anzueignenden Kompetenzen sowie die sich bildenden Persönlichkeiten abzustimmen. Werden Methoden so gezielt eingesetzt, können Fachinhalte sowie Kompetenzen erfolgreich gebildet, an die eigene Person und ihre Stärken und Talente rückgekoppelt zu eigen gemacht sowie in der späteren beruflichen Praxis und im privaten wie gesellschaftlichen Alltag wieder abgerufen und in Handlung umgesetzt werden. Wissen wird dann schon im Studium zum Handlungswissen und Kompetenzen verschmelzen mit der Studierendenpersönlichkeit.

Beteiligung am Forschungsprozess

Diese Art von Persönlichkeitsbildung im Fachstudium sollte allerdings nicht allein auf schon erforschte und bekannte Wissensvorräte beschränkt bleiben. Studierende können und sollten auch an der in der Hochschule im Mittelpunkt stehenden Forschung aktiv beteiligt und in Forschungsprozesse miteinbezogen werden. Lehre und Forschung waren von jeher aneinandergekoppelt, sind bis heute zwei Seiten ein und derselben Medaille und das nicht nur, weil sich an der Hochschule – wenn auch nur zu einem geringen Teil – künftige Wissenschaftlerinnen und Wissenschaftler bilden. Bedenkt man nämlich, dass Problemlösungskompetenz, Kreativität und Fantasie sowie Durchhaltevermögen und Erfindergeist, um erneut nur wenige Beispiele zu nennen, äußerst wichtige Kompetenzen jeder künftigen Akademikerinnen- und Akademikerpersönlichkeit sind, so bietet gerade Forschung immense Möglichkeiten, diese zu bilden. Demnach sind Studierende am Forschungs- und Erkenntnisprozess zu beteiligen. Bestenfalls geschieht dieses nicht allein aufgrund des zeitweiligen Einsatzes der Methode des forschenden Lernens. Vielmehr sollten große Teile, besser noch das ganze Studium, bei aller Notwendigkeit der Vermittlung von Grundwissen, immer auch aus Forschung bestehen. Das kann zum einen bedeuten, Studierende innerhalb jeder Lehrveranstaltungseinheit anzuleiten, kritisch gegenüber den Überlegungen und Interpretationen der Lehrenden zu werden, Gedankenexperimente zu machen oder nach eigenen Lösungen zu suchen. Das kann zum anderen heißen, gemeinsam mit Studierenden neue Forschungsfragen anzugehen, mit ihnen zusammen Materialien oder Vorgänge der Analyse zu unterziehen, die zuvor noch keine Studie geleistet hat, oder sie selbstständig in Forschungs- und Projektseminaren neue Erkenntnisse zutage fördern zu lassen. Bei alledem geht es darum, dass nicht die Dozentin oder der Dozent forscht und die Lernenden lernen, sondern dass die Studierenden unter anfangs sehr enger und später immer weniger werdender Anleitung gemeinsam mit den Lehrenden eine Forschungs-, Entdeckungs- und Entwicklungsgemeinschaft bilden. Wenn dieselbe sogar noch inter- oder transdisziplinär angelegt ist und auf einer miteinander ausgearbeiteten Hermeneutik und Wissenschaftssemantik beruht, kann ebenfalls hier schon geübt werden, was in beruflicher Praxis und im gesellschaftlichen Leben Realität ist: die Zusammenarbeit mit verschiedenen Fachrichtungen.

Vorbereitung statt Nachbereitung

Absolute Voraussetzung dieser Arbeitsweise ist es jedoch, dass Studierende mit entsprechendem (Vor-)Wissen in die Veranstaltung kommen. Nur so können sie sich fachlich fundiert und versiert in den Prozess einbringen. Unvorbereitet oder allein aufgrund der in der jeweiligen Lehrveranstaltungseinheit gehörten Inhalte die zuvor genannten Methoden umzusetzen, führt dazu, dass Studierende mit jenem Wissen, das sie schon vor der Lehrveranstaltung hatten oder sogar mit Nicht-Wissen agieren. Das aber fördert den Lernfortschritt in keiner Weise, im Gegenteil. Ruft man sich nochmals in Erinnerung, dass neues Wissen immer an altes angeknüpft werden muss, damit es dauerhaft behalten und nach längerer Zeit noch abgerufen werden kann, ist es allein schon aus dieser Perspektive wesentlich sinnvoller, wenn Studierende sich mit entsprechendem Material auf die Lehrveranstaltungen vorbereiten, anstatt sie im Anschluss nachzubereiten. So haben sie sich mit dem Stoff bereits in Teilen auseinandergesetzt und können in der Veranstaltung weiteres neues mit dem jetzt schon altbekannten Wissen verbinden.

Weil aber das (Vor-)Wissen der Studierenden nicht einfach als gegeben vorausgesetzt werden kann, im Gegenteil die Hochschulbildung gerade dazu dient, Studierenden die Aneignung von neuem Wissen zu ermöglichen, muss es zunächst hergestellt oder durch entsprechende Materialien zur Verfügung gestellt werden, damit Studierende es sich selbstständig aneignen können. Für die konkrete Lehrveranstaltung bedeutet das, dass dieses Material – von Fach zu Fach unterschiedlich – im Vorfeld der jeweiligen Veranstaltung bereitgestellt wird. Dabei kann es sich um Skripte handeln, um PowerPoint-Präsentationen, um ausgewählte Fachliteratur oder – wie im Fall der Kirchengeschichte – um Quellen, also zeitgenössische Texte oder Bilder aus der behandelten Epoche. In der Veranstaltung selbst wird dann methodisch gestützt Raum zur Weiterbearbeitung, zum Vernetzen, zur Erprobung, zur Anwendung, zum Transfer etc. geboten. Wichtig zu betonen ist, dass das vorbereitete Material in der Veranstaltung nicht noch einmal bearbeitet oder einfach wiederholt wird, sondern dass eine Vertiefung und eine Anknüpfung an neu präsentierte Inhalte erfolgt.

Der Effekt eines so gestalteten Lehr-Lern-Prozesses ist in mehrfacher Hinsicht überzeugend. Weil Studierende mit einem Grundwissensbestand in die jeweilige Veranstaltungseinheit kommen und diesem dort mittels entsprechender Methoden auf der Metaebene weiter auf den Grund gehen, können sie die in der Lehreinheit durch instruktiven Vortrag oder Input darüber hinausgehenden neu präsentierten Fachinhalte sogleich mit ihrem schon erworbenen Wissen vernetzen. Im Ergebnis können sie gezielter Fragen stellen, eigenständig Beiträge liefern und Diskussionen auf einem deutlich höheren Niveau führen. So bleiben sie schon in der Lehrveranstaltung und damit im Semesterverlauf, was die erreichte Kompetenzstufe angeht, nicht länger auf der Ebene des Erkennens und Verstehens stehen, sondern dringen in den Bereich der kritischen Reflexion bis hin zur Vernetzung und zum Transfer vor. Folglich steigen nicht nur die Fähigkeiten der Studierenden von Woche zu Woche, sie potenzieren sich im Semesterverlauf geradezu. Auch können deutlich mehr Fachinhalte und Kompetenzen gebildet werden. Entsprechende Lernstandskontrollen oder Zwischenprüfungen – auch auf freiwilliger Basis – spiegeln das deutlich. Schließlich arbeiten Studierende wöchentlich kontinuierlich mit und lernen nicht erst am Ende des Semesters für die Prüfungen. Aber auch Letztere fallen nicht nur deutlich besser aus, sondern sind ebenfalls auf einem höheren Kompetenzstufenniveau möglich. So sind Studierende zum Beispiel am Ende der Veranstaltung in der Lage, mit Fachleuten fundiert zu diskutieren und eigene Standpunkte gegenüber Dritten begründet zu vertreten. All das lässt sich bei gleichem und sogar deutlich geringerem Lern- und Arbeitsaufwand erreichen, was angesichts zeitlich knapp bemessener Studienverläufe nicht unwichtig ist. Zugleich erhalten Studierende auf diese Weise jenen Raum der kontinuierlichen und stufenweisen Bildung von kognitiven, kommunikativen, sozialen und personalen Kompetenzen, um ihre Persönlichkeit im Studium zu entwickeln und zu entfalten.

Da Studierende überdies vielfältig und unterschiedlich talentiert sind, voneinander differente Vorbildungen oder abweichendes Vorwissen haben und in den Lehrveranstaltungen der allermeisten Fächer noch dazu verschiedene Studien- und Jahrgänge zusammenkommen, wird in gewisser Weise und in einem umgrenzten Ausmaß eine Wissensbasis geschaffen, an die anknüpfend und auf der aufbauend gemeinsam weitergearbeitet werden kann. Im Idealfall würde dieser Unterschiedlichkeit Rechnung getragen, indem zu Beginn des Studiums oder der Lehrveranstaltung die Vorkenntnisse der Studierenden geprüft und darauf aufbauend die entsprechende Veranstaltung konzipiert oder den Studierenden die Möglichkeit geboten wird, Kompetenz- und Wissenslücken noch vor der Veranstaltung zu schließen. Das im Vorfeld zur Verfügung gestellte Lehr-Lern-Material fängt solche Differenzen jedoch sehr gut auf.

Warum und wozu

Warum der universitäre Lehr-Lern-Prozess allerdings genau so angelegt ist, müssen Studierende erst erkennen und verstehen können. Nur den Allerwenigsten ist klar, welche Herausforderungen und welche Kompetenzen in welchem Umfang von ihnen nach Abschluss des Studiums erwartet werden. Das Gleiche gilt für die eigenen Fähigkeiten. In welchem Ausmaß diese schon vorhanden sind oder wo noch Entwicklungsbedarf besteht, wissen Studierende vielfach ebenso wenig wie ihnen erst recht nicht bewusst ist, wie sie die benötigten Kompetenzen im Fachstudium bilden können. Demnach müssen die beruflichen, gesellschaftlichen und privaten Herausforderungen, die auf sie als künftige Führungspersönlichkeiten zukommen werden, genauso explizit gemacht werden wie das Persönlichkeitsprofil der Studierenden selbst. Bei alledem sollten sie dafür sensibilisiert werden, dass Bildung ein aktiver Prozess ist, der von jeder und jedem selbst ausgeht, dass Studierende Schöpferinnen und Schöpfer ihrer eigenen Bildung sind, für die ihnen bestimmte Lernumgebungen zur Verfügung gestellt werden und innerhalb derer sie verschiedene Lern- und Arbeitstechniken anwenden müssen, um ihr Studienziel zu erreichen und die im späteren Leben benötigten Kompetenzen zu bilden. Was das Fachwissen angeht, ist es von höchster Wichtigkeit, dass Studierende die Bedeutung des zu erwerbenden Wissens für den zukünftigen beruflichen Alltag erkennen. Nicht selten wird das Fachstudium völlig unterschätzt, dasselbe nur als die notwendige Durchgangsstation empfunden und mit der Bemerkung abgetan, dass das doch alles nichts mit ihrem zukünftigen Leben zu tun habe. Welch fatale Fehleinschätzung!

Erst wenn Studierende verstanden haben, warum ihr Studium so gestaltet wird und wozu die persönliche Bildung wichtig sowie der Kompetenzgewinn notwendig ist, warum sie sich also auf die Lehrveranstaltungen vorbereiten und in der Veranstaltung aktiv mitarbeiten können, welche Methoden ihnen welchen Kompetenzgewinn ermöglichen, auf welche Weise sie persönlich wachsen und reifen und sich auf ihre künftige Führungsposition jetzt schon vorbereiten können, werden sie sich sehr engagiert und motiviert auf diese Art der Bildung einlassen. Beflügelt werden sie dabei spätestens nach einem Semester, wenn sie nach ersten abgeschlossenen Prüfungen oder einer sichtbaren Weiterentwicklung ihrer selbst den persönlichen Erfolg erleben.

Folglich muss den Studierenden zum einen Raum geboten werden, sich ihres jetzigen Profils zu versichern, ihre individuellen Fähigkeiten, Stärken und Talente zu benennen oder diese überhaupt zu entdecken. Genauso dürfen sie ihre Schwächen aufdecken und sich klarmachen, welche Anforderungen künftig von ihnen erwartet und welche Verantwortung sie im späteren Arbeits-, Privat- und Gesellschaftsleben tragen werden. Erst dann können sie vor dem Hintergrund ihrer eigenen Berufs- und Lebensentwürfe, ihrer Motivation und ihrer Interessen Wege suchen, zwischen beiden Polen zu vermitteln, das jetzige Profil mit den künftigen Anforderungen zu korrelieren, also aufzudecken, welche Kompetenzen sie in welchem Maß (weiter-)bilden müssen. Daraus abgeleitet können sie kurz-, mittel- und langfristige Ziele setzen und unter Einbeziehung des jeweiligen Modulhandbuches und der lerntheoretischen und neurodidaktischen Erkenntnisse den eigenen, individuellen universitären Bildungsweg ableiten. Studieren bleibt dann intrinsisch motiviert und der Bildungseffekt wird maximal. Freude und Begeisterung führen schließlich zu den besten Lern- und Bildungsergebnissen.

Kontinuierliche Rückmeldung und Begleitung

Ein solcher Bildungsprozess darf jedoch nicht nur einmalig angestoßen, sondern muss kontinuierlich über das Studium begleitet werden. Einmal auf dem Weg dürfen Studierende den eigenen Lern- und Bildungsgang immer wieder überprüfen. Sie können sich bewusst machen, wo sie im aktuellen Studienverlauf stehen, wo sie sich weitergebildet haben, wo sie vielleicht auch Rückschritte gemacht und Misserfolge erlitten haben. Sie dürfen fortlaufend neue Stärken und Schwächen entdecken und daran weiterarbeiten. Sie können gegebenenfalls ihre Studienschwerpunkte umsteuern oder das Studium gänzlich neu ausrichten. Schließlich wird der persönliche Bildungsprozess nicht stetig aufsteigen. Auch wird er nach Ende des Studiums nicht abgeschlossen sein. Stattdessen müssen Rückschritte ebenso mitbedacht werden wie eine Weiterentwicklung nach dem Studium. Das bedeutet: Der studentische Bildungsweg sollte immer wieder neu ins Wort gehoben, erinnert, überprüft und mit einem steten kritischen Blick auf die Person sowie die Umgebungsgesellschaft permanent nachgesteuert werden.

Insofern benötigen Studierende in regelmäßigen Abständen Rückmeldung. Diese kann und sollte sich sowohl auf die jeweilige Einzelleistung innerhalb der Lehrveranstaltung beziehen als auch auf den gesamten Persönlichkeitsbildungs- und Kompetenzentwicklungsprozess. Was innerhalb von Förderprogrammen für ausgewählte Personengruppen, zumeist Nachwuchswissenschaftlerinnen, an den allermeisten Hochschulen bereits installiert, im angelsächsischen Raum für alle Studierenden seit Jahrzehnten üblich und an Schulen im deutschsprachigen Raum zum Teil schon eingeführt ist, vor allem aber im Berufsleben als Mitarbeiterinnen- und Mitarbeiterentwicklungsgespräch selbstverständlich ist, ist an (staatlichen) Hochschulen im deutschsprachigen Raum noch kaum ein Thema: das intensive, persönliche und damit individuelle Betreuungsgespräch als Mentoring für Studierende. Für den Persönlichkeitsbildungsprozess jeder und jedes Einzelnen ist eine solche Begleitung jedoch unerlässlich. Entwicklungen können, um gefördert und beflügelt zu werden, nur immer wieder neu der kritischen selbst- und fremdreflexiven Betrachtung unterzogen werden. Fragen wie die Folgenden könnten dabei zur Sprache kommen:

Wo bin ich besonders erfolgreich und stark? Was macht mir am meisten Freude? Wo habe ich mich weiterentwickelt? Auf die Entwicklung welcher Kompetenzen möchte ich in meiner Bildung mehr Wert legen? Bin ich noch auf dem Weg, den ich ursprünglich eingeschlagen habe? Warum habe ich ihn vielleicht verlassen? Hat sich ein neuer, besser geeigneter ergeben? Oder bin ich einfach nur aus der Spur geraten? Wie komme ich auf den ursprünglichen Pfad zurück oder kann ich vielleicht sogar noch einen dritten einschlagen, weil weder der erste noch der jetzt beschrittene sich als gangbar erweisen oder in die Sackgasse geführt haben?

In einzelnen Fällen können derartige Bildungsstandkontrollen und Reflexionsprozesse unter Umständen dazu führen, dass Studierende ihre Studienfachwahl nicht nur kritisch beleuchten, sondern vielleicht sogar zu dem Schluss kommen, dass der einmal gewählte Weg nicht mehr der passende ist. Dann gilt es, das Fach zu wechseln oder gar die Hochschule zu verlassen und eine Ausbildung zu beginnen. Eine solche Entscheidung kann jedoch nicht als Scheitern gewertet werden. Im Gegenteil ist sie insoweit ein Gewinn, als der eigenen Persönlichkeit entsprechend eine andere Richtung eingeschlagen wird. Dabei werden Studierende nicht einfach als orientierungslose Studienabbrecher zurückgelassen. Vielmehr mündet ihre Entscheidung begleitet in einen neuen, ihnen gemäßeren Weg.

Bei alledem ist es extrem wichtig, nicht allein auf die Schwächen und Fehler fokussiert zu sein. Im Gegenteil soll Feedback auch und gerade dazu führen, dass Studierende in ihren Stärken bestärkt werden, dass sie Talente entdecken, dass sie für ihr Können begründet gelobt werden, dass ihnen Zutrauen in ihre Person und Vertrauen in ihr Vermögen gespiegelt wird.

Zusammengeführt werden kann ein solcher Prozess in einem Portfolio, also in einem verschriftlichten Persönlichkeitsprofil. Dieses wird im Laufe des Studiums nach und nach aufgefüllt, sodass Absolventinnen und Absolventen ein ausgearbeitetes persönliches Kompetenzprofil zur Hand haben, das Grundlage ihrer Bewerbung sein und mithilfe dessen sich die künftige Arbeitgeberin und der künftige Arbeitgeber vielfach ohne aufwendige Prüfungen ein klares Bild von der künftigen Mitarbeiterin oder dem künftigen Mitarbeiter machen kann.

Prüfungsformen und Selbstchecks

Zu solchen Feedbackgesprächen sollten verschiedene Formen von Prüfungen und Bildungsstandkontrollen – ob benotet oder mit schriftlicher Rückmeldung versehen, ob als verpflichtende Fortschrittskontrollen oder als freiwillige Selbstchecks – flankierend hinzutreten. Vor dem Hintergrund der Persönlichkeitsbildung der und des einzelnen Studierenden dienen sie vornehmlich der Selbstkontrolle und der Reflexion der eigenen Entwicklung. Als solche erfahren, verlieren Prüfungen an Schrecken, der bei einigen Studierenden nach wie vor vorhandenen ist. Zudem müssen sie nicht mehr als Druckmittel zum Lernen eingesetzt werden. Dabei muss auch nicht jede Leistungskontrolle und jede Kompetenzerweiterungsprüfung immer eigens auf einer Notenskala eingeordnet werden. Studierende sollten Handlungsmuster und Kompetenzen ausprobieren können, ohne immer gleich bewertet zu werden.

Insoweit eignen sich alle zuvor im Kontext der Aktivierung von Studierenden in Auswahl beschriebenen Methoden auch als Lern- und Bildungsstandkontrolle und als Prüfungsform. Was auf der einen Seite Hilfsmittel für die Förderung von Kompetenzen sein kann, kann auf der anderen Seite dazu dienen, deren Aneignung zu überprüfen. Mit entsprechenden Kontroll- und Feedbacktechniken versehen bieten sie sich als offizielle Prüfungsformate genauso an wie zur Selbstkontrolle. Ein Beispiel sei genannt: Eine gestellte Diskussion kann vor dem Raster eines zuvor offengelegten Erwartungshorizontes zeigen, wie disputier- und argumentationsfähig Studierende sind, ob sie die Fachinhalte so beherrschen, dass sie andere von ihrem Standpunkt fundiert überzeugen können und dabei auch die Diskussionsregeln einhalten. Sie kann mit mehreren Prüflingen gleichzeitig durchgeführt werden.

Bei alledem ist die klassische Klausur oder die althergebrachte mündliche Prüfung nicht obsolet. Im Gegenteil können durch sie ganz andere, ebenso wichtige Kompetenzen wie zum Beispiel die schriftliche und mündliche Ausdrucksfähigkeit, die Fähigkeit, einen Argumentationsgang zu entwickeln oder auf Rückfragen zu reagieren, erhoben werden. Auf sie ist nicht zu verzichten.

Ganzheitlicher Lehr-Lern-Prozess – gebildete Persönlichkeiten

Wird Studierenden ein derartiger Bildungsraum ermöglicht – bei zusätzlicher Berücksichtigung von Detailunterschieden – und lassen sich die Studierenden auf einen solchen, zwar von außen angeleiteten, zum großen Teil jedoch selbstgesteuerten Prozess ein, dann werden Lerninhalte und Kompetenzen dauerhaft im Gehirn verankert und mit der eigenen Persönlichkeit verwoben. Sie können jederzeit wieder abgerufen, kommuniziert, in Handlung übersetzt sowie transferiert werden. Dabei können Studierende auch ihre Stärken und Talente, mit denen sie ihren beruflichen, privaten und gesellschaftlichen Alltag nicht nur bestreiten, sondern positiv verändern und andere begeistern werden, entdecken, erweitern, ausprobieren, erproben und ausprägen. Zum Teil kommen selbige überhaupt erst auf diese Weise ans Licht. Gerade das Ineinandergreifen der einzelnen Elemente führt zu einem elaborierten Lehr-Lern-Prozess im Fachstudium, innerhalb dessen Studierende kommunikative, kognitive, soziale, personale und fachliche Kompetenzen nicht einfach nur wahllos aneinandergereiht, sondern eng miteinander verzahnt, umfänglich und ganzheitlich, fachlich maximal und persönlich exzellent bilden.

Mit anderen Worten: Persönlichkeitsbildung an der Hochschule kann geschehen, wenn bisherige Lehr-Lern-Prozesse quasi auf den Kopf gestellt werden, wenn mehr Individualität, mehr Selbstständigkeit und mehr Interaktion zwischen Studierenden und Lehrenden ermöglicht und bei alledem Forschung einbezogen wird. Dabei kann das eigenverantwortliche Lernen unter immer weniger werdender Anleitung ermöglicht werden, ohne autodidaktisches Lernen zu sein. Im Gegenteil geht es um ein über das gesamte Semester und Studium hinweg gut begleitetes Bilden in entsprechend organisierten Lernräumen einschließlich aufbereiteter Lehr-Lern-Materialien.

Rollendenken und Haltungen

Die Organisation und Durchführung solcher persönlichkeitsbildenden Lehr-Lern-Prozesse setzen aufseiten aller Beteiligten – Lernenden wie Lehrenden – einen Perspektivenwechsel, ein verändertes Rollendenken und damit einen Haltungswechsel im Hinblick auf das Bildungsgeschehen und die daran beteiligten Subjekte voraus. Schließlich kann die beschriebene Form von Hochschulbildung nicht länger als Aneignungsprozess von Wissen durch Lernende – vermittelt durch Lehrende – verstanden werden. Was bedeutet das genau?

Studierende als selbstverantwortliche Bildungssubjekte

Studierende müssen diese Art von Bildung in höchstem Maße eigenverantwortlich gestalten. Demnach können sie in der Lehrveranstaltung weder eine Haltung des rezipierenden Zuhörens einnehmen oder einfach nur unbeteiligt anwesend sein, noch sollten sie bloße Mitschreibende sein oder die Inhalte kurz vor der Prüfung auswendig lernen. Beides reicht nicht aus und ist eher kontraproduktiv. Stattdessen sollten sie eine hohe Bereitschaft zur aktiven Teilnahme mitbringen. Das mag für viele Studierende über fast alle Studiengänge hinweg momentan, weil wenig praktiziert, mehr als ungewohnt sein. Werden sie jedoch für eine fachlich fundierte Persönlichkeitsbildung als Entwicklung von vielfältigen kommunikativen, kognitiven, sozialen und personalen sowie emotionalen und spirituellen Kompetenzen, Stärken und Talenten sensibilisiert, so erfolgt der Haltungswechsel nahezu wie von selbst. Sehr schnell ist der Schritt von der Idee des Gebildet- Werdens hin zum Prinzip des Sich-selbst-Bildens, weg vom Konsumenten und Rezipienten fremder Bildung hin zum Produzenten der eigenen Bildung, weg vom ‚ich muss studieren' hin zum (ursprünglichen) ‚ich darf', ‚ich will studieren' und ‚ich nehme mein Studium selbst in die Hand' gegeben. Denn die allermeisten Studierenden starten hoch motiviert in ihr Studium. Wird ihnen dann ein Raum der Entwicklung geboten, anstatt sie mit ganz bestimmten Lehr-Lern-Situationen und Prüfungsmodalitäten in ihrem Schwung zu bremsen, läuft es fast wie von selbst. Jenen aber, die sich aufgrund äußerer Gegebenheiten oder Zwänge und aufgrund von Ratschlägen anderer, zum Beispiel von Familie oder Freundinnen und Freunden, in ein Studium begeben haben, das ihren Wünschen und Talenten nicht entspricht, werden frühzeitig Wege der Umsteuerung geboten. Bei alledem können sich Studierende gegenseitig unterstützen, motivierend und bestärkend sein und als Lehr-Lern-Gemeinschaft zusammenarbeiten. Zu dieser gehören essenziell auch die Lehrenden, die ihren Beitrag zum Gelingen des Prozesses leisten sollten.

Lehrende als Bildungs- und Forschungsbegleitende

In diesem Geschehen nehmen Lehrende Studierende als Subjekte wahr, die sich selbst bilden. Sie können ihnen keine Fachinhalte vermitteln oder ihnen sagen, was zu wissen ist. Stattdessen sollten sie optimale Rahmen- und Studienbedingungen – in der Präsenzlehre genauso wie in weiten Teilen des Eigenstudiums – für eine aktive, eigenverantwortliche und nur bedingt gerichtete Bildung schaffen. Lehrende wissen aufgrund ihrer Ausbildung und ihrer Erfahrungen, wie diese zu gestalten sind. Folglich dürfen sie sich als Bildungs- und Forschungsbegleiterinnen und -begleiter von Studierenden verstehen, wobei sie in unterschiedlicher Hinsicht als Fachleute agieren. Sie sind:

- Expertinnen und Experten, was die Forschung und die fachwissenschaftlichen Inhalte, ihre methodisch-didaktische Umsetzung und die damit einhergehende Schaffung von entsprechenden Lernbedingungen und -umgebungen angeht;

- Mentorinnen und Mentoren sowie Beraterinnen und Berater, was die inhaltliche, methodisch-didaktische sowie persönlichkeitsbildende Begleitung betrifft;

- Moderatorinnen und Moderatoren bei jeder Art von Gruppenprozessen sowohl innerhalb der Lehreinheit als auch in verpflichtenden studentischen Arbeitsgruppen;

- Mediatorinnen und Mediatoren für den Fall von Unstimmigkeiten oder Konflikten in den Arbeitsgruppen.

Was die Funktion der drei zuletzt genannten Rollen angeht, dürfen sie aufgrund der Nähe zum therapeutischen Bereich nicht missverstanden werden. Lehrende sollen nicht zu persönlichen Coaches der Studierenden werden. Das wäre eine fatale Fehleinschätzung und eine Kompetenzüberschreitung zumal. Im Kontext von universitärer Bildung geht es darum, dass Lehrende ihr Fach- und Forschungswissen, die (fachliche) Methodenkompetenz und Hermeneutik sowie ihre Lehrkompetenz in den Bildungsprozess einbringen. Dabei dürfen sie ihre Rolle sehr wohl individuell ausfüllen, weil auch sie über spezifische Kompetenzen, Stärken und Talente verfügen, die sichtbar werden und bleiben müssen. Das ist insoweit wichtig, als Studierende sich nicht nur an Inhalten bilden, sondern auch Vorbilder benötigen. Indem sie sich von der Persönlichkeit anderer inspirieren lassen, sich reiben, kritisch nachfragen und in Widerspruch treten, können sie sich selbst weiterentwickeln und ihr eigenes Profil formen.

Bei alledem sollten Lehrende den Studierenden auf Augenhöhe begegnen, sich ihnen gegenüber aufmerksam, ansprechbar, unterstützend, respektvoll, achtsam und wertschätzend, zutrauend und ermunternd verhalten und sie bei allen graduellen Unterschieden, was das Fachleutedasein angeht, als gleichberechtigte Partnerinnen und Partner ansehen. Bereits 2009 hatte die Hattie-Studie für den schulischen Kontext eindrücklich vor Augen geführt, welche zentrale Rolle

Lehrende im Bildungsgeschehen einnehmen und wie sehr der Bildungserfolg davon abhängt, dass sie mit Engagement und Begeisterung für die Sache eintreten, mit Emotionalität und mit Empathie dabei sind und so eine lernförderliche Atmosphäre schaffen, die Lernende als wachstumsfördernd und bereichernd erfahren. Insoweit liegt ein großer Teil der Verantwortung eines gelingenden Lehr-Lern-Prozesses bei den Lehrenden. Mit alledem schließt sich erneut der Kreis zum eingangs genannten Bildungsideal: Lehrende dürfen und sollen Pädagoginnen und Pädagogen, Unterstützerinnen und Unterstützer, Begleiterinnen und Begleiter der Studierenden sein.

Lehrende und Lernende – Lernende und Lehrende!

Universitäre Bildung gestaltet sich immer als wechselseitiger Prozess zwischen Lehrenden, Lernenden und Inhalten und kann von keiner der drei Komponenten entkoppelt werden. Das macht eine Lehr-Lern- und Forschungsgemeinschaft aus. Folglich lässt sich Bildung nicht auf eine objektiv-neutrale Ebene heben. Sie bleibt bis zu einem gewissen Grad immer etwas Persönliches. Das birgt Gefahren in sich, weil gegenseitige Abhängigkeiten ausgenutzt werden könnten. Insoweit ist es geboten, immer wieder aufs Neue für die jeweiligen Rollen und Haltungen zu sensibilisieren und dieselben zu reflektieren. Im Aufeinander-Verwiesensein stecken aber auch ungeheure Chancen. Schließlich begegnen sich hier Menschen, die sich – ganz im Sinne des eingangs geschilderten Bildungsideals – durch ihre Individualität gegenseitig bereichern und unterstützen können. Lehrende verfügen über langjährige Berufserfahrungen mit einem nicht unerheblichen Wissens- und Kompetenzvorsprung, den sie weitergeben können. Dabei lernen auch sie täglich dazu. Sie kommen zu neuen Forschungsergebnissen und gelangen zu veränderten fachlichen Erkenntnissen. Sie entwickeln sich kognitiv, kommunikativ, sozial und personal weiter. Nicht selten profitieren sie dabei auch vom Wissen der Lernenden. Insoweit lassen sich die Lehrenden- und Lernendenrollen nicht immer eindeutig zuordnen, wechseln vielmehr von Moment zu Moment und von Situation zu Situation.

In diesem Sinne kann Hochschule als gemeinsamer Lernraum von Lehrenden und Lernenden erfahren werden, an dem die Lehrenden mal Lernende und die Lernenden mal Lehrende sind. Sie alle zeichnen gleichermaßen für das Gelingen des Prozesses verantwortlich und können miteinander und aneinander wachsen und reifen. Bei alledem sind auch die Lehrenden in die eingangs genannten Herausforderungen der Arbeitswelt – hier des universitären und wissenschaftlichen Lehr- und Forschungskontextes mit den Persönlichkeiten der Studierenden und der Kolleginnen und Kollegen –, des privaten und des gesellschaftlichen Lebens verwoben, wo sie als Führungspersönlichkeiten leiten und begleiten, sodass sie ebenfalls ein Leben lang neugierig bleiben und sich weiterentwickeln.

Hochschule als Talentschmiede und Laboratorium der Zukunft

Kommen wir zu den eingangs genannten Fragen zurück. Die große Stärke des hier vorgestellten Ansatzes besteht darin, dass die Dimensionen, die für Persönlichkeits- und Gesellschaftsbildung an der Hochschule bestimmend sein müssen, konsequent über die gesamte Breite des Fachstudiums hinweg einbezogen werden. Das gilt für die gesellschaftlich-kulturellen sowie individuell-persönlichen Herausforderungen der und des Einzelnen genauso wie für das jeweilige individuelle Persönlichkeitsprofil von Studierenden und Lehrenden. Das bezieht sich auf das Menschenbild und das damit verbundene bildnerische Wirken einer und eines jeden genauso wie auf lerntheoretische und neurodidaktische Grundlagen. Das betrifft auch die individuelle Entfaltung und Entwicklung der und des Einzelnen sowie den Auftrag zur Begleitung der und des je anderen sowie zur Gestaltung der Gesamtgesellschaft. Demnach wird Bildung an keiner Stelle enggeführt. Im Gegenteil werden künftige Absolventinnen und Absolventen ihren Stärken entsprechend dazu angeleitet, im Studium ihren persönlichen und individuellen Weg zu gehen, um später mit ihrer ganzen Person die Arbeitswelt, das Privatleben und die Gesellschaft zu gestalten. Sie verlassen die Hochschule als gut gebildete Persönlichkeiten, sind für das Thema Persönlichkeits- und Gesellschaftsbildung sensibilisiert und können es in ihrem gesamten Umfeld umsetzen: am Arbeitsplatz, in der Familie, im Freundeskreis, in der Freizeit etc. Sie führen Handwerkszeug, Methoden und Tools mit sich, mittels derer sie sich selbst weiterbilden und andere – künftige Kolleginnen und Kollegen, Mitarbeiterinnen und Mitarbeiter, Schülerinnen und Schüler, Studierende etc. – persönlichkeitsbildend begleiten können. In diesem Sinne vermittelt katholisch rückgekoppelte Persönlichkeitsbildung an der Hochschule gesprächsoffen zwischen den Polen der Studierenden selbst und den kulturellen Herausforderungen des 21. Jahrhunderts. Alle diese Faktoren ziehen sich von Anfang bis Ende durch das Studium, werden als Prinzipien immer wieder explizit ins Wort gehoben und sind damit beständig transparent. Angesichts der Universalität des Ansatzes kann dieser in allen Fachdisziplinen, die ihrerseits der Sache nach immer schon über ein hohes Persönlichkeitsbildungspotenzial verfügen, in alle Studiengänge integriert werden. Dabei ist Bildung an der Hochschule gerade nicht einfach nur eine verzweckt verstandene Ausbildung oder Berufsqualifizierung, sondern ist forschendes persönliches Wachsen und Reifen. In diesem Sinne kann Hochschule Ort ganzheitlicher Bildung, Talentschmiede und Laboratorium der Zukunft sein.

Wie lassen sich alle diese Aspekte nun in einem Curriculum konkret umsetzen? Wie kann ein ganzheitlich angelegter gestufter Bildungsprozess am Fachgegenstand aussehen, der die Lernenden in den Mittelpunkt rückt und die Lehrenden als Bildungs- und Forschungsbegleitende miteinbezieht sowie zwischen dem Persönlichkeitsprofil der und des Studierenden und den künftigen Anforderungen der Arbeitswelt, des Privatlebens und des Selbst vermittelt? Oder anders gefragt: Wie kann Persönlichkeits- und Gesellschaftsbildung als integratives, ganzheitliches Kompetenzaneignungskonzept im Fachstudium gelingen, ohne dafür eigens Bachelor- oder Masterstudiengänge einrichten zu müssen?

Miteinander reden
und lachen,
sich gegenseitig
Gefälligkeiten erweisen,
zusammen schöne
Bücher lesen,
sich necken,
dabei aber auch
einander Achtung erweisen,
mitunter auch streiten –
ohne Hass,
wie man es auch mit sich tut,
manchmal auch in den
Meinungen auseinandergehen
und damit die Eintracht würzen,
einander belehren
und voneinander lernen,
die Abwesenden
schmerzlich vermissen
und die Ankommenden
freudig begrüßen –
lauter Zeichen der
Liebe und Gegenliebe,
die aus dem Herzen kommen,
sich äußern in Miene, Wort
und tausend freundlichen Gesten,
und wie Zündstoff den Geist
in Gemeinsamkeit entflammen,
sodass aus Vielheit Einheit wird.

AUGUSTINUS

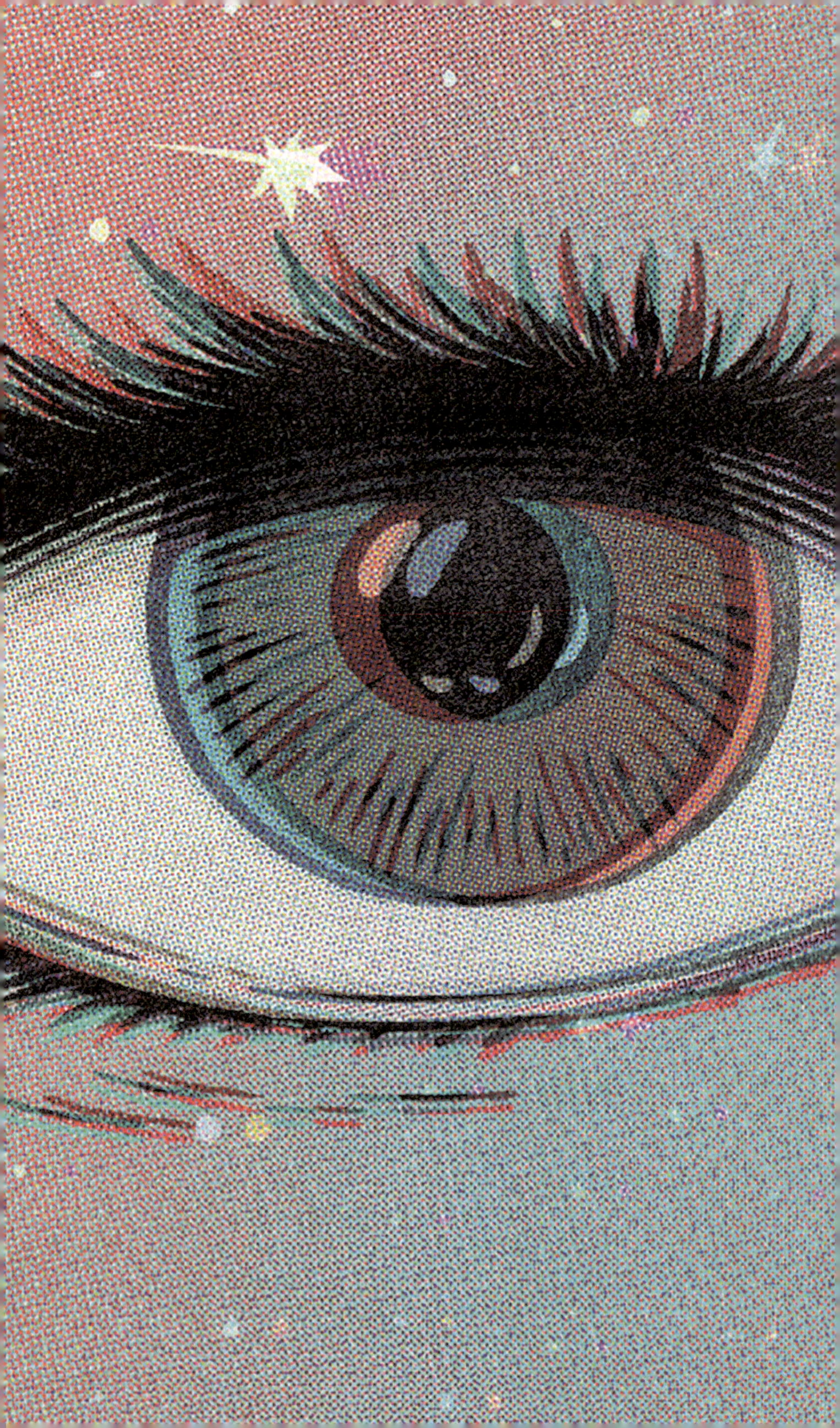

Curriculum

Um Persönlichkeitsbildung im Fachstudium auf curricularer Ebene umzusetzen, bedarf es keiner Neuformulierung von Studienplänen und keiner Neuausarbeitung von Modulhandbüchern mit kostspieligen Neuakkreditierungsverfahren. Im Gegenteil: Der hier vorgestellte Ansatz lässt sich unmittelbar in die bestehenden, bereits akkreditierten Systeme mit den darin verorteten Lehrveranstaltungsformaten integrieren. Allein die zuvor beschriebene, leicht veränderte Veranstaltungsstruktur und nur teilweise und in sehr geringem Ausmaß neue Inhalte innerhalb von fächerübergreifenden Veranstaltungen können die beschriebene Organisation der Bildung und die damit verbundene Persönlichkeitsbildung am Fachgegenstand inklusive der entsprechenden Rückmeldungen und Mentorings ermöglichen.

Wie das geschehen kann, wird im Folgenden anhand eines Curriculums beispielhaft erläutert. Selbiges ist seit mehreren Jahren praxiserprobt und positiv evaluiert. Von seinen Grundzügen her ist es aus den Modulhandbüchern des Studiums der Katholischen Theologie, die im deutschsprachigen Raum, also in Deutschland, Österreich und der Schweiz, nahezu identisch aufgebaut sind, sowie aus dem überfachlichen Lehrangebot verschiedener Hochschulen abgeleitet. Es muss jedoch nicht auf diese Bereiche beschränkt bleiben. Im Gegenteil sind die Beschreibungen so allgemeiner Natur und nur da, wo es des Explizierens bedarf, mit kirchengeschichtlichen Lehr-Lern-Beispielen illustriert, sodass das Curriculum in allen geistes- und naturwissenschaftlichen Disziplinen mühelos adaptiert werden kann. Das hat Gründe: Die einzelnen Veranstaltungstypen weisen in der Theologie – im Gegensatz zu vielen anderen Studiengängen – relativ niedrige ECTS-Punkte auf. Demnach können sie problemlos auf andere Studiengänge übertragen werden. Indem bestimmte Arbeitsanteile des Eigenstudiums ausgeweitet, zusätzliche Arbeitsgruppen installiert und Prüfungsleistungen umfangreicher gestaltet werden, kann der Workload einer Veranstaltung erhöht und so können mehr ECTS-Punkte vergeben werden. Dabei entspricht ein ECTS-Punkt immer 25 Arbeitsstunden à 60 Minuten. Werden 30 Arbeitsstunden zugrunde gelegt, umfasst eine Arbeitsstunde lediglich 45 Minuten. Auch lassen sich Veranstaltungsformen gerade aufgrund des hier zugrunde gelegten niedrigen Workloads miteinander kombinieren, ohne deshalb die Veranstaltungsstruktur oder die Durchführungsform auf Kosten der Persönlichkeitsbildung zu verändern. Im Gegenteil birgt ein solches Zusammenbinden beispielsweise von Vorlesung und Seminar oder von Vorlesung und Tutorium oder gar aller drei Veranstaltungstypen zu einer Einheit in einem Modul die Chance, Persönlichkeitsbildung an der Hochschule seiner Ganzheitlichkeit entsprechend noch deutlicher zu organisieren.

Aufbau und Zielgruppen

Grundsätzlich besteht das Curriculum aus zwei ineinander verschachtelten und sich aufeinander beziehenden Elementen.

Das erste Element umfasst Kurse und Trainings, die das Persönlichkeitsprofil der Studierenden ebenso zum Thema machen wie die Anforderungen der künftigen Berufs- und Arbeitswelt, des privaten und gesellschaftlichen Lebens. Erarbeitet werden das dem Curriculum zugrunde liegende Prinzip von Bildung sowie der persönliche Studienweg, aber auch der Überstieg in den Beruf. Die hier verorteten Veranstaltungen sind fachübergreifend angelegt und können in jedes Modulhandbuch im Bereich der Einführungsmodule und der fächerübergreifenden Wahl- oder Wahl-Pflicht-Module ECTS-Punkte-neutral eingepasst werden. Das ist insoweit problemlos möglich, als ein Teil des Kompetenzerwerbs aus Kursen zur Einführung ins wissenschaftliche Arbeiten, die in Einführungsmodulen normalerweise angesiedelt sind, der Ganzheitlichkeit des vorliegenden Curriculums geschuldet herausgelöst und ins Proseminar des Fachstudiums überführt wurde. Folglich werden zwar Inhalte neu kreiert, andere verschoben, aber die ECTS-Punktezahl und ihre Verteilung auf die Module bleiben unverändert. In diesem Element ist auch ein begleitendes Mentoring verortet, innerhalb dessen die Studierenden über das ganze Studium hinweg die Entwicklung des eigenen Bildungsprozesses reflektieren.

Das zweite Element besteht aus Lehrveranstaltungen des Fachstudiums, aus Vorlesungen genauso wie aus Seminaren, Übungen, Arbeitsgemeinschaften, Kolloquien, Tutorien, Exkursionen etc. Sie alle sind in zuvor beschriebener Weise persönlichkeitsbildend angelegt und können fach- oder disziplinenübergreifend inter- und transdisziplinär ausgerichtet werden.

Beide Elemente sind über das Bildungsverständnis und das ihm inhärente Menschenbild einschließlich von Rollen und Haltungen miteinander verbunden. Sie bilden den Hintergrund, vor dem alles geschieht. Die Elemente selbst sind wechselseitig aufeinander verwiesen, durchdringen sich gegenseitig und bilden zusammen jenes ganzheitliche und mehrdimensionale Curriculum, das es künftigen Absolventinnen und Absolventen ermöglicht, als gut ausgebildete Persönlichkeiten die Hochschule zu verlassen.

Persönlichkeitsbildung an der Hochschule ist jedoch nicht nur auf Studierende des Bakkalaureats und des Masters, der Lehramtsstudien, des Diploms und des Magisters sowie des Lizenziats beschränkt, sondern setzt sich bei Doktorandinnen und Doktoranden sowie Postdocs im Sinne des lebenslangen Lernens fort. Um sich zu exzellenten Wissenschaftlerinnen und Wissenschaftlern mit Lehrkompetenz zu bilden, mehren sie in der nächsten Qualifikationsphase erneut nicht nur ihr Fachwissen und vertiefen ihre Fähigkeiten, wissenschaftlich zu arbeiten. Vielmehr weiten sie ihre kognitiven, kommunikativen, sozialen und personalen Kompetenzen weiter aus und bilden ihre Persönlichkeit fort. Deshalb setzt sich das ganzheitliche Bildungskonzept bedarfsgerecht als integratives, ineinander verzahntes Qualifizierungsprogramm bei Graduierten fort. Dieses Curriculum unterscheidet sich, was seine Grundstruktur, seine Zielsetzung und den Kompetenzerwerb betrifft, aber nicht wesentlich vom Curriculum für Studierende. Doktorandinnen und Doktoranden sowie Postdocs beschreiten letztlich den gleichen Weg nochmals, den sie bereits im zuvor absolvierten Studium gegangen sind, jedoch auf einer höheren Kompetenzstufe. Folglich differieren lediglich die Learning Outcomes der jeweiligen Gruppen, nicht aber das Curriculum mit seinen Elementen. Deshalb wird im Folgenden nur ein Curriculum, sehr wohl jedoch mit Hinweisen auf die Spezifika, die Abweichungen und Besonderheiten, die jeweilige Zielgruppe betreffend beschrieben.

Hintergrund

Bildungsverständnis, Menschenbild, Rollen und Haltungen

Element 1

Fachübergreifendes Studienprogramm

fachübergreifende Kurse, Trainings, Mentorings

Element 2

Fachstudium

fachspezifische Vorlesungen, Seminare, Übungen, Arbeitsgemeinschaften, Tutorien, Exkursionen, Kolloquien, …

Element 1

Fachübergreifendes Studienprogramm

- ready.study.go! Erfolgreich studieren
- studienbegleitendes Mentoring
- Durchstarten! Erfolgreich in den Beruf oder ins (neue) Forschungsprojekt

Ein solcher Bildungsprozess startet mit einem Kurs, der Studierende vor dem Hintergrund der gesellschaftlich-kulturellen Herausforderungen und ihrer jeweiligen Individualität für ihre Person sowie für das dem Curriculum zugrunde liegende universitäre Bildungsgeschehen sensibilisiert. Er findet in drei Blöcken statt – einem eineinhalbtägigen gleich zu Beginn, einem eineinhalbtägigen in der Mitte und einem halbtägigen Block am Ende des ersten Semesters – und umfasst einen ECTS-Punkt.

Erster Block: Visionen entwickeln - Wege planen

Der erste Kursteil findet in den ersten Tagen nach Studienbeginn statt, gegebenenfalls sogar einige Tage vor Studienbeginn. Ziel ist es, Studierende für ihre Wünsche, ihre Motivationen, ihre Visionen, ihre Stärken und Talente genauso wie für ihre Lücken und Schwachpunkte, aber auch für künftige berufliche, private und gesamtgesellschaftliche Herausforderungen zu sensibilisieren. Um zwischen den Polen zu vermitteln, sollen sie ihren ganz persönlichen Studienweg ableiten können, der der eigenen Entwicklung größtmöglich entspricht.

Blockbeginn
Visionen entwickeln

Zu Anfang des Seminars werden die Studierenden angeleitet, das Profil ihres Traumberufes zu entwickeln und dabei den größeren Kontext ihres gewünschten Lebensumfeldes miteinzubeziehen. Das Profil soll ganz bewusst der Fantasie entspringen und muss (noch) nicht real existieren. Eine solche Aufgabenstellung hat einen doppelten Grund: Wie eingangs erläutert, wird die jetzige Studierendengeneration in Berufen tätig sein, die es entweder noch gar nicht gibt oder deren Tätigkeits- und Anforderungsprofile sich bis zum Eintritt in das Berufsleben bereits wieder verändert haben werden. Studierende deshalb von vornherein auf aktuelle Berufe, Berufsbilder oder Profile festzulegen und damit ihr Blickfeld einzuengen, wäre fatal. Folglich ist die Aufgabenstellung bewusst offen gestaltet. Hinzu kommt ein weiterer Aspekt: Inzwischen ist von unterschiedlichen Wissenschaftszweigen erwiesen – auch darauf wurde eingangs aufmerksam gemacht –, dass Menschen dann besonders gut für sich selbst und andere zufriedenstellend und erfolgreich arbeiten, vor allem aber glücklich leben, wenn sie nicht nur im Privaten, sondern auch im Beruflichen über ein erfülltes Dasein verfügen. Überdies ist das Berufs- und Arbeitsleben heutzutage kaum mehr zu trennen vom restlichen Leben und Menschen verbringen am Tag mehr als die Hälfte der Wachzeit am Arbeitsplatz. Umso wichtiger ist es, dass sie sich dort wohlfühlen, dass sie mit Freude dabei sind, dass sie ihre Talente und Stärken in die tägliche Arbeit einbringen oder dieselben bestenfalls zur Berufung werden lassen. Ganzheitlichkeit bedeutet auch, den Beruf nicht abgekoppelt vom familiären, privaten und sozialen Leben anzusehen. Wünsche und Bedürfnisse bezüglich Sport, Ehrenamt und Freizeit sowie Zeiten für Familie und sich selbst werden in die Vision des Traumberufes miteinbezogen und eröffnen damit bereits an dieser Stelle auch den gesellschaftsgestaltenden Blick. Insoweit ist es entscheidend, dass Studierende frei von jeglichen Vorgaben visionieren und fantasieren dürfen.

Blockfortschritt
Kompetenzprofil erstellen und mit der eigenen Persönlichkeit abgleichen

Ist die Vision des Traumberufes einschließlich des Lebensumfeldes erstellt, geht es in einem zweiten Schritt darum, das entsprechende, dafür notwendige Kompetenzprofil herauszuarbeiten. Über welche

Fähigkeiten, Fertigkeiten, Kompetenzen, Stärken, Talente muss die und der Einzelne verfügen, um diesen Traumberuf auszufüllen und die gewünschten Ideen zum Privatleben, zu Familie, Hobby, Ehrenamt sowie der Zeit für sich selbst zu erreichen und miteinander in Einklang zu bringen? Welche kognitiven, kommunikativen, sozialen, personalen sowie fachlichen Kompetenzen werden benötigt? Letztere werden jedoch nur am Rande betrachtet, da eine vollständige Sammlung der fachlichen Fähigkeiten den Rahmen des Kurses sprengen würde.

Der dritte Schritt führt weg von der Vision und der Fantasie hin in die aktuelle Situation. Studierende entwickeln nun ihr Persönlichkeitsprofil, mit dem sie ins Studium starten. Methodengeleitet arbeiten sie heraus, welche Kompetenzen sie sich im Laufe ihres Lebens – in Familie, Freundeskreis, Kinderbetreuungseinrichtung, Schule, Ausbildung, im vorherigen Studium, in freiwilligen Diensten, in Auslandsjahren, im Ehrenamt, im Hobby etc. – bereits angeeignet haben.

Im vierten Schritt wird das eigene Persönlichkeitsprofil mit dem Kompetenzprofil des Traumberufes verglichen. Bei den allermeisten Studierenden löst diese Aufgabenstellung große Überraschung aus und steigert zugleich den Selbstwert. Sie erkennen, über wie viele Kompetenzen sie bereits verfügen und welches reichhaltige Persönlichkeitsprofil sie zu Beginn des Studiums besitzen, an das sie nun anknüpfen, das sie weiter entfalten und ausbauen können. Beim Vergleich des Ist-Zustandes mit dem angestrebten Zustand wird ihnen ebenfalls klar, welche Lücken ihr Profil noch aufweist, welche Kompetenzen nur minimal ausgeprägt oder welche noch gar nicht vorhanden sind. An dieser Stelle sind die allermeisten Studierenden vielfach sogar selbstkritischer, als es vielleicht notwendig wäre. Dieser Erkenntnisgewinn führt direkt über zum nächsten Schritt.

Blockende
Studienpläne von den eigenen Zielen her entwickeln

Im fünften Schritt wird nämlich das jetzige Persönlichkeitsprofil mit dem des Traumberufes verglichen und daraus der persönliche Studien- und Talententwicklungsweg abgeleitet. Erkenntnisleitend ist zunächst die Frage, wie Studierende sich die entsprechenden Kompetenzen im Fachstudium aneignen oder weiter entfalten können. In welchen Veranstaltungen können sie welche Kompetenzen bilden? Welchen Situationen sollten sie sich aussetzen, um ihre Lücken zu schließen oder ihre Fähigkeiten zu verbessern? Wie können sie ihre individuellen Stärken und Talente erweitern? Damit derartige Fragen überhaupt zu beantworten sind, ist eine Einheit zur Art und Anlage der verschiedenen universitären Lehr-Lern-Formen und des möglichen Kompetenzgewinns in den entsprechenden Veranstaltungsformaten notwendig – in der Vorlesung, im Seminar, in der Übung, im Kolloquium, im Tutorium, im Praktikum, bei einer Exkursion etc.

In einem sechsten Schritt werden nun persönliche Ziele für das laufende erste Semester definiert, die dezidiert aus den vorherigen Schritten und damit aus dem persönlichen Studienweg abgeleitet sind. Danach werden die zur Zielerreichung erforderlichen Aktivitäten herausgearbeitet.

Der abschließende siebte Schritt beginnt mit einer Einheit zu den Prinzipien des Zeitmanagements und führt so in die konkrete Studien- und Semester- sowie Arbeits- und Lernplanung über. Ausgangspunkt sind die im letzten Schritt definierten Ziele sowie die damit verbundenen Aktivitäten. Wichtig ist, dass sich Studierende bei der Erstellung des entsprechenden Plans weiterhin auf die Kompetenzen, die sie erwerben möchten, fokussieren und nicht, wie gewohnt, allein die im Modulhandbuch vorgegebenen Lehrveranstaltungen in den Blick nehmen. Letztere werden berücksichtigt, weil es die Fachveranstaltungen sind, innerhalb derer der qualifizierende und persönlichkeitsbildende Kompetenzgewinn erzielt werden kann. Das Modulhandbuch ist das Mittel zur Erreichung des Ziels, aber nicht der Ausgangspunkt aller Planungen. Diese veränderte Strategie beim Erstellen eines Lern- und Arbeitsplans ist für das Gelingen des Kurses und damit für die Erreichung der Learning Outcomes extrem wichtig. Menschen begeistern und engagieren sich für Inhalte und erreichen Dinge im Leben mit größtem Erfolg, wenn sie intrinsisch motiviert an die Sache herangehen und die Aktivitäten zugleich mit persönlichen Zielformulierungen verknüpft haben. Die langjährige Erfahrung zeigt, dass Studierende auf diese Weise ihr Studium selbst in die Hand nehmen und Schöpferinnen und Schöpfer ihres eigenen Bildungsprozesses werden. Eigenmotiviert mit einem klaren Wozu vor Augen starten sie mit Freude ins Studium.

Am Ende der Veranstaltung erhalten die Studierenden den Auftrag, ihre Ziele mithilfe des ausgearbeiteten Plans bis zum nächsten Kursteil konsequent umzusetzen. Überdies bekommen sie zur Vorbereitung auf den Folgekurs einen Reader[36] mit Texten zum Prinzip der Persönlichkeitsbildung inklusive entsprechender Texterschließungs- und damit Arbeitsfragen.

Für Doktorandinnen und Doktoranden sowie Postdocs gestaltet sich der Kurs sehr ähnlich, wenngleich mit anderen Schwerpunkten. Der Zielgruppe entsprechend geht es darum, eine Vision zu entwickeln, die nicht nur das größere berufliche Feld sowie das Privat- und Gesellschaftsleben der und des Einzelnen miteinbezieht, sondern auch die Qualifikationsarbeit. Dabei steht die grundsätzliche Frage nach der Anlage einer so umfangreichen wissenschaftlichen Arbeit, wie sie die Dissertation, die Habilitation oder die Postdoc-Studie darstellt, ebenso im Mittelpunkt wie das Abfassen eines Exposés und der Kompetenzerwerb, auch innerhalb des flankierenden Promotionsstudiums oder des individuellen Qualifikationsweges hin zur Professur. Vor dem Hintergrund des jeweiligen Persönlichkeitsprofils einschließlich aller Stärken und Talente sowie der angestrebten Fähigkeiten werden persönliche Ziele formuliert und ein Zeit- und Arbeitsplan von drei Jahren entwickelt, um den größeren Rahmen der Dissertation, der Habilitation oder der Postdoc-Studie abzustecken. Dieser wird mit der Betreuerin oder dem Betreuer abgeglichen und im Falle der Dissertation in eine Promotionsvereinbarung überführt.

Workload

- Präsenzzeit 1. Blockveranstaltung: 9 h
- Vorbereitungszeit für 2. Blockveranstaltung: 4 h

Learning Outcomes und persönlichkeitsbildender Impact

Welche Kompetenzen haben sich die Studierenden im Laufe des ersten Kursteils angeeignet? Welchen Beitrag leistet ein solcher Kurs zur Persönlichkeitsbildung im Studium?

Am Ende des ersten Kursteils können ...
... die Studierenden:

- erläutern, welchen Traumberuf verbunden mit welchem idealen Lebensentwurf sie verfolgen;
- reflektieren, über welche Fähigkeiten, Fertigkeiten, Kompetenzen, Talente und Stärken sie zur Ausfüllung des Traumberufes und zur Erreichung ihres Lebensentwurfes angesichts gegenwärtiger wie künftiger gesellschaftlich-kultureller Herausforderungen verfügen sollten;

- begründet aufzählen, über welche Kompetenzen sie zu Beginn des Studiums verfügen;
- reflektieren, welche Lernräume sich in den jeweiligen fachbezogenen Lehrveranstaltungen für ihren persönlichen Bildungsprozess eröffnen;
- erklären, wie sie sich die für die Zukunft erforderlichen Kompetenzen im Fachstudium konkret aneignen, wie sie Stärken und Talente erweitern und Schwächen beheben können;
- kurz-, mittel- und langfristige Ziele für ihre Persönlichkeitsbildung im Fachstudium formulieren und darlegen, welche Aktivitäten zur Zielerreichung notwendig sind;
- alle Faktoren miteinbeziehend ihren persönlichen Bildungsweg ableiten und konkrete Schritte der Umsetzung im Fachstudium benennen;
- einen Zeit- und Arbeitsplan für das erste Semester entwickeln;
- ihre Persönlichkeit achtsam und sensibel wahrnehmen;
- einen Haltungswechsel vom rezeptiven Lernen hin zur gestaltenden Selbstbildung vollziehen;
- Verantwortung für ihren Bildungsprozess übernehmen.

... die Doktorandinnen und Doktoranden sowie Postdocs:

- erläutern, welchen Traumberuf verbunden mit welchem idealen Lebensentwurf sie inzwischen verfolgen;
- das Promotions-, Habilitations- oder Postdoc-Ziel formulieren;
- reflektieren, über welche Fähigkeiten, Fertigkeiten, Kompetenzen, Talente und Stärken sie zur Erreichung ihrer Qualifikation oder zur Ausfüllung des Traumberufes und zur Erreichung ihres Lebensentwurfes angesichts der gesellschaftlichen Herausforderungen sowie der Anforderungen von Wissenschaft und Hochschule verfügen sollten;
- begründet aufzählen, über welche Kompetenzen sie zu Beginn des Doktorats oder der Postdoc-Phase verfügen;
- aufschlüsseln, welche Bildungsräume sich auf ihrem Qualifikationsweg für ihren persönlichen Bildungsprozess eröffnen;
- die Merkmale und die Funktion eines Exposés beschreiben;
- erste Schritte zur Abfassung eines Exposés benennen;
- darlegen, wie sie sich die für die Zukunft erforderlichen Kompetenzen in der Qualifikationsphase aneignen, wie sie Stärken und Talente weiter profilieren und Schwächen beheben können;

- kurz-, mittel- und langfristige Ziele für ihre Persönlichkeitsbildung während des Doktorats oder der Postdoc-Phase formulieren und erklären, welche Aktivitäten zur Zielerreichung notwendig sind;
- alle Faktoren miteinbeziehend ihren persönlichen Bildungsweg ableiten und konkrete Schritte der Umsetzung benennen;
- einen groben Zeit- und Arbeitsplan für die gesamte Qualifikationsphase entwickeln;
- ihre Persönlichkeit achtsam und sensibel wahrnehmen;
- vertieft Verantwortung für ihren eigenen Bildungsprozess übernehmen.

Zweiter Block: Lern- und Arbeitstechniken

Der erste Kursteil wird für Studierende mit einer zweiten eineinhalbtägigen Blockveranstaltung etwa auf der Hälfte des ersten Semesters fortgesetzt. Dabei sollen sie das Prinzip von Bildung als aktives Geschehen einer und eines jeden Einzelnen weiter verinnerlichen und verschiedene der Persönlichkeit entsprechende Arbeits- und Lerntechniken erproben, um bei aller Organisation der Lernräume durch Lehrende über Handwerkszeug zur Selbstbildung zu verfügen. Dass der Kurs im Studienverlauf genau jetzt angesiedelt ist, hat Gründe: Studierende des ersten Semesters sollen zunächst einmal den universitären Alltag mit all seinen Herausforderungen des Arbeitens kennengelernt und den großen Unterschied zum schulischen Lernen erlebt und erfahren haben, um von einem Kurs zum universitären Lernen und zur universitären Selbstbildung wirklich profitieren zu können. Bis zur Mitte des Semesters sind sie mit der großen Stofffülle ebenso vertraut wie mit grundsätzlichen Prinzipien des wissenschaftlichen Arbeitens und Denkens. Würde der Kurs eher stattfinden, würden Studierende von schulischem Lernen auf das universitäre Lernen und Bilden rückschließen und es würde zu Fehlschlüssen kommen. Später angesiedelt aber nähme es den Studierenden die Möglichkeit, das neu Gelernte noch im ersten Studiensemester umzusetzen. In beiden Fällen liefen die angestrebten Learning Outcomes und die Erkenntnisprozesse der Studierenden ins Leere.

Blockbeginn
Fortschrittskontrolle

Die Blockveranstaltung beginnt mit einem Rückblick auf den bisherigen Studienverlauf. Welche Ziele hat jede und jeder Einzelne bereits erreicht? Welche konnten (noch) nicht gelingen und warum? Lern- und Entwicklungsfortschritte sowie die damit verbundene Kompetenzaneignung können überprüft, erste Erfolge verbucht und Bestärkung erfahren werden. Genauso können eingetretene Schwierigkeiten und Misserfolge frühzeitig ins Wort gehoben, unter professioneller Anleitung bei gleichzeitiger Ermutigung und Ermunterung behoben oder nach alternativen Wegen gesucht werden. Studierende erhalten somit die Möglichkeit zur Selbstreflexion, können nachsteuern, Angezieltes verändern und verbessern.

Blockfortschritt I
Das Prinzip Persönlichkeitsbildung

Im Anschluss daran erschließen sich die Studierenden methodengeleitet das dem Curriculum zugrunde liegende Bildungsideal einschließlich des Menschenbildes. Die Texte des Readers, der ihnen zur Vorbereitung vorgelegen hatte, sind so ausgesucht, dass sie sowohl die Notwendigkeit und den Gewinn der Selbstbildung verdeutlichen als auch die Gesellschafts- und Fremdbildung thematisieren. Ist das Bild zusammengestellt, werden von den Studierenden Konsequenzen für ihre Rolle und ihre Haltungen im Bildungsgeschehen abgeleitet.

Blockfortschritt II
Bildung als aktives Geschehen – Lerntheorie und Neurodidaktik

Wie eine solche, in vielen Teilen selbstgesteuerte, aktive Aneignung von Lerninhalten und Kompetenzen innerhalb des Studiums möglich und wie sie zugleich neurobiologisch und lerntheoretisch determiniert ist, ist Thema des folgenden, zeitlich längsten Teils des Kurses. Mithilfe eines Lernparcours werden die Studierenden in einem ersten Schritt grundsätzlich für die Problematik von Bildung sensibilisiert. An verschiedenen Stationen können sie sich durch Hören, Lesen, selbst Bearbeiten, Erklären, Visualisieren etc. – ob in Rein- und Mischform dieser Arbeitsweisen – unterschiedliche Fachinhalte erschließen und aneignen. Sie können die Gesetzmäßigkeiten des Lernens an sich selbst erfahren und herausfinden, welches der Prinzipien in welchem Ausmaß auf sie zutrifft. Die Inhalte, anhand derer das geschieht, müssen nicht zwingend auf das jeweilige Studienfach abgestimmt sein. Im Gegenteil fördert es den Erkenntnisprozess umso mehr, je fremder diese sind und je weniger sie auf Vorwissen beruhen. Eine so simulierte Lernsequenz kommt der Realität im Studienbetrieb am nächsten. Schließlich eignen sich Studierende täglich ganz neue Inhalte an. Die Auswertung des Parcours erfolgt erst am Folgetag, um zum einen genügend großen Abstand zwischen Aneignung und Rekapitulation zu gewährleisten, und zum anderen die Erkenntnisse gewinnbringend auf das eigene Lernen, Arbeiten und Bilden übertragen zu können.

In der Zwischenzeit werden die Studierenden nämlich in einem zweiten Teilschritt mittels Impulsvortrag in die Struktur, die Funktionsweise und die Leistungsfähigkeit des menschlichen Gehirns einschließlich der daraus resultierenden Aneignungs- und Bildungsprozesse eingeführt. Vor diesem Hintergrund erschließen sich die Studierenden anhand entsprechender Fragebögen in Einzelarbeit die für sie individuell am besten geeigneten Lern- und Bildungstechniken und -methoden. Im Anschluss werden die Ergebnisse in Partnerinnen- und Partnerarbeit sowie im Plenum – dort versehen durch Tipps der Leitung – mittels kollegialer Beratung besprochen, sodass jede und jeder Einzelne Konsequenzen für ihre und seine Lern- und Bildungsweise ableiten kann. Bei alledem werden die Vor- und Nachteile verschiedener Methoden – von Mitschriften über Karteikarten, Visualisierungen, Auditionen etc. – genauso thematisiert und auf ihre individuelle Eignung hin geprüft, wie es um Lesetechniken zur Erschließung von wissenschaftlicher Fachliteratur geht oder um das Lernen und Arbeiten im Team unabhängig davon, ob es sich um eine zu einer Lehrveranstaltung gehörende verpflichtende Arbeitsgruppe oder um eine freiwillig und damit selbst organisierte Lerngruppe handelt. Dabei werden Probleme und Konflikte, die entstehen können, besprochen, Techniken als Lösungsstrategien erläutert und auf angemessene Moderations- und Kommunikationsregeln hingewiesen. Nicht zuletzt spielt das Thema der Vorbereitung der Lehrveranstaltung eine entscheidende Rolle genauso wie die notwendige Lernatmosphäre, die erzeugt werden muss. Auf die immens wichtige Frage nach der eigenen Haltung wird wiederholend rekurriert.

Alle diese Einsichten werden schließlich mit den Ergebnissen des Lernparcours korreliert. Vielfach müssen Studierende – sehr zum eigenen Erstaunen – ihr Bild von der für sie vermeintlich besten, erfolgreichsten, persönlich gewinnbringendsten Lern- und Arbeitsmethode überdenken und ihre Verhaltensweisen scharf korrigieren. Waren sie bislang der Meinung, dass sie durch Mitschreiben in der Vorlesung den besten Lernerfolg erzielen, müssen sie jetzt einsehen, dass sie die Inhalte und Kompetenzen eigenständig erarbeiten, visualisieren, diskutieren, erklären etc. müssen. Wenn sie erkannt haben, wie ergiebig diese Form des Arbeitens ist, dass Inhalte und Kompetenzen viel nachhaltiger angeeignet und viel leichter behalten werden und nicht mehr (so oft) wiederholt werden müssen, lassen sie sich wie selbstverständlich auf die im Fachstudium in dieser Weise angebotenen Bildungsprozesse ein und sind begeistert bei der Sache.

Blockende
Ziele und Arbeitsplan

Am Ende des Kurses überarbeiten, präzisieren und passen die Studierenden ihren bisher erstellten Lern- und Arbeitsplan vor dem Hintergrund der Erkenntnisse zum eigenen Lernen, Arbeiten und Bilden im zweiten Kursteil an. Sie verändern ihre Ziele oder definieren sie neu und spezifizieren die dazugehörigen Aktivitäten. Anders formuliert: Von nun an wird nicht nur der Kompetenzerwerb innerhalb der verschiedenen Lehrveranstaltungsformate als solcher berücksichtigt, sondern die dem individuellen Lerntyp geschuldete konkrete Aneignungsweise miteinbezogen. Zum Beispiel werden Vorbereitungszeiten zur Lehrveranstaltung, eventuelle Arbeits- und Lerngruppen, weitere Phasen des Eigenstudiums etc. mit in den Plan aufgenommen. Bei alledem wird neuerlich in Erinnerung gerufen, dass nicht der im Modulhandbuch vorzufindende Stundenplan Ausgangspunkt der Semester- und Studienplanung ist, sondern die persönlichen Ziele einschließlich der individuellen Besonderheiten des Lernens. Die Studierenden erhalten erneut den Auftrag, diesen Plan im weiteren Verlauf des Semesters zu verfolgen.

Auch Doktorandinnen und Doktoranden sowie Postdocs beschäftigen sich in einem zweiten Block mit ihrem Arbeitsstil genauso wie mit dem Thema Zeit-, Selbst- und Projektmanagement. Da sie einen solchen Kurs in ihrem Studium bereits durchlaufen haben, vertiefen sie jetzt ihre Kenntnisse und Techniken auf den genannten Gebieten. Bei alledem präzisieren sie ihren Zeitplan für die vollen drei Jahre ihrer Qualifikationsphase. Das soll gewährleisten, dass sie ihre Qualifikationsarbeiten und das begleitende Studium sowie andere flankierende Maßnahmen von Beginn an effektiv sowie persönlich bildend und bereichernd angehen.

Workload

- Präsenzzeit 2. Blockveranstaltung: 9 h

Nachbereitungszeiten sind nicht mitzuberücksichtigen, da das Verfolgen des Lern-, Arbeits- und Zeitplans sowie der persönlichen Ziele nun mit dem Studium in eins fällt und nicht eigens mit Arbeitsaufwand bemessen werden kann. Im Gegenteil haben Studierende nun eine zielorientierte Struktur zur Hand, die ihnen das Studieren erleichtert.

Am Ende des zweiten Kursteils können ...
... die Studierenden:

- das dem Curriculum zugrunde liegende Persönlichkeitsbildungsverständnis einschließlich des dahinterliegenden Menschenbildes kritisch reflektieren und auf die eigene Person übertragen;

- die eigene Rolle im Bildungsprozess und die damit verbundene Verantwortlichkeit im Hinblick auf die Bildung ihrer Persönlichkeit, das Einspeisen in die Gesellschaft und die Unterstützung anderer erklären, das bisherige Ausfüllen der Rolle hinterfragen und gegebenenfalls neu oder verändert ausrichten;

- den spezifischen Auftrag von sogenannten Bildungsinstitutionen im Persönlichkeitsbildungsgeschehen analysieren und reflektieren;

- Bildung als lebenslangen Prozess erkennen;

- neurodidaktische Erkenntnisse und lerntheoretische Grundlagen von Lernen und Bildung benennen und Konsequenzen für den eigenen Bildungsprozess formulieren;

- ihrer Persönlichkeit entsprechende Lern-, Arbeits- und Bildungstechniken erarbeiten und Szenarien der Anwendung beschreiben;

- lernfördernde und lernverhindernde Faktoren identifizieren und erläutern, wie diese beim Lernen und Arbeiten eingesetzt oder vermieden werden können;

- Leseregeln für entsprechende Fachliteratur darlegen;

- den persönlichen Studienweg detailliert unter Einbezug ihrer individuellen Lern- und Arbeitstechniken organisieren und eigenverantwortlich planen;

- Prüfungsängste erkennen und Strategien zur Bewältigung beschreiben.

... die Doktorandinnen und Doktoranden sowie Postdocs:

- das dem Curriculum zugrunde liegende Persönlichkeitsbildungsverständnis einschließlich des dahinterliegenden Menschenbildes kritisch reflektiert auf den jetzigen Lebens- und Qualifikationsabschnitt übertragen;
- ihre verschiedenen Rollen im Bildungsprozess vertieft erklären und die damit verbundene Verantwortlichkeit benennen, das bisherige Ausfüllen der Rolle hinterfragen und gegebenenfalls neu oder verändert ausrichten;
- den spezifischen Auftrag von sogenannten Bildungsinstitutionen im Persönlichkeitsbildungsgeschehen analysieren und reflektieren sowie die eigene Position darin verorten;
- Bildung als lebenslangen Prozess weiter entfalten;
- den eigenen Arbeitstyp konkreter benennen und entsprechende Arbeitstechniken für die Ausarbeitung des Forschungsprojektes formulieren;
- die Methoden des Zeit- und Projektmanagements vertiefend erläutern und auf ihr Forschungsprojekt anwenden;
- einen detaillierteren und strukturierteren Zeit- und Arbeitsplan für die Laufzeit ihres Projektes entwickeln und den persönlichen Qualifikationsweg eigenverantwortlich planen.

Dritter Block: Fortschrittskontrolle

Am Ende des ersten Studiensemesters findet eine dreistündige Fortschrittskontrolle statt. Erneut geht es darum, die persönlich gesteckten Ziele kritisch zu betrachten und sie verbunden mit dem Zeit- und Arbeitsplan auf Erreichen oder Verfehlen einschließlich der Ursachen hin zu prüfen und gegebenenfalls Umsteuerungen vorzunehmen. Langjährige Erfahrungswerte zeigen, dass der Großteil der Studierenden seine selbst gesteckten Ziele am Ende des Semesters fast immer vollständig erreicht. Nicht Umgesetztes ist in der Regel systemisch bedingt. Ein Beispiel sei genannt: Ein Studierender hatte sich zu Beginn des Semesters das Ziel gesetzt, an seiner Selbstsicherheit, seinem Auftreten und seiner Rhetorik zu arbeiten und wollte deshalb innerhalb einer Veranstaltung ein Referat übernehmen. Eine solche referatgestützte Lehrveranstaltung wurde in diesem Studienabschnitt jedoch nicht angeboten. Deshalb konnte der Studierende sein persönlich gestecktes Ziel nicht erreichen. Wenn jedoch die Rahmenbedingungen stimmen, schließen nahezu alle Studierenden mit maximaler Zielerreichung das erste Semester ab. Lediglich bei einem geringen Prozentsatz gelingt das aus persönlichen Gründen nicht. Bei ihnen wird – und das leistet der Kurs auch – entweder offenbar, dass sie einen Studiengang gewählt haben, der nicht zu ihren Fähigkeiten passt, oder es werden persönliche Dispositionen sichtbar, die ein erfolgreiches Studieren verhindern. Im zuerst genannten Fall kann umgesteuert werden, indem entweder ein anderer Studiengang gewählt oder der Weg in eine Berufsausbildung eingeschlagen wird. Selbiges kann auch im zuletzt genannten Fall geschehen, wobei es dann jedoch des Rates und der Hilfe von entsprechenden externen Fachleuten außerhalb des Fachstudiums bedarf.

Die Fortschrittskontrolle endet damit, dass Studierende angesichts ihrer erreichten Ziele und ihres Lernfortschritts das am Beginn des Semesters erstellte Persönlichkeitsprofil überprüfen und aufgrund des Kompetenzzugewinns aktualisieren. Alles zusammen wird in das

Lernportfolio eingetragen. Das überarbeitete Profil wird erneut mit dem Profil der Traumberufung verglichen und zum Ausgangspunkt für die Studienplanung des nächsten Semesters gemacht. Neue Ziele werden formuliert und mit ihrer Hilfe der entsprechende Lern- und Arbeits- sowie Zeitplan entwickelt. Die Studierenden werden mit dem Hinweis entlassen, diese Vorgehensweise von nun an am Ende eines jeden Semesters mit Unterstützung der entsprechenden Mentorin oder des entsprechenden Mentors zu wiederholen und so über das gesamte Studium fortzusetzen.

Auch Doktorandinnen und Doktoranden sowie Postdocs prüfen am Ende des ersten Semesters ihre Zielerreichung sowie ihren Arbeitsfortschritt und nehmen gegebenenfalls Korrekturen vor. Auch sie definieren konkrete Ziele für das Folgesemester. Sollte sich jedoch bei der einen oder dem anderen der jetzt eingeschlagene Qualifikationsweg als nicht passend erweisen, kann frühzeitig nach geeigneten alternativen beruflichen Feldern gesucht werden.

Workload

- Präsenzzeit 3. Blockveranstaltung: 3 h

Learning Outcomes und persönlichkeitsbildender Impact

Am Ende der Fortschrittskontrolle können ...
... die Studierenden:

- ihren bisherigen Studienverlauf selbst- und fremdkritisch reflektieren;

- Probleme beschreiben und Lösungen benennen;
- Feedback annehmen;
- den eigenen Wünschen und Stärken und den späteren Anforderungen entsprechend notwendige Veränderungen vornehmen und den Arbeits- und Lernplan anpassen;
- vor dem Hintergrund der Erfahrungen neue und veränderte Ziele stecken;
- ihrer Persönlichkeit entsprechende Lern-, Arbeits- und Bildungstechniken sicher auf künftige Prozesse anwenden;
- lernfördernde und lernverhindernde Faktoren bewusst einsetzen oder vermeiden;
- Leseregeln auf entsprechende Fachliteratur anwenden;
- den persönlichen Studienweg unter Einbezug ihrer individuellen Lern- und Arbeitstechniken detailliert weiter organisieren und eigenverantwortlich planen oder einen neuen Weg einschlagen;
- Methoden des Zeitmanagements in ihren Studienalltag integrieren;
- Prüfungsängste bewältigen;
- sich auf eine Prüfung vorbereiten und sich bei selbiger authentisch präsentieren.

… die Doktorandinnen und Doktoranden sowie Postdocs:

- ihren bisherigen Qualifizierungsweg selbst- und fremdkritisch reflektieren;
- Probleme beschreiben und Lösungen benennen;
- Feedback annehmen;
- den eigenen Wünschen und Stärken sowie den späteren Anforderungen entsprechend notwendige Veränderungen vornehmen und den Arbeits- und Lernplan anpassen oder einen anderen Weg einschlagen;
- vor dem Hintergrund der Erfahrungen neue und veränderte Ziele stecken;
- ihrer Persönlichkeit entsprechende Lern-, Arbeits- und Bildungstechniken sowie -methoden sicher auf künftige Prozesse anwenden;
- arbeitsfördernde und arbeitsverhindernde Faktoren bewusst einsetzen oder vermeiden;
- den persönlichen Qualifikationsweg unter Einbezug der individuellen Arbeitstechniken detailliert weiter organisieren und eigenverantwortlich planen;
- Methoden des Zeitmanagements im Alltag integrieren.

Studienbegleitendes Mentoring

In Fortführung des Kurses ‚ready.study.go! Erfolgreich studieren' treffen sich die Studierenden einmal pro Semester mit einer Mentorin oder einem Mentor, um – ganz ähnlich der zuvor beschriebenen Fortschrittskontrolle – den eigenen Studien- und Entwicklungsweg zu reflektieren. Dieser Austausch muss nicht zwingend als Einzelberatung stattfinden. Vielfach reizvoller und gewinnbringender ist es, wenn er nach dem Vorbild von Mentoringprogrammen für Nachwuchswissenschaftlerinnen oder von Stipendienwerken in einer kleinen Gruppe von bis zu acht oder neun Studierenden geschieht. Dabei stehen die Fragen nach der persönlichen Bildung und Weiterentwicklung genauso im Raum wie ein Nachdenken darüber, ob die gesteckten Ziele erreicht wurden oder was hinderlich war, ob der Fokus noch klar genug vor Augen ist oder ob sich dieser verändert hat, welche neuen Ziele, Motivationen, Ideen aufgekommen sind und in welcher Weise diese weiterverfolgt werden. Dabei profitieren die Studierenden zum einen von der professionellen Begleitung durch die Mentorin und den Mentor. Zum anderen werden sie durch die Fremdeinschätzung der Kommilitoninnen und Kommilitonen bereichert. Hier wird das Ideal der gegenseitigen Bildung nochmals auf ganz eigene Weise praktiziert.

Ein solch begleitendes Mentoring könnte von entsprechend dafür ausgebildeten Lehrenden oder von den Studienberaterinnen und den Studienberatern der Fakultäten übernommen werden. Auch wäre es denkbar, das Personal der Fakultäten um solche Stellen zu erweitern. Was das Studium der Katholischen Theologie angeht, so ist an jeder Hochschule per se ein Studienbegleitprogramm für all jene, die später in den kirchlichen Dienst eintreten wollen, nicht nur vorgesehen, sondern verpflichtend. Dieses könnte um das das Studium betreffende Mentoring erweitert werden, wobei dabei strikt auf Rollentrennung zu achten wäre. Eine ganz andere Möglichkeit bestünde darin, ein solches Angebot Studierenden aller Fachrichtungen vonseiten der

Katholischen Hochschulgemeinden zu machen. Letztere existieren an nahezu allen Hochschulstandorten und könnten damit jenem eingangs geschilderten Bildungsideal katholischer Institutionen nochmals auf eigene Weise nachkommen.

Bei Doktorandinnen und Doktoranden sowie Postdocs wird eine solche Begleitung in der Regel nicht zuletzt deshalb von der Betreuerin und dem Betreuer übernommen, weil sich große Teile des Mentorings auf wissenschaftliche Karriereschritte beziehen, für die sie die Fachfrau oder er der Fachmann ist. Zugleich existieren an vielen Hochschulen Mentorings für Nachwuchswissenschaftlerinnen. Diese könnten um die Perspektive der Persönlichkeitsbildung erweitert und – zusätzlich oder alternativ zur Begleitung der Betreuerin oder des Betreuers – für alle angeboten werden.

Workload

1 ECTS-Punkt

- Präsenzzeit im Gruppenmentoring pro Semester: 4 h

Learning Outcomes und persönlichkeitsbildender Impact

Am Ende des Mentorings können ...
... die Studierenden:

- ihren bisherigen Studienverlauf hinsichtlich der persönlichen Entwicklung und der angeeigneten Kompetenzen vertieft selbst- und fremdkritisch reflektieren;

- Probleme beschreiben und Lösungen finden;
- den eigenen Wünschen und Stärken sowie den späteren Anforderungen entsprechend notwendige Veränderungen vornehmen und den Arbeits- sowie Lernplan anpassen;
- vor dem Hintergrund der Erfahrungen neue und veränderte Ziele stecken;
- Feedback annehmen und geben;
- rollengerecht reden und handeln;
- Kommilitoninnen und Kommilitonen auf ihrem Bildungsweg begleiten und unterstützen.

… die Doktorandinnen und Doktoranden sowie Postdocs:

- ihren bisherigen Studienverlauf hinsichtlich der persönlichen Entwicklung und der angeeigneten Kompetenzen vertieft selbst- und fremdkritisch reflektieren;
- Probleme beschreiben und Lösungen finden;
- den eigenen Wünschen und Stärken sowie den späteren Anforderungen entsprechend notwendige Veränderungen vornehmen und den Arbeitsplan anpassen;
- vor dem Hintergrund der Erfahrungen neue und veränderte Ziele stecken;

- Feedback annehmen und geben;
- rollengerecht reden und handeln;
- Kommilitoninnen und Kommilitonen auf ihrem Bildungsweg begleiten und unterstützen.

Durchstarten! Erfolgreich in den Beruf oder ins (neue) Forschungsprojekt

Gegen Ende des Studiums, bestenfalls im vorletzten Fachsemester, findet eine eintägige Blockveranstaltung statt, die den Studienverlauf sowie den Kompetenzgewinn abschließend betrachtet und den eigenen Entwicklungs- und damit Persönlichkeitsbildungsprozess bündelt. Auf diese Weise wird der Einstieg in den Beruf, in ein Anschlussstudium oder ins Doktorat vorbereitet. In einem ersten Schritt wird nochmals mithilfe des aus dem Studienverlauf erwachsenen Lernportfolios ein Blick auf das jetzt vorhandene Persönlichkeitsprofil geworfen. Von hier aus wird der über das Studium hinweg weiterentwickelte Traumberuf memoriert und mit dem jetzt vorhandenen Persönlichkeitsprofil in Beziehung gesetzt. Aufgrund von vielleicht nochmals neu entstandenen Interessen und Möglichkeiten können weitere Veränderungen und Bildkorrekturen vorgenommen werden. Daraufhin eruiert jede und jeder Einzelne unter Einbezug seiner Vorstellungen zur sonstigen Lebensgestaltung individuelle Felder der beruflichen Betätigung und arbeitet Strategien aus, um sich auf die Suche nach der passgenauen Arbeitgeberin oder dem passgenauen Arbeitgeber zu machen. Im nächsten Schritt werden gemeinsam verschiedene Stellenausschreibungen zu entschlüsseln geübt, um die eigenen Anforderungen mit denen der Arbeitgeberin oder des Arbeitgebers zu korrelieren und den bestgeeigneten Arbeitsplatz zu finden.

Im Anschluss daran entwerfen die Studierenden, nachdem sie mittels eines Impulsreferates mit dem Aufbau, den Inhalten und dem Erscheinungsbild einer exzellenten Bewerbungsmappe vertraut gemacht worden sind und im Rollenspiel die Perspektive einer künftigen Arbeitgeberin oder eines künftigen Arbeitgebers eingenommen haben, die persönliche Bewerbungsmappe einschließlich eines Beispielanschreibens. Letzteres basiert auf der fiktiven Ausschreibung zum eigenen Traumberuf. Um mit ihrer Persönlichkeit authentisch überzeugen zu können, rundet ein simuliertes Vorstellungsgespräch verbunden mit konstruktivem Feedback durch die und den Lehrenden sowie die Kommilitoninnen und Kommilitonen den Kurs ab. Damit schließt sich der Kreis zum ersten Studiensemester. War damals der Traumberuf visioniert worden, so wird er heute nach Ende des simulierten Vorstellungsgesprächs fiktiv erreicht.

Selbiges gilt für Doktorandinnen und Doktoranden sowie Postdocs. Diese bereiten entweder den Einstieg in den Beruf vor oder gegebenenfalls – im Falle einer abgeschlossenen Promotion – den Überstieg in die Postdoc-Phase, indem sie erste Überlegungen zur Ausarbeitung eines neuen Forschungsprojektes anstellen. Die formalen Kriterien einer exzellenten Bewerbung werden memoriert und je nach beruflichem Sektor nochmals expliziert: Für eine Bewerbung in der freien Wirtschaft, im Bereich der öffentlichen Hand, im kulturellen oder kirchlichen Bereich gelten zum Teil andere Kriterien als für eine Bewerbung in der Wissenschaft. Das Training endet mit der Überarbeitung und Vervollständigung der Bewerbungsmappe und dem Entwurf von konkreten oder fiktiven Anschreiben. Ein Vorstellungsgespräch wird ebenfalls simuliert.

Workload

1 ECTS-Punkt

- 0,25 ECTS-Punkte für Präsenzzeit
- 0,75 ECTS-Punkte außerhalb der Veranstaltung:
  - Fertigstellen der Bewerbungsunterlagen

Learning Outcomes und persönlichkeitsbildender Impact

Am Ende des Trainings können ...
... die Studierenden:

- das eigene Berufsziel reflektieren und mit dem persönlichen Lebensentwurf abgleichen oder das Dissertationsprojekt visionieren;
- das eigene Persönlichkeitsprofil finalisieren sowie Stärken und persönliche Qualifikationen erläutern;
- eigenständig Kriterien für das kommende Arbeitsfeld und die entsprechende Arbeitgeberin und den entsprechenden Arbeitgeber entwickeln;
- Entscheidungen hinsichtlich der Ausrichtung des Berufs- und Arbeitsfeldes treffen und konkrete Felder eruieren;
- Stellenanzeigen lesen und mit dem eigenen Kompetenzprofil sowie den eigenen Anforderungen abgleichen;
- Strategien zum Berufseinstieg entwickeln;
- Inhalte und Kriterien einer exzellenten Bewerbungsmappe erklären;
- eine formgerechte und persönlich passgenaue Bewerbungsmappe erstellen;
- ein passgenaues Anschreiben entwerfen;

- ihre Stärken und Talente sowie ihr breites Kompetenzprofil der zukünftigen Arbeitgeberin oder dem zukünftigen Arbeitgeber gegenüber begründet vertreten.

... Doktorandinnen und Doktoranden sowie Postdocs:

- ihr Berufsziel reflektieren und mit dem eigenen Persönlichkeitsprofil korrelieren;

- ihr Persönlichkeitsprofil finalisieren sowie Stärken und persönliche Qualifikationen erläutern;

- eigenständig Kriterien für das kommende Arbeitsfeld und die entsprechende Arbeitgeberin oder den entsprechenden Arbeitgeber entwickeln;

- Entscheidungen hinsichtlich der Ausrichtung des Berufs- und Arbeitsfeldes treffen und konkrete Felder eruieren;

- Stellenanzeigen lesen und mit dem eigenen Kompetenzprofil sowie den eigenen Anforderungen abgleichen;

- Strategien zum Berufseinstieg entwickeln;

- Inhalte und Kriterien einer exzellenten Bewerbungsmappe memorieren und für einzelne Arbeitsbereiche präzisieren;

- die vorhandene Bewerbungsmappe passgenau erweitern;

- sich im Vorstellungsgespräch authentisch und überzeugend präsentieren.

Element 2

Fachstudium

- Das Proseminar
- Das Hauptseminar
- Die Übung, die Arbeitsgemeinschaft, das Tutorium, das Kolloquium
- Die Vorlesung
- Das Forschungsseminar
- Das fach- oder hochschuldidaktische Seminar
- Die Exkursion
- Das Projektseminar
- Das Oberseminar, das Privatissimum, das Kolloquium zum Abfassen von Abschlussarbeiten

Der Großteil des persönlichkeitsbildenden, kompetenzaneignenden und Talente entwickelnden Lehr-Lern-Geschehens findet innerhalb der fachwissenschaftlichen Lehrveranstaltungen sowohl in Präsenz als auch im Eigenstudium statt.

Ein solcher Prozess beginnt im ersten Semester mit einem fachwissenschaftlichen Proseminar einschließlich der Einführung ins wissenschaftliche Arbeiten und endet – günstigstenfalls – mit einer entsprechenden Abschlussarbeit im Fach. In einem gestuften Prozess eignen sich Studierende fortlaufend aufeinander aufbauende Kompetenzen an, die sie für den späteren beruflichen Alltag, für das private und das gesellschaftliche Leben sprach-, handlungs- und gestaltungsfähig machen.

Das Proseminar

Zu Beginn des fachspezifischen Proseminars werden die Studierenden gebeten, sich ihr individuelles Persönlichkeits- und Kompetenzprofil zu vergegenwärtigen. So markieren sie ihren Startpunkt hinsichtlich ihres Bildungsprozesses im laufenden Semester. Nach einer Vorstellungsrunde, die die Erwartungshaltung der Studierenden und ihre Motivation, das Seminar zu besuchen, zur Sprache gebracht hat, werden die von der Lehrveranstaltungsleitung festgelegten Learning Outcomes für das Seminar genauso erläutert wie die spezifische Arbeitsweise, die dem Seminar zugrunde liegt. Danach haben die Studierenden die Möglichkeit, beides mit ihrem Profil zu korrelieren und persönliche Ziele zu formulieren. Die oder der Lehrende wird ihrer- oder seinerseits die Learning Outcomes möglicherweise um die Erwartungshaltung der Studierenden erweitern oder entsprechend anpassen.

Im Anschluss daran folgt der erste, sehr knappe Teil des Seminars. In etwa vier Sitzungen erarbeiten sich die Studierenden methodisch-didaktisch aufbereitet die Inhalte eines umfangreichen (sechzigseitigen) Readers[37], um sich mit Begrifflichkeiten sowie den grundlegenden Fähigkeiten und Fertigkeiten des wissenschaftlichen Arbeitens einschließlich einer guten wissenschaftlichen Praxis vertraut zu machen. Dabei steht die Hermeneutik des Faches genauso im Mittelpunkt wie – im Fall der Kirchengeschichte – Fragen der Abgrenzung von Quellen und Sekundärliteratur und der Textkritik. Gleichfalls wird der gestufte Prozess von der Literaturrecherche über die Ausarbeitung eines Vortrags, eines Inputs oder eines wissenschaftlichen Referats bis hin zum Abfassen einer wissenschaftlichen Hausarbeit thematisiert, wobei die Literatursuche und das Bibliografieren ausdrücklich geübt werden.

Im zweiten längeren Teil des Proseminars (circa zehn Sitzungen) werden die erworbenen Grundfertigkeiten am fachspezifischen Gegenstand praktisch angewendet. Für die Kirchengeschichte bedeutet das, dass die Studierenden in einem gestuften Prozess an die Quellenkritik sowie an die kritische Lektüre der Sekundärliteratur herangeführt und zur eigenständigen historischen Urteilsbildung genauso befähigt werden, wie sie einen Überblick über kirchenhistorische Entwicklungen über die Jahrhunderte hinweg erhalten. Deshalb wird ein Thema der Christentumsgeschichte ausgewählt, das im Längsschnitt von den biblischen Wurzeln bis hin zu den aktuellen theologischen Positionen verfolgt wird.

Methodisch geschieht das arbeitsteilig und mit verteilten Rollen. Die Arbeiten selbst sind in solche Aufgaben aufgeteilt, die außerhalb der eigentlichen Seminarsitzung zu erledigen sind, und solche, die in der Sitzung gemeinsam angegangen werden. Beide Arbeitsphasen werden spätestens in den Plenumssitzungen wieder zusammengeführt. All das wird den Studierenden zu Beginn des Seminars in Form eines Plakates oder einer entsprechenden Präsentation vorgestellt.

So ist jede Seminarteilnehmerin und jeder Seminarteilnehmer – je nach Größe des Seminars – entweder Mitglied einer Expertinnen- und Expertengruppe oder arbeitet allein. Im Team analysieren, strukturieren sowie systematisieren sie die Inhalte des Themas anhand von Quellen und vergleichen sowie vernetzen die Ergebnisse mit der von der Seminarleitung im Vorfeld gesichteten und damit begrenzten Sekundärliteratur. Sie bereiten sie so auf, dass sie die übrigen Seminarteilnehmerinnen und -teilnehmer in der entsprechenden Sitzung umfassend in das Thema einführen können. Dafür entwickeln sie geeignete Vorträge, arbeiten ein Handout sowie ein Quellenpapier aus und kreieren methodisch-didaktisch die Umsetzung mit Einzel-, Partnerinnen- und Partner- oder Gruppenarbeit sowie Arbeit im Plenum. Mit anderen Worten: Sie entwerfen ein Gesamtkonzept und zeichnen demnach nicht nur für ein Referat, sondern für die ganze Sitzung verantwortlich. Das Quellenpapier wird eine Woche vor der entsprechenden Einheit zur Verfügung gestellt, sodass die übrigen Teilnehmerinnen und Teilnehmer – angeleitet durch gezielte Arbeitsfragen und Lesehinweise – Teile des Themas im Vorfeld gründlich studieren können. Auf diese Weise kommen sie vorbereitet und grundlegend informiert, mit dem entsprechenden Vorwissen ausgestattet, in die Seminarsitzung. Das Quellenpapier deckt jene Teilbereiche des Themas ab, die elementar, erschließend, verständnisfördernd etc. oder provokant sind, wohingegen im Vortrag Grund- und Hintergrundinformationen zum besseren Verstehen der Epoche und der gesellschaftlichen, sozialen, kulturellen Hintergründe zum Thema gegeben werden. Das Handout fasst den Vortrag zusammen.

Im Hinblick auf die inhaltliche Ausgestaltung bleibt den Mitgliedern der Expertinnen- und Expertengruppe eine große Freiheit. Vorentscheidungen sind von der Seminarleitung nur insoweit getroffen worden, als das Grundthema des Semesters und damit die Grobthemen der jeweiligen Sitzungen festgelegt sind. Alles Übrige, die konkrete Ausrichtung, die sogenannte Feinplanung, bleibt der Gruppe überlassen. Sie kann entscheiden, welche Inhalte sie als zentral, wichtig oder provokativ wahrgenommen hat und wie sie sie für die Gruppe aufbereiten will. Eine solche Vorgehensweise führt dazu, dass – wenn zwei Kurse parallel laufen (was bei hohen Studierendenzahlen geschieht) – zu ein und demselben Thema immer wieder inhaltlich durchaus unterschiedliche Sitzungen entstehen können, mindestens was die Details des Themas angeht.

Die Seminarsitzung selbst ist in drei unterschiedlich lange Teile gegliedert. So hält die Expertinnen- und Expertengruppe kurze prägnante Vorträge und leitet mithilfe des Quellenpapiers, das ausschließlich Texte aus der behandelten Epoche enthält, die ausführliche Kleingruppenarbeit an den historischen Zeitzeugnissen an. Die Ergebnisse dieser Gruppenarbeiten werden im Anschluss methodisch-didaktisch sinnvoll gestützt der Gesamtgruppe vorgestellt: durch Rollenspiele, Standbilder, gestellte Diskussionen, Wandzeitung, Metaplan, Cluster und vieles mehr. Einige ausgewählte Beispiele seien genannt: Eine Gerichtsverhandlung, innerhalb derer die Teilnehmer des Bauernkrieges bezichtigt werden, Luthers Botschaft zu verstellen, ist ebenso denkbar wie ein Metaplan zur Erschließung der Motivik der Kreuzzüge; eine Stammtischrunde, die sich über die Kriegswirren des Deutsch-Französischen Krieges 1870/71 austauscht, ist genauso geeignet wie ein menschliches Standbild zur Gemeindestruktur in der Aufklärung oder ein gezeichnetes Schema zur Fegefeuerlehre des Spätmittelalters. Vor dem Hintergrund der aktiven und selbstständigen Aneignung der Quellen im Eigenstudium zu Hause, der Vorträge durch die Expertinnen- und Expertengruppe sowie der in der Kleingruppe in der Sitzung weiterbearbeiteten Quellentexte und aufgrund der anschließenden Präsentation dieser Gruppenarbeit wird eine inhaltlich kritische und vertiefende Diskussion im Plenum möglich.

Diese Art des wissenschaftlichen Forschens im Kleinen führt an unterschiedlichen Stellen zu überraschenden und zugleich überragenden Ergebnissen, sowohl was das Fachwissenschaftliche angeht als auch die übrigen Kompetenzen betreffend: Zum einen stehen am Ende so manch einer Seminarsitzung neue wissenschaftliche Erkenntnisse, die – aus den Quellen erarbeitet – die Ergebnisse der aktuellen Forschungsliteratur revidieren und einer eigenen Publikation Wert wären. Zum anderen wachsen die Teilnehmerinnen und Teilnehmer in den verschiedensten Bereichen immer wieder über sich hinaus: Mit höchstem Engagement und viel Freude entstehen Seminarszenarien sowie Vorträge, die beeindruckend sind. Mit Herz und Verstand und großer Begeisterung für die Sache geschieht Lernen nicht nur kognitiv, sondern auch emotional-affektiv und ermöglicht einen kommunikativen, sozialen sowie personalen Kompetenzerwerb und damit die Bildung der eigenen Persönlichkeit.

Im Hintergrund der wöchentlichen Plenumssitzungen steht ein ausgefeiltes Betreuungskonzept innerhalb der Sprechstunde, das das Gelingen dieses Lehr-Lern-Prozesses sowohl inhaltlich als auch formal (der Arbeitsaufwand muss im Rahmen des Workloads machbar sein) gewährleistet und dem Rollenverständnis der und des Lehrenden als Bildungs- und Forschungsbegleiterin oder -begleiter nachkommt. In einem ersten Schritt erhält die Expertinnen- und Expertengruppe eine Auswahlbibliografie von Sekundärliteratur sowie bibliografische Angaben der zum Thema gehörigen Quellen. Der Einführung ins wissenschaftliche Arbeiten geschuldet ist die Literatur selbstständig zu beschaffen. Nach einer ersten Lesephase werden die Inhalte besprochen. Die Studierenden stellen vor, welchen Erkenntnisgewinn sie erzielt haben, welche Inhalte sie für zentral halten und welche sie demnach in der Seminareinheit den übrigen Teilnehmerinnen und Teilnehmern präsentieren wollen. Daraufhin wird gemeinsam unter fachkundiger Anleitung der oder des Lehrenden das Stundenkonzept methodisch-didaktisch reflektiert erarbeitet.

Am Ende der durchgeführten Sitzung erhält die Expertinnen- und Expertengruppe von der gesamten Seminargruppe ein konstruktives Feedback, sowohl was die inhaltliche Gestaltung und die Aufbereitung des Themas für die Gruppe als auch die konkrete Umsetzung im Vortrag, zum Anstoßen der Gruppenarbeit sowie zur Moderation durch die Ergebnissicherung und die Diskussion betrifft. Die Seminarleitung gibt nur eine knappe Einschätzung ab. Ein ausführliches Feedback im Sinne einer umfassenden Stundenreflexion erfolgt gesondert direkt im Anschluss an die Sitzung.

Das Proseminar schließt in der letzten Einheit mit der Überprüfung des eigenen Persönlichkeits- und Kompetenzprofils ab und erfragt bei der und dem Einzelnen, an welchen Stellen sie oder er sich konkret weiter oder neu gebildet hat, wo sie ihr und wo er sein Profil erweitert hat. Erstaunlicherweise können Studierende den persönlichkeitsbildenden Faktor im Fachstudium (in diesem Fall im Kirchengeschichtsstudium), der eingangs beschrieben worden ist, selbstständig benennen.

Zum Schluss werden Ziele festgelegt, woran die und der Einzelne im Verlauf der folgenden Semester weiterarbeiten will.

Das Proseminar wird mit einer wissenschaftlichen Hausarbeit als Prüfungsleistung abgeschlossen. Es wird ausdrücklich darauf verzichtet, die von der Expertinnen- und Expertengruppe gestaltete Stunde auf einer Notenskala einzureihen. Die Studierenden sollen üben und probieren, ihre Persönlichkeit bilden und den Kompetenzerwerb, der aufgrund der Anlage des Seminars umfänglich und zugleich herausfordernd ist, ohne Notendruck erfahren können. Sehr wohl erhalten sie in zuvor beschriebener Weise ein ausführliches mündliches Feedback. Langjährige Erfahrungen zeigen, dass sich im Rückblick nach Abschluss der Hausarbeit die Leistung in der Stunde im gleichen Notenbereich bewegt hätte. Im besten Fall konnte sich die oder der Studierende mit der schriftlichen Leistung noch steigern.

Bei alledem bilden Studierende in verschiedenen Kontexten unterschiedliche Kompetenzen aus, und zwar je nach Rolle, die sie im Seminarverlauf gerade einnehmen, und je nachdem, an welchem Lernort sie sich befinden, different:

- als Mitglieder der Expertinnen- und Expertengruppe:
  - der Lernort Expertinnen- und Expertengruppe selbst;
  - der Lernort Eigenstudium der umfassenden Literatur zum Thema;
  - der Lernort Sprechstunde als Austausch mit der und dem Lehrenden und als Ort des Inputs durch dieselbe und denselben;
  - der Lernort Plenumssitzung als Seminarleiterinnen und Seminarleiter sowie Moderatorinnen und Moderatoren;

- als Mitglied des Seminars:
  - der Lernort Eigenstudium einer begrenzten Quellenauswahl;
  - der Lernort Arbeit in der Kleingruppe;
  - der Lernort Arbeit im Plenum;
  - der Lernort als Feedbackgeberin oder -geber.

Auch die und der Lehrende begibt sich an bestimmte Lernorte:

- der Lernort Sprechstunde als fachliche, methodisch-didaktische und kommunikative Expertin oder Experte für die Expertinnen- und Expertengruppe;
- der Lernort Seminarsitzung als Moderatorin oder Moderator im Hintergrund;
- der Lernort Seminarsitzung als Zuhörerin oder Zuhörer und Teilnehmerin oder Teilnehmer an zum Teil neu entwickelten wissenschaftlichen Erkenntnissen durch die Seminargruppe.

An all diesen Lernorten ist der Erwerb von Fachwissen immer direkt mit dem Erwerb von kognitiven, kommunikativen, sozialen und personalen Kompetenzen verschränkt und wird durch Reflexion sowie Feedback beständig ins Bewusstsein gehoben.

Workload

3 ECTS-Punkte

- 1 ECTS-Punkt für Präsenzzeit
- 2 ECTS-Punkte außerhalb der Veranstaltung:
  - Vorbereitung des Vortrages und der Sitzungsgestaltung: 25 h
  - wöchentliche Vorbereitung: 15 h
  - schriftliche Hausarbeit: 10 h

Mit den richtigen Techniken zum ausgewogenen Arbeitsaufwand

Auf den ersten Blick mag gerade der Workload zur Erstellung einer Hausarbeit als extrem wenig und nicht ausreichend erscheinen, um eine qualitativ hochwertige wissenschaftliche Hausarbeit zu verfassen. Wird jedoch die Ausarbeitung des Sitzungskonzeptes von vornherein mit der später abzufassenden Hausarbeit verbunden, so stellt sich die Sachlage gleich anders dar. Dann nämlich mündet die Vorbereitung wie selbstverständlich und nur mit geringem Aufwand in die Hausarbeit. Das setzt voraus, dass die angestrebte Hausarbeit schon beim Ausarbeiten der Stunde als Idee im Hintergrund mitläuft, dass beim Lesen und Exzerpieren der Quellen und Fachliteratur Wichtiges visualisiert und schriftlich dokumentiert und dass das entsprechend Verschriftlichte mit Nachweisen sowie mit bibliografischen Angaben versehen wird. All das macht es möglich, dass nach Abschluss des Seminars die wissenschaftliche Hausarbeit in den vorgegebenen zehn Stunden erstellt werden kann. Diese ist überdies so angelegt, dass nicht alle in der Sitzung präsentierten Inhalte einschließlich des didaktischen Konzeptes verschriftlicht werden, sondern dass ein Spezialaspekt und eine Spezialfrage erörtert werden, an der die Verfasserin oder der Verfasser ihre und seine wissenschaftliche Schreib- und Recherchekompetenz unter Beweis stellen kann.

Learning Outcomes und persönlichkeitsbildender Impact

Am Ende des Proseminars können die Studierenden:

- Literatur zu einem Thema beschaffen, diese auswerten und anhand eines Stylesheets formal korrekt bibliografieren;

- im Hinblick auf kirchengeschichtliches wissenschaftliches Arbeiten
  - Quellen und Sekundärliteratur aufgrund eines Kriterienkataloges begründet voneinander unterscheiden;
  - Überreste von Traditionen trennen;
  - die spezifische Hermeneutik des Faches anfänglich erläutern;

- im Hinblick auf die Kirchengeschichte
  - methodengeleitet an einem ausgewählten Beispiel anhand von zeitgenössischen Quellen sowie entsprechender Sekundärliteratur vor dem Hintergrund des zeitaktuellen Kontextes und der Einbindung der Akteurinnen und Akteure in die unterschiedlichen sozialen und gesellschaftlichen Gruppen das Denken und Handeln von Menschen vergangener Epochen rekonstruieren und analysieren;
  - Quellen methodengeleitet kritisieren und analysieren;
  - die Kontextualität und die Relativität der Inhalte benennen;
  - Kontinuitäten und Wandlungen im Laufe der Christentumsgeschichte reflektieren;
  - die Grundlinien des kulturwissenschaftlichen Arbeitens auf ein Thema anwenden sowie die Multiperspektivität und Multidimensionalität des Ansatzes benennen;
  - aufgrund des mehrfachen Hineindenkens in eine als fremd erscheinende Epoche und Kultur die Perspektive wechseln und Empathie entwickeln;
  - ihr Geschichtsbild rekonstruieren und aufgrund eigener Urteilsbildung neu konstruieren;
  - rekonstruieren und beurteilen, wie Menschen vorheriger Epochen ihr Christsein verstanden und gelebt und welche Motive sie zum Handeln bewogen haben;

- Fachinhalte analysieren, systematisieren, strukturieren, vernetzen und transferieren;

- nach ständiger Perspektivübernahme während der Auseinandersetzung mit den Fachinhalten einen metakognitiven Perspektivenwechsel vollziehen und diesen auf heutige Zusammenhänge übertragen;

- die fachwissenschaftlichen Inhalte mit anderen Fächern und Disziplinen in Beziehung setzen;

- eine fremde Zuhörerschaft zur eigenständigen Erarbeitung eines Themas anleiten;

- neue Inhalte so aufbereiten, dass sie einer mit wenig Vorkenntnissen ausgestatteten Zuhörerschaft verständlich präsentiert werden können;

- die Ergebnisse der fachlichen Analyse sachgerecht und anlassbezogen, systematisch und strukturiert im Rahmen eines Vortrags ihrer Persönlichkeit entsprechend authentisch vor Publikum professionell visualisieren und präsentieren;

- verschiedene Visualisierungs- und Präsentationstechniken situations- und adressatengerecht mit ihren jeweiligen Vor- und Nachteilen erläutern, begründet auswählen und einsetzen;

- die eigene Körpersprache, Gestik und Mimik überzeugend und begeisternd einsetzen;

- angemessen auf kritische Rückfragen reagieren;

- kommunikativ herausfordernde Konstellationen erkennen, verschiedene Strategien anwenden und Konsequenzen für das eigene Agieren ableiten;

- anfänglich kompetent mit ‚schwierigen' Seminarteilnehmerinnen und -teilnehmern umgehen;

- den Learning Outcomes entsprechend Methoden auswählen und einsetzen;
- Gruppenarbeiten und Präsentationen sowie Diskussionen kompetenzorientiert und persönlichkeitsbildend anleiten und leiten;
- die Rolle einer und eines Lehrenden authentisch ausfüllen und im Hinblick auf die eigene Person sowie die Gruppe kritisch reflektieren;
- wichtige ‚Dos' und ‚Don'ts' beim Präsentieren und beim Anleiten von Gruppenarbeiten reflektieren;
- ihrer Persönlichkeit entsprechend mit Selbststand überzeugend auftreten;
- im Team arbeiten und gegebenenfalls Konfliktfälle lösen;
- Probleme erkennen und Lösungen finden;
- Prozesse organisieren sowie zeitlich und strukturiert planen;
- Feedback regelgerecht geben und annehmen;
- situations-, rollen- und adressatengerecht reden und schreiben;
- eine wissenschaftliche Hausarbeit unter Beachtung der Formalia und gemäß der guten wissenschaftlichen Praxis sprachlich angemessen abfassen.

Das Hauptseminar

An die arbeitsteilige und rollenverteilte Vorgehensweise, die die Studierenden im Proseminar bereits erlernt haben, knüpft das Hauptseminar direkt an. Die dort erworbenen Kompetenzen fachlicher, kommunikativer, kognitiver, sozialer und personaler Art ermöglichen den Studierenden jetzt, an einem Spezialthema deutlicher in die Tiefe zu gehen. Sie können die Quellen weitaus ausführlicher und intensiver recherchieren und analysieren sowie die Basis der Sekundärliteratur erheblich erweitern. Sie können die neuen Erkenntnisse mit alten verknüpfen und entsprechend ihre Wissensbasis und ihre Kompetenzen erweitern sowie die Ergebnisse der Quellenanalyse methodisch abgestützt intensiver mit den Befunden der Sekundärliteratur kritisch abgleichen. Bei alledem können sie die Sitzung didaktisch versierter konzipieren und leiten. Auf diese Weise vertiefen die Studierenden ihr kirchengeschichtliches Fachwissen, erwerben weitere historische Methodenkompetenz und weiten ihre kognitiven, kommunikativen, sozialen und personalen Fähigkeiten aus.

Demnach ist das Hauptseminar von der Lehr-Lern-Form und von den Lehr-Lern-Methoden her ähnlich konzipiert wie das Proseminar. Die Learning Outcomes jedoch unterscheiden sich entsprechend den im Laufe des Studiums schon angeeigneten Fähigkeiten und Kompetenzen. Sie werden hier also bestenfalls vertieft. Für den Fall, dass dem Hauptseminar bei einzelnen Studierenden kein entsprechendes Proseminar vorausgegangen ist – was je nach Studiengang durchaus möglich ist –, kann die und der Lehrende innerhalb der intensiven Betreuung in der Sprechstunde sehr gut individuell auf die schon vorhandenen und noch fehlenden Kompetenzen reagieren.

Workload

3 ECTS-Punkte

- 1 ECTS-Punkt für Präsenzzeit
- 2 ECTS-Punkte außerhalb der Veranstaltung:
  - Vorbereitung des Vortrages und der Sitzungsgestaltung: 25 h
  - wöchentliche Vorbereitung: 15 h
  - schriftliche Hausarbeit: 10 h

Mit den richtigen Techniken zum ausgewogenen Arbeitsaufwand

Auch hier gilt, was zuvor im Kontext des Proseminars schon gesagt wurde: Auf den ersten Blick mag gerade der Workload zur Erstellung einer Hausarbeit als extrem wenig und nicht ausreichend erscheinen, um eine qualitativ hochwertige wissenschaftliche Hausarbeit zu verfassen. Wird jedoch die Ausarbeitung des Stundenkonzeptes von vornherein mit der später abzufassenden Hausarbeit verbunden, so stellt sich die Sachlage gleich anders dar. Dann nämlich mündet die Vorbereitung wie selbstverständlich und nur mit geringem Aufwand in die Hausarbeit. Das setzt voraus, dass die angestrebte Hausarbeit schon beim Ausarbeiten der Stunden als Idee im Hintergrund mitläuft, dass beim Lesen und Exzerpieren der Quellen und Fachliteratur Wichtiges visualisiert und schriftlich dokumentiert wird sowie mit entsprechenden Nachweisen einschließlich der bibliografischen Angaben versehen wird. All das macht es möglich, dass nach Abschluss des Seminars die wissenschaftliche Hausarbeit in den vorgegebenen zehn Stunden erstellt werden kann. Diese ist überdies so angelegt, dass nicht alle in der Stunde präsentierten Inhalte einschließlich des didaktischen Konzeptes verschriftlicht werden, sondern dass ein Spezialaspekt und eine Spezialfrage erörtert werden, an der die Verfasserin oder der Verfasser ihre und seine wissenschaftliche Schreib- und Recherchekompetenz unter Beweis stellen kann.

Learning Outcomes und persönlichkeitsbildender Impact

Am Ende des Hauptseminars können die Studierenden:

- schneller und leichter Literatur zu einem Thema beschaffen, diese vertieft auswerten und anhand eines Stylesheets formal korrekt bibliografieren;

- im Hinblick auf die Kirchengeschichte
  - methodengeleitet an einem ausgewählten Beispiel anhand von zeitgenössischen Quellen sowie entsprechender Sekundärliteratur vor dem Hintergrund des zeitaktuellen Kontextes und der Einbindung der Akteurinnen und Akteure in die unterschiedlichen sozialen und gesellschaftlichen Gruppen das Denken und Handeln von Menschen vergangener Epochen vertieft rekonstruieren und analysieren;
  - Quellen methodengeleitet vertieft kritisieren und analysieren;
  - die Kontextualität und die Relativität der Inhalte benennen;
  - Kontinuitäten und Wandlungen im Laufe der Christentumsgeschichte reflektieren;
  - die Grundlinien des kulturwissenschaftlichen Arbeitens auf ein Thema anwenden sowie die Multiperspektivität und Multidimensionalität des Ansatzes reflektieren und kritisieren;
  - aufgrund des mehrfachen Hineindenkens in eine als fremd erscheinende Epoche und Kultur die Perspektive wechseln und Empathie entwickeln;
  - ihr Geschichtsbild rekonstruieren und aufgrund eigener Urteilsbildung neu konstruieren;
  - rekonstruieren und beurteilen, wie Menschen vorheriger Epochen ihr Christsein verstanden sowie gelebt und welche Motive sie zum Handeln bewogen haben;

- nach ständiger Perspektivübernahme während der Auseinandersetzung mit den Fachinhalten einen metakognitiven Perspektivenwechsel vollziehen und diesen auf heutige Zusammenhänge übertragen;

- die fachwissenschaftlichen Inhalte mit anderen Fächern und Disziplinen deutlicher in Beziehung setzen;

- Fachinhalte vor dem Hintergrund erworbenen Wissens intensiver analysieren, systematisieren, strukturieren, vernetzen und transferieren;

- neue Inhalte so aufbereiten, dass sie sie einer mit wenig Vorkenntnissen ausgestatteten Zuhörerschaft verständlich präsentieren können;

- die Ergebnisse der fachlichen Analyse sachgerecht und anlassbezogen, systematisch und strukturiert im Rahmen eines Vortrags ihrer Persönlichkeit entsprechend authentisch vor Publikum professionell visualisieren und präsentieren;

- verschiedene Visualisierungs- und Präsentationstechniken situations- und adressatengerecht mit ihren jeweiligen Vor- und Nachteilen erläutern, begründet auswählen und einsetzen;

- die eigene Körpersprache, Gestik und Mimik überzeugender und begeisternder einsetzen;

- angemessener auf kritische Rückfragen reagieren;

- kommunikativ herausfordernde Konstellationen besser erkennen, verschiedene Strategien anwenden und Konsequenzen für das eigene Agieren ableiten;
- professionell mit ‚schwierigen' Seminarteilnehmerinnen und -teilnehmern umgehen;
- den Learning Outcomes entsprechend Methoden zur Weiterarbeit auswählen und einsetzen;
- eine fremde Zuhörerschaft zur eigenständigen Erarbeitung eines Themas anleiten;
- Gruppenarbeiten und Präsentationen sowie Diskussionen kompetenzorientiert und persönlichkeitsbildend anleiten und leiten;
- die Rolle einer und eines Lehrenden authentisch ausfüllen und im Hinblick auf die eigene Person sowie die Gruppe kritisch reflektieren;
- wichtige ‚Dos' und ‚Don'ts' beim Präsentieren und beim Anleiten von Gruppenarbeiten reflektieren;
- ihrer Persönlichkeit entsprechend mit Selbststand überzeugender auftreten;
- erfahrener im Team arbeiten und gegebenenfalls Konfliktfälle lösen;
- Probleme besser erkennen und geeignete Lösungen finden;

- Prozesse organisieren sowie zeitlich und strukturiert planen;
- Feedback regelgerecht geben und annehmen;
- situations-, rollen- und adressatengerecht reden und schreiben;
- eine wissenschaftliche Hausarbeit unter Beachtung der Formalia und gemäß der guten wissenschaftlichen Praxis sprachlich angemessen abfassen.

Die Übung, die Arbeitsgemeinschaft, das Tutorium, das Kolloquium

Diese Art des Arbeitens verbunden mit dem entsprechenden Kompetenzgewinn und der Bildung der Persönlichkeit lässt sich auf andere Veranstaltungsformen übertragen: auf die Übung, auf die Arbeitsgemeinschaft, auf das Tutorium oder auf das Kolloquium. Je nach Learning Outcomes der Veranstaltung können Modifikationen vorgenommen und individuelle Schwerpunkte gesetzt werden. Das kann zum einen bedeuten, dass vonseiten der Studierenden im Vergleich zum Pro- und Hauptseminar nur kurze Statements eingebracht werden oder die Inputs vollends auf der Seite der Lehrveranstaltungsleitung liegen. Immer ist es jedoch notwendig, dass die Studierenden sich mit entsprechendem Material im Vorfeld auf die jeweilige Lehrveranstaltungssitzung vorbereiten, damit sie, wie zuvor beschrieben, neues Wissen mit altem verknüpfen können. Der Workloadverteilung entsprechend ist das Material jedoch deutlich umfangreicher als im Seminar. Stand dort lediglich eine Stunde zur Vorbereitung zur Verfügung, sind es hier vier Stunden. In der Einheit selbst wird dann, vielfach in Gruppenarbeit, auf eine Metafrage repliziert, werden Rückfragen geklärt sowie Schwierigkeiten und weiterführende Fragen diskutiert. Die Ergebnisse der einzelnen Sitzungen werden zueinander in Beziehung gesetzt, um maximale Vernetzung zu erreichen. Die Prüfung ist veranstaltungsimmanent. Sie ist den Learning Outcomes entsprechend angepasst und kann methodisch sehr vielfältig gestaltet sein: vom Statement über eine Reflexion bis hin zur gestellten Gruppendiskussion und vieles mehr.

Workload

2 ECTS-Punkte

- 0,5 ECTS-Punkte für Präsenzzeit
- 1,5 ECTS-Punkte außerhalb der Veranstaltung:
  - Vorbereitungszeit im Eigenstudium: 4 h pro Einheit
  - Vorbereitung der Prüfung: 10 h

oder:

3 ECTS-Punkte

- 1 ECTS-Punkt für Präsenzzeit
- 2 ECTS-Punkte außerhalb der Veranstaltung:
  - Vorbereitungszeit im Eigenstudium: 4 h pro Einheit
  - Vorbereitung der Prüfung: 10 h

Mit den richtigen Techniken zum ausgewogenen Arbeitsaufwand

Auf den ersten Blick mag erneut der Workload zur Vorbereitung auf die Prüfung als extrem wenig und nicht ausreichend erscheinen. Arbeiten Studierende jedoch in beschriebener Weise das ganze Semester sowie in den Präsenzeinheiten mit, sind sie am Ende des Semesters auf die Prüfung bereits gut vorbereitet. Insofern ist der Stundenumfang, der zum nochmaligen Wiederholen zur Verfügung steht, mehr als ausreichend.

Learning Outcomes und persönlichkeitsbildender Impact

Am Ende der Veranstaltung können die Studierenden:

- im Hinblick auf die Kirchengeschichte
  - methodengeleitet anhand von zeitgenössischen Quellen sowie entsprechender Sekundärliteratur vor dem Hintergrund des jeweiligen zeitaktuellen Kontextes und der Einbindung der Akteurinnen und Akteure in unterschiedliche soziale und gesellschaftliche Gruppen über die Epochen hinweg anhand von ausgewählten Themenkreisen das Denken und Handeln von Menschen vergangener Zeiten tiefergehend rekonstruieren, analysieren, das Problembewusstsein schärfen und die Zusammenhänge historisch vernetzt beurteilen;
  - die Hermeneutik des Faches als Kulturgeschichte unter Einbeziehung einer historischen Anthropologie mit sozialgeschichtlichen Implikationen kritisch reflektieren;
  - anhand der Arbeit mit unterschiedlichen Text- und Bildquellen ihren Umgang mit Quellen intensivieren;
  - durch Vergleich der jeweiligen epochenspezifischen Themen Kontinuitäten und Wandlungen im Hinblick auf die verschiedenen Rezeptions- und Adaptionsprozesse christlichen Gedankenguts erläutern;
  - die Kontextualität und die Relativität des christlichen Gedankengutes reflektieren;
  - ihr Problembewusstsein für historische Zusammenhänge vertiefen und bei Einzelaspekten zu einem historischen Urteil gelangen;
  - Kriterien entwickeln, um die landläufigen Epochenbeschreibungen kritisch zu hinterfragen;
  - am historischen Gegenstand Empathie entwickeln und die Perspektive wechseln;

- mit Quellen und Sekundärliteratur reflektiert umgehen und bisherige Forschungsergebnisse kritisch hinterfragen;

- mit Kommilitoninnen und Kommilitonen sowie mit der oder dem Lehrenden über die Fachinhalte und die Hermeneutik diskutieren;

- Fachinhalte analysieren, systematisieren, strukturieren sowie unter Einbeziehung ihres Vorwissens vernetzen und transferieren;

- im Team eine Metafrage ergebnisorientiert und methodengerecht erarbeiten;

- Lernergebnisse präsentieren;

- ihr Problembewusstsein für Fachinhalte vertiefen;

- ihren Standpunkt gegenüber Dritten begründeter vertreten.

Die Vorlesung

Die grundsätzliche Arbeitsweise von Übung, Arbeitsgemeinschaft, Tutorium und Kolloquium wird auch in der Vorlesung weitergeführt. Vor dem Hintergrund der zuvor beschriebenen lerntheoretischen und neurodidaktischen Erkenntnisse sowie der persönlichkeitsbildenden Zielsetzung des Lehr-Lern-Konzeptes ist dies eine logische Folge. Allein aufgrund der Aufmerksamkeitsspanne, die das menschliche Gehirn aufzubieten vermag und die zwischen 15 bis maximal 30 Minuten liegt, ist es wenig sinnvoll, instruktionsdidaktische Vorlesungen von 45 oder gar 90 Minuten Länge zu bieten. Selbst wenn immer wieder kleinere Pausen eingebaut oder eine wie auch immer geartete aktivierende Frage oder Übung geboten wird, so entspricht das immer noch nicht vollumfänglich der Funktionsweise des Gehirns, weil die eigenständige, aktive Aneignung des Inhalts nicht möglich ist und auch nicht in umfassender und ganzheitlicher Weise Kompetenzen gebildet werden. Mehr als aktiv zuhören, präsentierte Informationen mitschreiben, zur Verfügung gestellte Manuskripte oder Folien ergänzen, kann Studierenden kaum gelingen. Um jedoch das Analysieren, Systematisieren, Vernetzen und Transferieren, das kritische Hinterfragen und das anwendungsorientierte Aneignen und vieles mehr zu gewährleisten, wird auch in diesem Veranstaltungsformat den Studierenden mit Arbeits- und Lesefragen versehenes Material überlassen, um sich auf die Veranstaltung vorzubereiten. Die Vorlesungseinheit selbst weist nach dem Vorbild des Seminars, jedoch mit anders verteilten Rollen, einen Input- oder Vortragsteil der oder des Lehrenden, einen Gruppenarbeitsteil und einen Rückfragen- und Diskussionsteil auf.

Eine derartige Umsetzung ist selbst in großen Gruppen von mehreren hunderten Studierenden möglich und auch in großen Hörsälen durchführbar, wo keine Tische und Stühle, sondern nur Klappbänke vorhanden sind. Schließlich ist die Veranstaltungsstruktur in erster Linie abhängig von der Methode sowie der Zielsetzung und der Haltung der Beteiligten einschließlich ihrer Verantwortung, die sie jede und jeder für sich sowie zusammen übernehmen, um den Erfolg des Lehr-Lern-Prozesses zu gewährleisten.

Workload

3 ECTS-Punkte

- 1 ECTS-Punkt für Präsenzzeit
- 2 ECTS-Punkte außerhalb der Veranstaltung:
  - Vorbereitungszeit im Eigenstudium: 4 h pro Einheit
  - Vorbereitung der Prüfung: 10 h

oder:

2 ECTS

- 0,5 ECTS-Punkt für Präsenzzeit
- 1,5 ECTS-Punkte außerhalb der Veranstaltung:
  - Vorbereitungszeit im Eigenstudium: 4 h pro Einheit
  - Vorbereitung der Prüfung: 10 h

Mit den richtigen Techniken zum ausgewogenen Arbeitsaufwand

Erneut mag auf den ersten Blick der Workload zur Vorbereitung auf die Prüfung als extrem wenig und nicht ausreichend erscheinen. Arbeiten Studierende jedoch in beschriebener Weise das ganze Semester sowie in den Präsenzeinheiten mit, sind sie am Ende des Semesters auf die Prüfung schon gut vorbereitet. Insofern ist der Stundenumfang, der zum nochmaligen Wiederholen zur Verfügung steht, mehr als ausreichend.

Learning Outcomes und persönlichkeitsbildender Impact

Am Ende der Vorlesung können die Studierenden:

- im Hinblick auf die Kirchengeschichte
  - methodengeleitet anhand von zeitgenössischen Quellen sowie entsprechender Sekundärliteratur vor dem Hintergrund des jeweiligen zeitaktuellen Kontextes und der Einbindung der Akteurinnen und Akteure in unterschiedliche soziale und gesellschaftliche Gruppen über die Epochen hinweg anhand von ausgewählten Themenkreisen das Denken und Handeln von Menschen vergangener Zeiten rekonstruieren, analysieren, ein Problembewusstsein entwickeln und die Zusammenhänge historisch beurteilen;
  - die Grundlinien der Hermeneutik des Faches als Kulturgeschichte unter Einbeziehung einer historischen Anthropologie mit sozialgeschichtlichen Implikationen identifizieren und anwenden;
  - anhand der Arbeit mit unterschiedlichen Text- und Bildquellen ihren Umgang mit Quellen vertiefen;
  - durch Vergleich der jeweiligen epochenspezifischen Themen Kontinuitäten und Wandlungen hinsichtlich der verschiedenen Rezeptions- und Adaptionsprozesse christlichen Gedankengutes identifizieren;
  - die Kontextualität und die Relativität des Christlichen reflektieren;
  - die spezifischen Ausprägungen über die verschiedenen Jahrhunderte hinweg miteinander vergleichen;
  - ihr Problembewusstsein für historische Zusammenhänge vertiefen und bei Einzelaspekten zu einem historischen Urteil gelangen;

- Kriterien entwickeln, um die landläufigen Epochenbeschreibungen kritisch zu hinterfragen;
- am historischen Gegenstand Empathie entwickeln und die Perspektive wechseln;
- mit Quellen und Sekundärliteratur reflektiert umgehen;

• mit Kommilitoninnen und Kommilitonen sowie mit der oder dem Lehrenden über die Fachinhalte und die Hermeneutik diskutieren;

• im Team eine Metafrage ergebnisorientiert und methodengerecht erarbeiten;

• Lernergebnisse präsentieren;

• ihren Standpunkt gegenüber Dritten begründet vertreten.

Das Forschungsseminar

Ein etwas anderer Kompetenzgewinn, der zu einem veränderten Zugang führt, wird im Forschungsseminar angestrebt. Studierende sollen sich anhand von bisher noch nicht oder nur aus einem anderen Blickwinkel untersuchtem Material einer spezifischen Forschungsfrage und damit einem umgrenzten Forschungsdesiderat widmen, um im kleinen Ausmaß Forschungslücken zu schließen. Aufgrund der Intensität der Arbeit findet eine solche Veranstaltung günstigstenfalls in zwei Blöcken statt, einem eineinhalbtägigen und einem eintägigen. Der erste Block dient der Erforschung des Materials, der zweite der Präsentation und Diskussion der Forschungsergebnisse. Diese Struktur hat gegenüber kontinuierlich über das Semester stattfindenden Seminarsitzungen den Vorteil, dass kompakt und konzentriert gearbeitet werden kann.

Angesichts des Workloads können Studierende das zu untersuchende Material nicht selbst recherchieren. Deshalb ist es bereits im Vorfeld von der Seminarleitung zusammengestellt, allerdings lediglich gesammelt, nicht schon gelesen, analysiert und ausgewertet worden. In der Konsequenz verfügt die Seminarleitung, was die Inhalte angeht, über denselben Wissensstand wie die Studierenden und ist damit mehr oder weniger gleichwertiges Mitglied des Forscherinnen- und Forscherkreises.

Das gemeinsame Arbeiten setzt mit der grundsätzlichen Frage nach der Herangehensweise an bisher unbearbeitetes Material sowie an Forschungsdesiderate und ihre Bearbeitung ein. Der sogenannte Forschungszyklus, der auch eine Forschungsfrage beinhaltet, wird gemeinsam mit den Studierenden entwickelt und – im Fall der Kirchengeschichte – das Quellenkorpus zusammengestellt. Damit haben Studierende eine erste Leseanleitung einschließlich eines Fragenkataloges zur Hand, den sie – wenn notwendig – im Laufe des Forschens revidieren. Im Fortgang der Veranstaltung werten die Studierenden – in der Regel in Gruppen – das Material aus. Die oder der Lehrende befasst sich ebenfalls damit, allerdings nicht als Mitglied einer studentischen Forscherinnen- und Forschergruppe, sondern in Einzelarbeit, um Studierenden Raum für die ersten eigenen und selbstständigen Forschungsschritte zu geben. Am Ende des ersten Blockes werden die bisher erzielten Ergebnisse im Plenum mithilfe von Visualisierungen präsentiert und diskutiert.

Zur Überleitung auf den nächsten Block werden die Studierenden mittels Impulsvortrag auf der Grundlage eines knappen Readers[38], den die Studierenden ausgehändigt bekommen, mit den Richtlinien und den Qualitätsmerkmalen eines wissenschaftlichen Posters vertraut gemacht. Die Zielsetzung eines Posters, der formale Aufbau und die grafische Gestaltung werden ebenso besprochen wie Anwendungssituationen erklärt. An ausgewählten Beispielen werden schließlich vor dem Hintergrund eines zuvor präsentierten Kriterienkataloges gute von weniger guten Postern unterschieden. Der erste Block endet mit dem Auftrag, das Material im Eigenstudium weiter auszuwerten, die Ergebnisse zu bündeln, gegebenenfalls mit vorhandener Sekundärliteratur abzugleichen und in ein wissenschaftliches Poster zu überführen.

Diese Poster werden für den mehrere Wochen später stattfindenden zweiten Block im DIN A0-Format ausgedruckt und präsentiert. Nach dem Vorbild von Posterpräsentationen auf Kongressen, Tagungen, Symposien und Begehungen von Forschungsverbünden muss jede Gruppe allen übrigen Seminarteilnehmerinnen und -teilnehmern Rede und Antwort stehen und ihre Ergebnisse verteidigen. Mögen auch die Kosten für einen Druck nicht unerheblich sein, so überwiegt doch der Mehrwert. Zum einen lässt sich eine Realsituation allein auf diese Weise wirklich simulieren. Zum anderen ist eine fundierte und kritische Besprechung nur am Original möglich. Schließlich entfaltet ein DIN A0-Poster seine Wirkung überhaupt erst im Raum. Zum Dritten fühlen sich Studierende in ihrer Arbeit als Forscherinnen und Forscher extrem wertgeschätzt.

Wenn möglich wird eine solche Posterpräsentation nicht nur im Seminarraum simuliert, sondern auf einer Tagung, einem Kongress oder einer Veranstaltung auch real der (wissenschaftlichen) Öffentlichkeit zugeführt. Studierende stellen sich den kritischen Nachfragen der Teilnehmenden und tragen so zum Wissenstransfer bei. Sowohl bei der Simulation als auch in der Realsituation entwickeln Studierende großen Ehrgeiz, um zu brillieren, und wachsen vielfach mit bisher nicht in Erscheinung getretenen Talenten über sich hinaus.

Zum Abschluss bewerten die Studierenden mithilfe von Feedbackbögen, die auf dem Kriterienkatalog fußen, der zu Beginn des Seminars vorgestellt worden ist, gegenseitig ihre Poster. Wichtig ist, dass die jeweiligen Gruppen nicht nur die fremden Poster, sondern auch das eigene einschätzen. Gerade die Eigenbewertung schult in besonderer Weise die Selbstreflexion und löst in der Regel einen nochmals höheren Erkenntnisgewinn aus, als es durch die Fremdevaluation schon geschehen ist. Vielfach entwickeln die Studierenden so viel Freude und Energie, dass sie die wenigen kritisierten Elemente – zumeist sind die Poster schon auf einem exzellenten Niveau – nach Abschluss der Veranstaltung ins Poster einarbeiten.

Workload

2 ECTS-Punkte

- 0,75 ECTS-Punkte für Präsenzzeit
- 1,25 ECTS-Punkte außerhalb der Veranstaltung:
  - vertiefende Lektüre: 16 h
  - Erstellen des Posters: 15 h

Learning Outcomes und persönlichkeitsbildender Impact

Am Ende des Forschungsseminars können die Studierenden:

- im Hinblick auf die Kirchengeschichte
  - mithilfe des Forschungszyklus Quellen vor dem Hintergrund des zeitgenössischen Kontextes selbstständig erschließen, analysieren, interpretieren, systematisieren, strukturieren, vernetzen und reflektieren;
  - ihr Geschichtsbild reflektieren, aufgrund eigener Urteilsbildung neu konstruieren und dieses begründet und begründend gegenüber Dritten vertreten;
  - die historischen Erkenntnisse mit der aktuellen Situation vergleichen und Folgen für die heutige Theologie ableiten;

- die Ergebnisse ihrer Arbeit systematisch mithilfe eines grafisch ansprechenden wissenschaftlichen Posters formgerecht und der guten wissenschaftlichen Praxis gemäß dialogisch präsentieren und diskursiv verteidigen;

- eigenständig neue Forschungsfelder erschließen und bearbeiten;

- nach ständiger Perspektivenübernahme während der Auseinandersetzung mit den historischen Quellen einen metakognitiven Perspektivenwechsel vollziehen und diesen auf heutige Zusammenhänge übertragen;

- Empathie für sich und andere sowohl für das historische als auch das gegenwärtige Gegenüber entwickeln;

- am fachlichen Gegenstand ethisch begründete Urteile fällen;
- ihre fachwissenschaftliche Sprachfähigkeit verbessern und die rhetorischen Fähigkeiten ausbauen;
- mithilfe eines wissenschaftlichen Posters Fachinhalte für ein wissenschaftliches Publikum didaktisch aufbereiten;
- im Team arbeiten, streiten, argumentieren, diskutieren und dialogisieren sowie gemeinsam Lösungen für Probleme finden;
- die eigene Position innerhalb dieser Konstellation frei wählen und sprachlich angemessen reagieren;
- im Falle eines Konfliktes konstruktive Lösungen finden;
- komplexe Prozesse planen, organisieren und fristgerecht durchführen sowie für Unwägbarkeiten Lösungen finden;
- ihre Frustrationstoleranz, ihre Ausdauer und ihre Geduld steigern;
- ihre Rolle als Forscherinnen und Forscher reflektieren.

Das fach- oder hochschuldidaktische Seminar

Das fachdidaktische Seminar unterscheidet sich hinsichtlich der grundsätzlichen Arbeitsweise erneut nicht wesentlich vom zuvor beschriebenen Pro- und Hauptseminar. Auch hier werden Sitzungen von einzelnen Studierenden oder Studierendengruppen als Expertinnen und Experten gestaltet. Wieder bereiten sich Studierende mit entsprechend zur Verfügung gestelltem Material auf die jeweils nächste Seminarsitzung vor.

Im letzten Drittel des Seminars wechselt die Arbeitsweise in Richtung der von Übung, Arbeitsgemeinschaft, Tutorium und Kolloquium. Jetzt wird das Thema Bildung – Persönlichkeits-, Gesellschafts- und Fremdbildung – genauso wie die Frage der Kompetenzorientierung, moderiert von der Seminarleitung, zur Sprache gebracht. Zwar haben Studierende das Bildungsideal bereits in ihrem ersten Fachsemester im Kurs ‚ready.study.go! Erfolgreich studieren' erarbeitet. Ein einfaches Memorieren der damaligen Ergebnisse reicht jedoch nicht aus. Angesichts des Seminarziels, fachwissenschaftliche Inhalte methodisch-didaktisch für eine fremde Gruppe aufzubereiten und Unterrichtseinheiten zu entwerfen, schlüpfen die Studierenden im gesamten Seminar noch deutlicher als im Pro- und Hauptseminar in die Rolle von Lehrenden. Als künftige Lehrerinnen und Lehrer oder Erwachsenenbildnerinnen und -bildner müssen sie reflektieren, in welche Berufs- und Arbeitswelt, in welche Ausbildungs- und Studienwelt, in welche privaten und gesellschaftlichen Zusammenhänge Schülerinnen und Schüler eintreten werden oder in welchen Erwachsene sich bereits befinden sowie über welches Persönlichkeitsprofil sie deshalb verfügen müssen.

Vor diesem Hintergrund wird im nächsten Schritt die Verankerung im schulischen Lehrplan eruiert. Dabei ist es wichtig, nicht allein nach den Fachinhalten, sondern nach den im Lehrplan ausgewiesenen

Learning Outcomes zu schauen. Was damit gemeint ist, sei am Beispiel der Kirchengeschichte verdeutlicht: Studierende müssen zumeist feststellen, dass kirchengeschichtliche Themen kaum aufzufinden sind, wenn sie nicht ganz fehlen. Als Unterrichtsgegenstand sind sie nur noch in den allerwenigsten schulischen Lehrplänen im deutschsprachigen Raum explizit aufgeführt. Das läuft dem vielfältigen, zuvor beschriebenen, der spezifischen Hermeneutik der Kirchengeschichte mit ihrem kulturgeschichtlichen und anthropologischen Zugang geschuldeten Kompetenzgewinn jedoch zuwider, den Schülerinnen und Schüler erreichen können, wenn sie historisch arbeiten. Schließlich können sie nicht nur lernen, wie sich der christliche Glaube in seiner ganzen Vielgestaltigkeit über die Jahrhunderte hinweg entwickelt hat, wie also heutige Formen historisch gewachsen sind. Vielmehr können sie sich genauso wie Studierende am Fachgegenstand jene Kompetenzen aneignen, die sie zur Alltags- und Gesellschaftsgestaltung benötigen und die als Bildungsziele in Lehrplänen sehr wohl verankert sind: Empathie für fremde Kulturen entwickeln, die Perspektive wechseln, sich Kommunikationsstrategien aneignen oder Urteile begründet fällen, um nur wenige Beispiele zu nennen. Solche Kompetenzen zu bilden, fällt Schülerinnen und Schülern am historischen Gegenstand oftmals leichter, als es ihnen in eigens dafür kreierten Dilemma-Situationen gelingt. Letztere sind vielfach zu nah an ihrer Lebenswirklichkeit, um sich weitestgehend vorurteilsfrei und objektiv darin zu verhalten. Demgegenüber weist die historische Konstellation schon von der Sache her einen Verfremdungseffekt auf – historische Zusammenhänge sind immer andersartig und verschieden von eigenen –, sodass ein Hineinschlüpfen in Personen und Situationen leichter fällt. Folglich birgt es große Chancen in sich, im Lehrplan verankerte Aspekte auch einmal historisch anzugehen, selbst wenn sie nicht auf den ersten Blick explizit als historisch markierte Fachinhalte aufscheinen. Anders formuliert: Ethische, soteriologische, ekklesiologische Themen, Aspekte von Schuld und Sünde, von Verantwortung, Frieden und Gerechtigkeit, um erneut nur wenige Beispiele zu nennen, können über einen historischen Einstieg angegangen oder gänzlich über die historische Entwicklung erschlossen werden und ermöglichen Schülerinnen und Schülern eben jenen breiten, persönlichkeitsbildenden Kompetenzerwerb, den Schulunterricht anzielt. Ganz Ähnliches lässt sich für den Bereich der Erwachsenenbildung festhalten. Auch hier können Kompetenzen über kirchenhistorische Inhalte angeeignet werden.

Diese Ideen aufgreifend, wird am Ende des Seminars eine konkrete Unterrichtseinheit entworfen. Mithilfe des sogenannten Planungszyklus arbeitet jede und jeder Studierende schrittweise unter Anleitung der Lehrveranstaltungsleitung ihre und seine individuelle Unterrichtseinheit aus. Ausgangspunkt sind die kompetenzorientierten Ziele, die es zu definieren gilt. Von hier aus wird vor dem Hintergrund der in den ersten beiden Seminardritteln erschlossenen fachwissenschaftlichen Inhalte und der dort angestellten methodisch-didaktischen Umsetzungen der konkrete Fachinhalt festgesetzt, mit dem die Ziele erreicht werden können. Im Anschluss werden passgenaue Prüfungsformate kreiert, der mögliche Stundenumfang ausgelotet, die aktive Beteiligung der Schülerinnen und Schüler bestimmt, konkrete Methoden zur Umsetzung erwogen und all das nochmals mit den angezielten Learning Outcomes abgeglichen. Wenn es der Workload der Veranstaltung zulässt oder die Veranstaltung mit einem Praktikum kombiniert ist, führen Studierende die konzipierte Unterrichtseinheit, hospitiert von der Kursleitung, in einem der Folgesemester durch. Ist das nicht möglich, stellt allein die Ausarbeitung der Unterrichtseinheit die Prüfungsleistung zum Seminar dar.

All das gilt in ähnlicher Weise auch für Doktorandinnen und Doktoranden sowie Postdocs. Bei ihnen sind explizit hochschuldidaktische Veranstaltungen per se im Qualifizierungskonzept verankert. Insoweit müssen sie, unabhängig vom Grad der Bindung an eine Hochschule und demnach unabhängig davon, ob sie an einer Hochschule angestellt sind, ihre didaktischen Kompetenzen ausweiten. Schließlich handelt es sich um einen Kompetenzgewinn, der selbstverständlich zum künftigen Anstellungsprofil dazugehört und darüber hinaus vielfältig eingesetzt werden kann.

Insofern arbeiten auch sie ein Thema zunächst fachlich aus. Sie setzen sich mit dem Bildungsideal und ihrer Rolle als Bildungs- und Forschungsbegleiterinnen und -begleiter auseinander und beziehen dabei die kulturellen Herausforderungen des 21. Jahrhunderts genauso mit ein wie die lerntheoretischen und neurodidaktischen Erkenntnisse. Sie reflektieren universitäre Lehr-Lern-Prozesse in der Tiefe und nehmen ihre Rolle im Geschehen kritisch wahr. Vom Ziel der Persönlichkeitsbildung an der Hochschule her entwerfen sie mithilfe des Planungszyklus angeleitet durch die Kursleitung ihre eigene Lehrveranstaltung einschließlich des ihrer Persönlichkeit entsprechenden Lehrendenbildes. Die so konzipierte Veranstaltung führen sie unter fachkundiger Begleitung und hospitiert durch die Kursleitung oder die Betreuerin oder den Betreuer in einem der Folgesemester durch. Abgeschlossen wird der Kurs mit einem Lehrportfolio, das im Laufe der Jahre immer wieder aufgefüllt und später Teil der Bewerbungsmappe sein wird.

Workload Fachdidaktik

2 ECTS-Punkte

- 0,5 ECTS-Punkte für Präsenzzeit
- 1,5 ECTS-Punkte außerhalb der Veranstaltung:
  - Vorbereitung der Sitzungsgestaltung: 30 h
  - Vorbereitung: 1 h pro Einheit

oder:

3 ECTS-Punkte

- 0,5 ECTS-Punkte für Präsenzzeit
- 2,5 ECTS-Punkte außerhalb der Veranstaltung:
  - Vorbereitung der Sitzungsgestaltung: 30 h
  - Vorbereitung pro Einheit: 1 h
  - Verschriftlichung und Reflexion der Unterrichtseinheit: 25 h

Learning Outcomes und persönlichkeitsbildender Impact

Am Ende des Fachdidaktikseminars können die Studierenden:

- die Verankerung der Fachwissenschaft im schulischen Lehrplan benennen;

- analysieren, welche Kompetenzen Schülerinnen und Schüler sowie Erwachsene sich aneignen, wenn sie sich mit einem fachwissenschaftlichen Thema beschäftigen;

- vor dem Hintergrund des Konzeptes von Persönlichkeits-, Gesellschafts- und Fremdbildung den Bildungs- und Begleitungsauftrag einer Lehrerin und eines Lehrers oder einer Erwachsenenbildnerin und eines Erwachsenenbildners reflektieren;

- sich ein ausgewähltes fachwissenschaftliches Thema methodengeleitet und je nach Fachwissenschaft sowohl mithilfe von Quellen als auch gestützt auf die entsprechende Sekundärliteratur erschließen;

- verschiedene didaktische Methoden und Lernformate einschließlich ihrer Vor- und Nachteile benennen und die zum Inhalt passenden begründet aussuchen;
- den selbstständig erschlossenen fachwissenschaftlichen Inhalt kompetenzorientiert und persönlichkeitsbildend aufbereiten und einen kompetenzorientierten Persönlichkeitsbildungsprozess für Schülerinnen und Schüler oder Erwachsene planen;
- persönlichkeitsbildende Lernsituationen erkennen und reflektieren;
- ihre Rolle als authentische und gefestigte Lehrende reflektieren;
- gegebenenfalls den geplanten Lehr-Lern-Prozess hospitiert anleiten, begleiten und reflektieren.

Workload Hochschuldidaktik

4 ECTS-Punkte

- 1 ECTS-Punkt für Präsenzzeit
- 1 ECTS-Punkt außerhalb der Veranstaltung:
  - Vorbereitung der Einheiten: 5 h
  - Ausarbeitung des Lehrveranstaltungskonzeptes: 20 h
- 2 ECTS-Punkte für die hospitierte Durchführung der geplanten Lehrveranstaltung

Learning Outcomes und persönlichkeitsbildender Impact

Am Ende des Hochschuldidaktikseminars können die Doktorandinnen und Doktoranden sowie Postdocs:

- unter Einbeziehung der besonderen Merkmale eines ganzheitlichen, die lerntheoretischen und neurodidaktischen Erkenntnisse miteinbeziehenden kompetenzorientierten Konzeptes der Persönlichkeitsbildung einen Lehr-Lern-Prozess für das eigene Fach planen, initiieren, durchführen und reflektieren;

- kritisch reflektieren, welche Kompetenzen Studierende sich aneignen, wenn sie sich mit einem spezifischen Fachinhalt beschäftigen;

- persönlichkeitsbildende Lernsituationen erkennen, individuell anleiten, begleiten und reflektieren;

- die verschiedenen hochschuldidaktischen Methoden und Lernformate einschließlich ihrer Vor- und Nachteile benennen, den Learning Outcomes entsprechend begründet aussuchen und innerhalb ihrer Lehrveranstaltung einsetzen;

- für den Lehr-Lern-Prozess geeignete Prüfungsformate entwickeln;

- lernfördernde Lernsituationen erkennen und ermöglichen sowie lernverhindernde unterbinden;

- Lernenden Feedback geben;

- die eigene Rolle als authentische und gefestigte Lehrende entwerfen, einüben und reflektieren.

Die Exkursion

Eine Exkursion – ein- oder mehrtägiger Dauer – ist eine gute Möglichkeit, Kompetenzen vor Ort zu erwerben und/oder mit entsprechenden Expertinnen und Experten ins Gespräch zu kommen. Die zuvor beschriebenen Prinzipien finden auch hier Anwendung. Studierende zeichnen für bestimmte Themen und Felder der Exkursion verantwortlich und bereiten die Inhalte arbeitsteilig vor. Im Vorfeld oder vor Ort ermöglichen sie damit den übrigen Teilnehmerinnen und Teilnehmern methodisch-didaktisch gestützt die Aneignung der Thematik und stehen als Expertinnen und Experten für Fragen und Antworten sowie für Diskussionen zur Verfügung. Wie das im Einzelnen geschieht, wie viele Treffen in Präsenz im Vorfeld der Exkursion stattfinden und wie sie methodisch ausgestaltet sind, ist vielfältig und hängt von den angezielten Learning Outcomes, vom Umfang sowie vom Reiseziel der Exkursion ab. Längere Auslandsexkursionen können gegebenenfalls mit einer Vorbesprechung auskommen, bei der organisatorische Details sowie die Arbeitsweise thematisiert und Aufgaben verteilt werden, woraufhin die Studierenden nach Vorbild von Pro- und Hauptseminar ihre Anteile vorbereiten. Kurzen Exkursionen hingegen könnte eine längere Vorbereitungsphase in Form von Pro- und Hauptseminar, Übung, Arbeitsgemeinschaft oder Kolloquium vorgeschaltet sein.

Workload

Je nach Art der Exkursion variiert der Workload.

Learning Outcomes und persönlichkeitsbildender Impact

Am Ende der Exkursion können die Studierenden:

- im Hinblick auf eine geisteswissenschaftliche Fachdisziplin ausgewählte Quellen sowie Sekundärliteratur selbstständig erschließen und die Ergebnisse im Rahmen einer Exkursion mit freier Methodenwahl wissenschaftlich präsentieren und diskursiv erörtern;
- fachlich fundiert mit Expertinnen und Experten dialogisieren und diskutieren;
- eigenes Wissen mit dem der Expertinnen und Experten verbinden;
- fachwissenschaftliche Inhalte mit Praxisfeldern korrelieren und verschränken;
- fachwissenschaftliche Ergebnisse in die Praxis transferieren und dort anwenden;
- komplexe Prozesse planen, organisieren und fristgerecht durchführen sowie für Unwägbarkeiten Lösungen finden;
- Absprachen treffen;
- sich in fremden Kontexten orientieren;
- auf Unwägbarkeiten angemessen reagieren;

- ihre Frustrationstoleranz, ihre Ausdauer und ihre Geduld steigern;
- je nach Situation und Herausforderung neu planen;
- verlässlich und pünktlich sein;
- Verantwortung für die Gruppe übernehmen.

Das Projektseminar

Hier planen Studierende, vor allem aber Doktorandinnen und Doktoranden sowie Postdocs in enger Zusammenarbeit entweder mit der Betreuerin oder dem Betreuer oder mit ihrer Mentorin oder ihrem Mentor ein kleineres Projekt. Dabei kann es sich um einen Workshop, eine Tagung, eine Ausstellung, eine öffentliche Veranstaltung oder eine Vorlesungsreihe für eine definierte Zielgruppe handeln. Gegebenenfalls arbeiten sie mit externen Beraterinnen und Beratern zusammen und publizieren es sogar. All das kann einem Forschungsprojekt, welches am jeweiligen Institut angesiedelt ist, einem regionalen Verbund von (Nachwuchs-)Wissenschaftlerinnen und Wissenschaftlern oder einem außerhalb der Universität verorteten Praxisprojekt in Kooperation mit Unternehmen, Kultureinrichtungen, Ämtern etc. erwachsen. Am ausgewählten Beispiel wird praktische Konzeptarbeit geleistet und damit die Kompetenz des Wissensmanagements und der Projektorganisation gefördert. Die Planenden applizieren bereits erworbene methodische Kompetenzen, übersetzen eigene Forschungsergebnisse in die Praxis und bauen ihre Netzwerke und Kontakte vor allem zu externen Institutionen (Forschungseinrichtungen, andere Universitäten, Unternehmen, Einrichtungen der öffentlichen Hand oder des kulturellen Bereichs wie Museen, Archive, Bibliotheken etc.) und damit zu späteren potenziellen Arbeitsfeldern weiter aus.

Workload

Je nach Art des Projektseminars variiert der Workload.

Learning Outcomes und persönlichkeitsbildender Impact

Am Ende des Projektseminars können die Studierenden, Doktorandinnen und Doktoranden sowie Postdocs:

- Felder und Bereiche zur Platzierung von wissenschaftlichen Ergebnissen in der Praxis identifizieren;
- eigene Forschungsergebnisse in die wissenschaftliche Community einspeisen und in gesellschaftliche Praxisfelder übersetzen;
- komplexe Prozesse planen, organisieren und fristgerecht durchführen sowie für Unwägbarkeiten Lösungen finden;
- Sachverhalte überzeugend darstellen;
- adressatinnen- und adressatengerecht im Team Veranstaltungen planen und durchführen;
- sich in der wissenschaftlichen Community oder mit Praxisfeldern vernetzen;
- in Stresssituationen ruhig und gelassen agieren;
- ihre Frustrationstoleranz, ihre Ausdauer und ihre Geduld steigern;
- Begeisterung bei Kooperationspartnerinnen und -partnern und beim Publikum wecken;

- verschiedene Kommunikationsstrategien benennen und ihre Relevanz in der Praxis erläutern;
- inter-, trans- und multidisziplinär arbeiten;
- ihre Rolle als Wissenschaftlerinnen und Wissenschaftler reflektieren.

Das Oberseminar, das Privatissimum, das Kolloquium zum Abfassen von Abschlussarbeiten

In einzelnen Fällen endet das fachwissenschaftliche Studium mit dem Abfassen der Abschlussarbeit in diesem speziellen Fach. Auch wenn Studierende in verschiedenen Lehrveranstaltungsformaten durch das Schreiben von wissenschaftlichen Hausarbeiten auf diesen Schritt vorbereitet sind, ist dennoch – vor allem aufgrund eines knappen Workloads, der für Abschlussarbeiten vielfach zur Verfügung steht – eine engmaschige Begleitung durch die Betreuerin und den Betreuer extrem wichtig. Dafür bietet die Veranstaltungsform, die je nach Hochschule als Oberseminar, Privatissimum, Kolloquium zum Abfassen von Abschlussarbeiten etc. bezeichnet wird, die besten Möglichkeiten. Hier ist der Raum dafür, die grundsätzliche Ausrichtung und die Art der Anlage der Arbeit zu thematisieren. So wird in einem ersten Schritt erörtert, dass einer Abschlussarbeit – dem Umfang und damit dem Workload entsprechend – immer der Forschungszyklus zugrunde liegt, mithilfe dessen ein Forschungsdesiderat erschlossen und folglich eine Forschungsfrage beantwortet wird. Mit anderen Worten: Unabhängig davon, ob es sich um eine Bachelorarbeit, eine Masterarbeit, eine Magisterarbeit, eine Diplomarbeit oder eine Lizenziatsarbeit handelt – diese differieren naturgemäß in Länge und Ausführlichkeit –, werten Studierende entweder Material aus, das noch nicht oder nicht in dieser Weise Gegenstand der fachwissenschaftlichen Forschung gewesen ist, oder sie widmen sich auf der Metaebene hermeneutischen Fragestellungen, unterziehen dieselben einer kritischen Relecture und machen neue Vorschläge. Auch können sie fachwissenschaftliche Aspekte in die Praxis transferieren, indem sie beispielsweise bildungstheoretisch reflektiert oder methodisch-didaktisch aufgearbeitet konkrete Konzepte für Schule, Hochschule oder für den Bereich der Erwachsenenbildung und für andere Anwendungsfelder schriftlich entwickeln. Die Herangehensweisen sind vielfältig und kreativ erweiterbar.

Im zweiten Schritt wird die konkrete Ausarbeitung thematisiert. Dabei muss höchstes Augenmerk darauf gelegt werden, Studierende immer wieder zu erinnern und zu ermutigen, den Fokus beim Schreiben auf die Beantwortung ihrer Forschungsfrage mithilfe des zugrunde liegenden Materials zu legen und keine Zeit und Energie in die Verschriftlichung von Inhalten zu investieren, die am Ende nicht in die Abschlussarbeit einfließen, weil sie schon hinreichend erforscht und mehrfach publiziert sind. An dieser Stelle schließt sich der Kreis zum Forschungsseminar genauso wie zum Abfassen von wissenschaftlichen Hausarbeiten als Prüfungsleistung in Pro- und Hauptseminaren. Die dort erworbenen Kompetenzen erleichtern Studierenden das Anfertigen der Abschlussarbeit. Bei alledem wird der Schreibprozess im Seminar insoweit flankierend begleitet, als die Verfasserinnen und Verfasser fertig abgefasste Kapitel einreichen, auf die sie hinsichtlich des Argumentationsgangs, des roten Fadens, der Schlüssigkeit, der Überzeugungskraft, des adressatinnen- und adressatengerechten Schreibens, der Leserinnen- und Leserführung, des Stils, der Sprache, der Einhaltung von Formalia etc. Feedback von der Betreuerin oder dem Betreuer und den übrigen Teilnehmenden erhalten.

Da Zeit- und Arbeitspläne über das Studium hinweg zu selbstverständlichen Begleitern einer und eines jeden Studierenden geworden sind – selbige sind Gegenstand einer jeden Semesterplanung –, wird im Rahmen der Erstellung der Abschlussarbeit nur auf Besonderheiten, die denen des Schreibens von Hausarbeiten ähnlich sind, hingewiesen, sodass auch von dieser Seite ein erfolgreicher und fristgerechter Abschluss der Arbeit gewährleistet ist.

All das gilt auch für Promotionen und bedingt auch für Postdoc-Studien. Die Abfassenden nehmen je nach Vereinbarung über die gesamte Qualifizierungszeit am Seminar teil und stellen alle zwei bis drei Monate ein fertiges Kapitel ihrer Qualifikationsschrift vor, das in zuvor beschriebener Weise diskutiert wird.

Workload

Der Workload zum Seminar wird in den Workload der Abschluss- oder Qualifikationsarbeit eingerechnet und unterscheidet sich demnach je nach Studiengang oder Qualifikationsstufe.

Learning Outcomes und persönlichkeitsbildender Impact

Am Ende der Veranstaltung können die Studierenden, Doktorandinnen und Doktoranden sowie Postdocs:

- eine Qualifikationsarbeit formgerecht und der guten wissenschaftlichen Praxis entsprechend abfassen;
- eine Materialgrundlage schaffen und das Material mithilfe des Forschungszyklus erschließen und auswerten;
- längere wissenschaftliche Texte mit einem in sich geschlossenen, stringenten, argumentativ schlüssigen, überzeugenden, adressatinnen- und adressatengerechten Argumentationsgang rhetorisch angemessen entwickeln;
- eine Forschungsfrage beantworten und ein Forschungsdesiderat schließen;
- die eigenen wissenschaftlichen Forschungsergebnisse überzeugend darstellen und verteidigen;
- ihre Frustrationstoleranz, ihre Ausdauer und ihre Geduld steigern;

- fremde Texte kritisch auf den Argumentationsgang, den roten Faden, die innere Schlüssigkeit und den überzeugenden Charakter hin prüfen und die eigene Wahrnehmung der Autorin oder dem Autor angemessen kommunizieren;
- Feedback geben und annehmen;
- das eigene Fachwissen, die eigene Perspektive und Wahrnehmung mittels Auseinandersetzung mit den Forschungsvorhaben der übrigen Teilnehmerinnen und Teilnehmer weiten;
- eine kritische Haltung einnehmen;
- Kommilitoninnen und Kommilitonen auf ihrem Bildungsweg begleiten und unterstützen.

Persönlichkeitsbildung und E-Learning, Distance Learning oder Online-Learning?

E-Learning-, Distance Learning- und Online-Learning-Formate haben in der Hochschullehre seit geraumer Zeit ihren Platz und werden schon seit mehreren Jahren – als Blended Learning bezeichnet – mit Präsenzlehre kombiniert. Lehr-Lern-Materialien sind über E-Learning-Plattformen erreichbar. Einzelne Lehrende stellen den Studierenden dort Vorträge, Vortragssequenzen oder Inputs zu den Lehrveranstaltungen, entweder per Video aufgezeichnet oder als mit Audiospur versehene Präsentationen zur Verfügung. Tests und Selbstchecks und vieles mehr sind möglich. E-Learning-Formate jedoch, die das System regelmäßiger Lehrveranstaltungen zu wöchentlich fixen Zeiten auflösen, um mit kleineren asynchronen Sequenzen über einen längeren Zeitraum verteilt zu arbeiten und immer nur dann, wenn es didaktisch sinnvoll ist, eine synchrone Einheit einzubauen, sind bislang in der Hochschule nur selten zu finden. Daran hat auch die Pandemie, innerhalb derer digitale Lehr-Lern-Formate ein bisher noch nicht gekanntes Ausmaß angenommen haben, nichts verändert. Dennoch sind neue Möglichkeiten entdeckt worden, aber auch Schwachstellen und Grenzen eines solchen Bildens zutage getreten. Alles in allem hat Hochschullehre einen immensen Digitalisierungs- und E-Learning-Schub erfahren.

Vor dem Hintergrund dieser knappen Bestandsaufnahme sei deshalb abschließend die Frage gestellt, inwiefern Persönlichkeitsbildung an der Hochschule und Distance Learning-, E-Learning- oder Online-Learning-Formate miteinander im Einklang stehen, ob Persönlichkeitsbildung digital sinnvoll und möglich oder ob sie gänzlich zu verwerfen ist. Anders formuliert: Können digitale Formate hinsichtlich Persönlichkeitsbildung an der Hochschule adaptiert werden, könnte Persönlichkeitsbildung sogar ganz ins Digitale verlegt werden, oder kann sie, weil Bildung immer auch ein dialogisches Geschehen nicht nur zwischen dem Menschen und den Inhalten, sondern auch zwischen denen am Bildungsprozess beteiligten Personen ist, einzig in Präsenz und in direkter Auseinandersetzung mit dem Gegenüber im direkten Kontakt zwischen den Lehrenden und Lernenden stattfinden?

Diese Frage kann nicht eindeutig mit Ja oder Nein beantwortet werden, sondern muss dem Kontext – in diesem Fall den Learning Outcomes und dem Bildungsziel Persönlichkeit – entsprechend abgewogen werden. Grundsätzlich trifft im Falle von digitaler Bildung zu, was zuvor hinsichtlich des Einsatzes von aktivierenden Methoden im Lehr-Lern-Prozess gesagt worden ist: E-Learning-Formate müssen genauso wie andere Methoden – letztlich ist E-Learning auch eine Methode – dezidiert auf die angezielten Learning Outcomes und den persönlichkeitsbildenden Impact abgestimmt werden. Nur dann können sie sinnvoll und gewinnbringend sein. Sollen Studierende zum Beispiel lernen, ein Webinar durchzuführen, eine Präsentation mit Audiospur zu unterlegen, mit E-Learning-Plattformen umzugehen oder einen Podcast zu produzieren, so muss ihnen der Raum für diesen Kompetenzerwerb einschließlich der entsprechenden Gütekriterien zur Verfügung gestellt werden. Im ersten Fall wäre ein Seminar als Webinar durchzuführen. Studierende werden dann die entsprechenden Online-Einheiten unter Anleitung der oder des Lehrenden vorbereiten und schließlich auch durchführen. Im zweiten Fall müsste der Übungsraum nicht zwingend ein digitaler Raum sein. Auch im Präsenzunterricht könnten mit Audiospur versehene Präsentationen von Studierenden erstellt und als Vorbereitung auf eine Sitzung auf der E-Learning-Plattform hochgeladen werden, wenn ein direktes Kommunizieren, Nachfragen und Rückfragen während des Vortrags nicht notwendig oder sinnvoll ist. Dasselbe gilt für das Benutzen von Plattformen. Entsprechende Kompetenzen können im Distance und Online-Learning genauso gebildet werden wie im Präsenzlehren und -lernen, indem die Plattform auf unterschiedliche Weise in den Lehr-Lern-Prozess miteinbezogen wird. Podcasts können anstelle von schriftlichen Ausarbeitungen als Prüfungsleistung erbracht werden. Derartige Beispiele ließen sich vielfach und kreativ erweitern.

Bei alledem ist allerdings immer sehr genau auf den Workload der jeweiligen Veranstaltung zu achten. Der Einsatz von Methoden darf denselben nicht übersteigen. Um das zu verhindern, kann die Struktur des Bildungsprozesses zum Beispiel dahingehend verändert werden, dass der Eigenstudiumanteil zulasten des Präsenzunterrichts oder der synchronen Online-Sitzung ausgeweitet wird. Das wiederum setzt voraus, dass der angezielte Kompetenzgewinn nicht im sozialen Bereich liegt oder auf dem Austausch der am Bildungsprozess beteiligten Personen beruht. Mit anderen Worten: Viele Elemente des zuvor beschriebenen Curriculums lassen sich ohne Bildungs- und Kompetenzerwerbsverluste in den digitalen Raum übertragen oder mit präsentischen Elementen kombinieren. In einzelnen Fällen erhöht sich der Lernerfolg sogar. Wird Studierenden beispielsweise eine schriftliche, digital gestützte Selbstreflexion abverlangt, anstatt sie in Zweiergruppen oder im Plenum in Präsenz durchzuführen, so ergibt sich in der Regel eine vertiefte Selbsterkenntnis und obendrein wird der Umgang mit digitalen Medien geübt.

Würde man Persönlichkeitsbildung an der Hochschule allerdings einzig in den digitalen Raum verlegen, so fielen bestimmte Bildungsmöglichkeiten gänzlich weg. Grenzen erfährt E-Learning im Hinblick auf Persönlichkeitsbildung nämlich vor allem an den Stellen, wo soziale und personale, aber auch bestimmte kommunikative Kompetenzen gebildet werden sollen und wollen, für die der persönliche Austausch unbedingt notwendig ist. Teamarbeit ist mittels einer Videokonferenz nur im eingeschränkten Maße möglich. Konflikte werden, wenn sie entstehen, nur selten bis gar nicht ausgetragen. Gestik und Mimik beim Vortrag kommen kaum zum Tragen. Das Bewegen im Raum und das Agieren innerhalb einer Gruppe kann nicht geübt werden. Auch ein Weiterdenken oder Weiterdiskutieren über soeben Erarbeitetes beim Verlassen des Hörsaals oder des Seminar- und Übungsraumes mit Lehrenden oder Studierenden, was nicht nur manche Unklarheiten beseitigen kann, sondern auch wiederholend und vertiefend ist, ist nicht gegeben.

Hintergrund

Bildungsverständnis,
Menschenbild,
Rollen und Haltungen

Universität als Lebens- und Gesellschaftsschule

Persönlichkeitsbildung – ob in Präsenzform oder in Kombination mit digitalen Formaten – lässt sich an der Hochschule im bestehenden Fachstudiensystem exzellent umsetzen. Studierende können sich all jene eingangs genannten Kompetenzen aneignen, die sie benötigen, um als authentisch gefestigte Persönlichkeiten die Universität zu verlassen und in einer sich permanent verändernden Welt mit allen gesellschaftlich-kulturellen und persönlichen Herausforderungen des 21. Jahrhunderts verantwortet zu agieren. Im Studium bilden sie die zuvor beschriebenen, auf den ersten Blick zahllos und schier unüberschaubar wirkenden Kompetenzen so aus, dass sie zu einer Ganzheit zusammenwachsen. Dieser geben sie ihr ganz eigenes Gepräge, das sie authentisch macht. Auch haben sie nicht nur sich selbst und ihr Berufsziel beständig vor Augen, sondern auch die Verantwortung, die sie für sich und andere tragen, ist immer präsent. Das hat Gründe: *Erstens* werden unterschiedliche Methoden innerhalb bestehender Veranstaltungsformen so miteinander kombiniert und kreativ organisiert, dass Lernräume entstehen, innerhalb derer die gestellten Aufgaben nur gelöst werden können, wenn viele der genannten Kompetenzen gleichzeitig abgerufen werden. Dabei eröffnen sich für jede und jeden Einzelnen vielfältige Möglichkeiten, eigene Talente und Stärken zu entdecken und zu entfalten. *Zweitens* nehmen Studierende innerhalb des Bildungsgeschehens immer wieder andere Rollen ein, zu deren Ausfüllung sie nochmals andere Kompetenzen benötigen. Sie sind eben nicht nur Teilnehmende, sondern zeitweilig auch leitend und beratend tätig. *Drittens* wird ihnen beständig Raum zum aktiven Agieren, zum Ausprobieren und Üben geboten. Das erst macht es möglich, Kompetenzen einschließlich des Fachwissens nachhaltig anzueignen. *Viertens* müssen Studierende die durchaus herausfordernden und zum Teil an die pädagogisch sinnvolle Grenze zur Überforderung heranreichenden Aufgabenstellungen nicht allein bewältigen. Vielmehr bekommen sie bei aller Freiheit konsequent

Unterstützung von Lehrenden und Mitstudierenden. Bei alledem erhalten sie *fünftens* beständig Rückmeldung, sodass sie immer orientiert sind, wie sie sich entwickelt haben und wo sie sich noch weiter entfalten könn(t)en. *Sechstens* treten sie nicht nur immer wieder mit neuen Fachinhalten, sondern auch mit unterschiedlichen Persönlichkeiten in wechselnden Szenarien in Beziehung, was erneut andere Kompetenzen erfordert, um sich darin sicher zu bewegen. Das alles jedoch gelingt *siebtens* und abschließend allein deshalb so gut, weil Hochschullehre konsequent von den Zielen, also von den Learning Outcomes und vom persönlichkeitsbildenden Impact her organisiert ist, und zwar nicht nur im Hinblick auf die einzelne Lehrveranstaltung, sondern auch, was das Studium als Ganzes angeht.

Alles in allem bedeutet das: Nicht nur das Element 1 des fachübergreifenden Studiums und das Element 2 des Fachstudiums greifen wie Zahnräder ineinander. Auch die einzelnen Teilelemente stellen nochmals kleine Zahnräder innerhalb der großen Räder dar. Sie alle ermöglichen es den Studierenden, als gut gebildete Persönlichkeiten die Universität zu verlassen. Bei alledem kann Hochschule als Lebens- und Gesellschaftsschule erfahren werden, wo die Einzigartigkeit einer und eines jeden genauso gewahrt wird wie das gemeinsame Bilden, Lernen und Arbeiten. Lehrende und Lernende inspirieren sich wechselseitig. Sie unterstützen sich verantwortungsvoll und wohlwollend gegenseitig und können so aneinander wachsen sowie reifen. Auf diese Weise praktizieren sie eine bereichernde, talentfördernde, achtsame und wertschätzende sowie friedvolle Gesellschaft im Kleinen und wirken von hieraus schon während des Studiums in umliegende Bereiche hinein. Mit dem, was sie in der Hochschule erfahren und gelebt haben, treten Studierende nach Abschluss des Studiums als gut gebildete Persönlichkeiten in die Berufs- und Arbeitswelt, in ihr Privat- und in das Gesellschaftsleben ein und wirken dort auf gleiche Weise verantwortungsvoll als Superspreader im positiven Sinne weiter: sich selbst weiterbildend, andere bei der Bildung unterstützend und somit Gesellschaft als ganze gestaltend.

Schluss

Der präsentierte Ansatz führt die eingangs genannten Forschungs- und Praxisdesiderate zusammen und hebt sich dadurch als integratives Konzept gänzlich von den bislang in der deutschsprachigen Hochschullandschaft diskutierten und praktizierten Lehr-Lern-Konzepten ab. Im Einzelnen bedeutet das:

1.

Völlig neu und damit allein dieses Konzept auszeichnend rückt es vor dem Hintergrund des katholischen Menschenbildes und des theologischen Bildungsauftrages dezidiert von Beginn an die Persönlichkeit der Lernenden mit ihren Fähigkeiten, Fertigkeiten, Kompetenzen, Stärken und Talenten nicht nur in den Mittelpunkt des Bildungsprozesses, sondern nimmt sie zum Ausgangspunkt jeglicher methodisch-didaktischer sowie lerntheoretisch und neurodidaktisch rückgebundener Überlegungen hinsichtlich der Aneignung von Fachinhalten und bezieht dabei die Persönlichkeit der Lehrenden mit ein.

2.

Das führt zu einem gänzlich veränderten, auf den neuesten Erkenntnissen der Gedächtnis- und Hirnforschung beruhenden strukturierten, ganzheitlichen und integrativen Lehr-Lern-Konzept, das nicht länger von der Vermittlung von Kompetenzen durch die Lehrenden ausgeht, sondern den Bildungsprozess als Kompetenzaneignung durch die Studierenden versteht.

3.

Folglich werden den Studierenden mittels neu kreierter Veranstaltungsstrukturen, die Feedbackelemente und Einzelberatungen ebenso enthalten wie Gruppenmentorings, Kurse und Trainings, verschiedene Lernräume eröffnet, die ihren persönlichen Bedürfnissen und individuellen Anlagen entsprechen und innerhalb derer sie sich selbstständig und eigenverantwortlich, jedoch fachkundig angeleitet, die jeweiligen Studieninhalte aneignen. Dabei können sie ihre Talente entdecken und entfalten sowie diese ihren Stärken und Zukunftswünschen entsprechend genauso ausarbeiten wie mit dem Bildungsauftrag und den gesellschaftlichen Anforderungen inklusive denen der Arbeitswelt und des privaten Lebens korrelieren.

4.

Ein solcher Bildungsprozess geschieht dezidiert und ausschließlich auf wissenschaftlichem Niveau in Auseinandersetzung mit den fachlichen Inhalten. Dieselben bergen genügend Potenzial in sich, um innerhalb eines curricularen Prozesses fortlaufend und aufeinander aufbauend Kompetenzaneignung sowie Persönlichkeitsbildung am Inhalt zu gewährleisten, sodass die für die späteren Tätigkeitsfelder erforderliche Sprach- und Handlungsfähigkeit nicht additiv in Zusatzkursen erworben wird, sondern integraler Bestandteil des Fachstudiums ist.

5.

Innerhalb eines solchen Lehr-Lern-Konzeptes nehmen die Lehrenden eine völlig neue Rolle ein. Sie können nicht länger nur Dozentinnen und Dozenten und damit Vermittlerinnen und Vermittler der Inhalte und der Kompetenzen sein. Vielmehr sind sie Bildungs- und Forschungsbegleiterinnen und -begleiter, die die Studierenden in einem kontinuierlichen Prozess permanent persönlich unterstützen: als Expertinnen und Experten, was die fachlichen Inhalte und ihre methodisch-didaktische Vermittlung angeht, als Mentorinnen und Mentoren sowie Beraterinnen und Berater, was die inhaltliche, methodisch-didaktische und persönlichkeitsbildende Begleitung betrifft, und als Moderatorinnen und Moderatoren bei jeder Art von Gruppenprozessen sowohl innerhalb der Veranstaltung als auch innerhalb von Arbeitsgruppen. Dabei bilden sie sich auch selbst ständig persönlich weiter.

6.

Mit alledem kombiniert das Konzept verschiedene Aspekte und Ansätze so miteinander, dass Wissens- und Kompetenzaneignung intellektuell, emotional sowie spirituell geschieht, sodass sie aufgrund unterschiedlicher Formen des Lernens zu einem ganzheitlichen Konzept der Persönlichkeitsbildung verschmilzt. Alles in allem vollzieht der vorliegende Ansatz damit jenen Perspektivenwechsel vom Inhalt zum Menschen, von der Kompetenzvermittlung durch die Lehrenden hin zu einer Kompetenzaneignung durch die Lernenden, der notwendig ist, um Hochschule zum Lern- und Erfahrungsraum sowie zum Experimentier- und Erprobungsfeld von Studierenden genauso wie von Lehrenden zu machen, die wechselseitig aufeinander verwiesen in Auseinandersetzung mit dem wissenschaftlichen Inhalt immer neue Forschungsergebnisse zutage fördern.

Weil jedoch jede Universität, jede Fakultät, jede Lehrendenpersönlichkeit ihre Schwerpunkte, ihre Eigenarten, ihre Talente und ihre Vorlieben hat, auch hinsichtlich der inhaltlichen Ausrichtung, kann es kein festgefügtes System geben, sondern lediglich eine Grundausrichtung, die individuell angepasst werden muss.

Zukunftsmusik

Ein beliebiger Hochschulort innerhalb der europäischen Bildungslandschaft im Jahr 2030: Im Hörsaal der Fakultäten sind die Bänke durch Tische ersetzt. An denselben arbeiten Studierende in Gruppen an Unterrichtsmaterialien, mithilfe derer sie sich die Vorlesungsinhalte selbstständig erschließen. Einige Studierende sitzen in kleinen Lounges außerhalb des Hörsaals in etwas ruhigerer Atmosphäre. Mit einer Fragestellung versehen arbeiten sie alle die Materialien durch und bereiten die Ergebnisse für die anschließende Präsentation vor dem Plenum vor. Es wird heftig und konträr diskutiert. Der verantwortliche Professor geht durch den Raum und schaut hin und wieder bei den Lounges vorbei, um für Rückfragen zur Verfügung zu stehen. Im Seminarraum nebenan findet ein fächerübergreifendes Training für Studierende im ersten Semester statt. Thema der Sequenz: Lerntheorie und Neurodidaktik. Gleichzeitig entwickelt eine Gruppe von Promovierenden in einem anderen Raum gerade das Profil ihres Traumberufes und das dazugehörige Kompetenzprofil, um es mit ihrem jetzigen Persönlichkeitsprofil abzugleichen und daraus ein individuelles Konzept für ihr Doktoratsstudium zu entwickeln. In einem anderen Seminarraum veranstaltet eine Lehrende der Historisch-Kulturwissenschaftlichen Fakultät zusammen mit einem Kollegen der Medizinischen Fakultät einen Kurs zur Entstehung der Leichenschau. Obduktionstechniken werden ebenso erarbeitet, wie gesellschaftliche und kulturelle Umstände der jeweiligen Zeit miteinbezogen werden. Im Büro der Professur für Literatur des Mittelalters führt der Lehrende ein Feedbackgespräch mit einem Studierenden durch. Im Zentrum steht die Frage nach dem Lernfortschritt des Studierenden seit dem letzten Gespräch vor einem halben Jahr. Im Gebäude nebenan findet im Seminarraum eine Fortbildung für Hochschuldozentinnen und -dozenten zu Kommunikationstechniken für eben diese Feedbackgespräche statt. Einen Raum weiter beschäftigt sich eine weitere Gruppe von Lehrenden mit der Frage, wie Studierende ihre persönliche Entwicklung genauso wie ihre Prüfungsleistungen mithilfe eines noch gezielteren Mentorings verbessern können und warum das die Qualität der Lehre und damit gelungene Lehr-

Lern-Prozesse widerspiegelt. Gleichzeitig sitzt im Rektorat der Universität die Prodekanin für Studium und Lehre mit der Prodekanin einer anderen Hochschule zu einer Besprechung zusammen. Ihre Fragestellung lautet: Welche Erfahrungen wurden an den jeweiligen Hochschulen mit diesem gelungenen und positiv evaluierten Lehr-Lern-Konzept gemacht? Wo gibt es noch Verbesserungsbedarf? Wie kann man wechselseitig von den Erkenntnissen profitieren?

Alles nur Vision? Im Jahr 2021 in dieser Umfänglichkeit sicherlich. Im Jahr 2030 könnte eine solche Szenerie durchaus Realität sein. Ein ganzheitliches, den Menschen in den Mittelpunkt rückendes sowie inter- und transdisziplinäres Konzept von Persönlichkeitsbildung an der Hochschule wäre dann an den unterschiedlichen Fakultäten und Instituten in die Praxis umgesetzt. Dass das innerhalb einer so kurzen Zeitspanne möglich erscheint, hat Gründe. Zum einen engagieren sich heute schon vielerorts Lehrende im Großen wie im Kleinen für eine Bildung, die die Persönlichkeit der und des Einzelnen fördert und Gesellschaft gestalten will. Zum anderen bieten hochschuldidaktische Zentren an allen Studienorten für alle Gruppen von Lehrenden ein breites Fortbildungsprogramm mit Kursen und Trainings, die zwar nicht dezidiert und explizit als persönlichkeitsbildend angelegte Lehre ausgewiesen sind. Sie machen aber mit jenen Methoden vertraut, die für die Umsetzung von Persönlichkeitsbildung an der Hochschule erforderlich sind. Da es des Weiteren keiner Änderungen von Studienordnungen bedarf, kann diese unmittelbar umgesetzt werden. Bei alledem existiert gesamtgesellschaftlich eine hohe Sensibilität, dass Lehren, Lernen und Bildung ganzheitliche Menschenbildung sein muss, welche die Selbstentfaltung der und des Einzelnen sowie das Miteinander in der Gesellschaft zu ermöglichen hat.

Für eine vollumfängliche Umsetzung bedarf es jedoch mehr. Dazu gehört gewiss eine entsprechende Infrastruktur personeller wie architektonischer Art, die eine Implementierung erleichtert. Entscheidender jedoch sind die Haltungen, die Motivationen, die Einstellungen vor allem der Lehrenden. Schließlich sind sie es, die in einem ersten Zugehen auf die Studierenden durch ihr eigenes Beispiel Persönlichkeitsbildung an der Hochschule ermöglichen.

Literatur

Literaturverzeichnis

Das folgende Literaturverzeichnis ist thematisch angeordnet und dient damit auch der weiterführenden Lektüre.

Offizielle (kirchliche) Dokumente

Decretum de apostolatu laicorum. Dekret über das Apostolat der Laien. „Apostolicam actuositatem", hg. v. Hünermann, Peter, Hilberath, Bernd Jochen, Die Dokumente des Zweiten Vatikanischen Konzils. Konstitutionen, Dekrete, Erklärungen (Herders theologischer Kommentar zum Zweiten Vatikanischen Konzil 1), Freiburg i. Br. – Basel – Wien 2004, 387–435.

Enzyklika ‚LAUDATO SI' von Papst Franziskus über die Sorge für das gemeinsame Haus,hg. v. Sekretariat der Deutschen Bischofskonferenz (Verlautbarungen des Apostolischen Stuhls 2002), Bonn [4]2018.

Enzyklika des Heiligen Vaters Papst Paul VI. POPULORUM PROGRESSIO über die Entwicklung der Völker, https://www.vatican.va/content/paul-vi/de/encyclicals/documents/hf_p- vi_enc_26031967_ populorum.html (10.06.2021).

Erklärung über die christliche Erziehung „Gravissimum educationis", hg. v. Hünermann, Peter, Hilberath, Bernd Jochen, Die Dokumente des Zweiten Vatikanischen Konzils. Konstitutionen, Dekrete, Erklärungen (Herders theologischer Kommentar zum Zweiten Vatikanischen Konzil 1), Freiburg i. Br. – Basel – Wien 2004, 333–354.

Hallermann, Heribert (Hg.), Katholische Theologie im Bologna-Prozess. Gesetze, Dokumente, Berichte (Kirchen- und Staatskirchenrecht 13), Paderborn u. a. 2011.

Der europäische Hochschulraum. Gemeinsame Erklärung der Europäischen Bildungsminister. 19. Juni 1999, Bologna, hg. v. Hallermann, Heribert, Katholische Theologie im Bologna-Prozess. Gesetze, Dokumente, Berichte (Kirchen- und Staatskirchenrecht 13), Paderborn u. a., 139–141.

Kongregation für das Katholische Bildungswesen, Erziehung heute und morgen. Eine immer neue Leidenschaft. Instrumentum laboris, Vatikanstadt 2014, http://www.educatio.va/content/dam/cec/Documenti/Educare%20oggi%20e%20domani_%20ITA-LIANO.pdf (30.06.2021), dt. Fassung: https://schulen. katholisch.de/Portals/0/PDF/DBK_Dokumente/DBK_Instrumentum.pdf (10.06.2021).

Apostolische Konstitution ‚Sapientia Christiana' über die kirchlichen Universitäten und Fakultäten, hg. v. Hallermann, Heribert, Katholische Theologie im Bologna-Prozess. Gesetze, Dokumente, Berichte (Kirchen- und Staatskirchenrecht 13), Paderborn u. a. 2011, 13–36.

Apostolische Konstitution „VERITATIS GAUDIUM" von Papst Franziskus über die kirchlichen Universitäten und Fakultäten, hg. v. Sekretariat der Deutschen Bischofskonferenz (Verlautbarungen des Apostolischen Stuhls 211), Bonn 2018.

Persönlichkeitsbildung allgemein

Affemann, Rudolf, Führen durch Persönlichkeit. Selbsterfahrungsgruppen berichten, Wiesbaden [2]2016.

Arthur, James u. a., Teaching Character and Virtue in Schools, Oxon – New York 2017.

Ders., Policy Entrepreneurship in Education. Engagement, Influence and Impact, Oxon – New York 2018.

Ders., The Formation of Character in Education. From Aristotle to the 21st Century, Oxon – New York 2019.

Beckmann-Zöller, Beate, Bildung zur Menschwerdung. Der Beitrag des christlichen Glaubens zur Entfaltung humaner Personalität, in: Theologisch-praktische Quartalschrift 158 (2010), 160–169.

Bildung der Zukunft: Persönlichkeitsbildung versus Digitalisierung, in: Euro Akademie Magazin, https://www.euroakademie.de/magazin/bildung-der-zukunft-persoenlichkeit-versus-digitalisierung/ (10.06.2021).

Bönsch, Manfred, Grundlegungen sozialen Lernens heute. Personen stärken, Beziehungen kultivieren, Humanität fördern, Baden-Baden 2018.

Böttingheimer, Christoph, Bedingungslos anerkannt. Der Beitrag des Glaubens zur Persönlichkeitsbildung, Freiburg i. Br. 2018.

Brandstädter, Jochen, Positive Entwicklung. Zur Psychologie gelingender Lebensführung, Berlin – Heidelberg [2]2015.

Breitwieser, Ingrid, Sich selbst auf die Spur kommen. Vom Traum zur Wirklichkeit zum wirklichen Traum, in: das magazin der pädagogischen hochschule oö 4 (2019), 9.

Brieden, Norbert, Studienmotivationen und Studienerwartungen von StudienanfängerInnen im Fach Katholische Theologie, in: Ders., Reis, Oliver (Hg.), Glaubensreflexion – Berufsorientierung – theologische Habitusbildung. Der Einstieg ins Theologiestudium als hochschuldidaktische Herausforderung (Theologie und Hochschuldidaktik 8), Berlin 2018, 15–58.

Carnegie, Dale, Führen mit Persönlichkeit. Wie Sie sich und andere zu Höchstleistungen motivieren, Frankfurt a. M. 2011.

Carr, David, Arthur, James, Kristjánsson, Kristján (Hg.), Varieties of Virtue Ethics, London 2017.

Eremit, Britta, Weber, Kai F., Individuelle Persönlichkeitsentwicklung: Growing by Transformation. Quick Finder – Die wichtigsten Tools im Business Coaching, Wiesbaden 2016.

Fahrenwald, Claudia, Persönlichkeitsbildung durch Engagement. Eine angloamerikanische Tradition hält Einzug in unsere Schulen, in: das magazin der pädagogischen hochschule oö 4 (2019), 11.

Feyerer, Ewald, Demokratie, Humanität und Solidarität. Bildung bildet Einstellungen und Haltungen, in: das magazin der pädagogischen hochschule oö 4 (2019), 13.

Forschner, Maximilian, Über Person und Persönlichkeit oder wie ein Mensch authentisch wirkt. Die Antwort der Stoa, in: Hofer, Michael, Rößner, Christian (Hg.), Zwischen Illusion und Ideal: Authentizität als Anspruch und Versprechen. Interdisziplinäre Annäherungen an Wirkmacht und Deutungskraft eines strittigen Begriffs (Schriften der Katholischen Privat-Universität Linz 7), Regensburg 2019, 75–93.

Frey, Dieter u. a., LMU Center for Leadership and People Management, in: Oerter, Rolf u. a. (Hg.), Universitäre Bildung – Fachidiot oder Persönlichkeit, München – Mering 2012, 113–125.

Friedwagner-Evers, Ulrike, Persönlichkeitsbildung in der Berufsorientierung, Career Management skills als übergeordnete Kompetenzen, in: das magazin der pädagogischen hochschule oö 4 (2019), 14.

Gabriel, Karl, Religiöse Individualisierung und Authentizität, in: Kreutzer, Ansgar, Niemand, Christoph (Hg.), Authentizität – Modewort, Leitbild, Konzept (Schriften der Katholischen Privat-Universität Linz 1), Regensburg 2016, 117–132.

Graevenitz, Gerhart von, Persönlichkeitsbildung – die Erneuerung einer Tradition der Neuzeit (Castigliones „Il Cortegiano"), in: Spoun, Sascha, Wunderlich, Werner (Hg.), Studienziel Persönlichkeit. Beiträge zum Bildungsauftrag der Universität heute, Frankfurt a. M. 2005, 39–48.

Gruber, Franz, Authentische Religiosität und authentisches Lehramt. Eine systematisch-theologische Analyse des status quaestionis, in: Kreutzer, Ansgar, Niemand, Christoph (Hg.), Authentizität – Modewort, Leitbild, Konzept (Schriften der Katholischen Privat-Universität Linz 1), Regensburg 2016, 307–327.

Haase, Petra Maria, „Darf's ein bisserl mehr sein?" Persönlichkeitsbildung durch biografisches Schultheater, in: das magazin der pädagogischen hochschule oö 4 (2019), 7.

Hager, Hildegard, Raus aus der Nische. Kirchengeschichte im Religionsunterricht. Ein Workshopbericht, in: Rottenburger Jahrbuch für Kirchengeschichte 37 (2018), 129–134.

Heuser, Uwe Jean, Vertrauen schaffen – die Rolle der Führung in Wirtschaft und Gesellschaft, in: Spoun, Sascha, Wunderlich, Werner (Hg.), Studienziel Persönlichkeit. Beiträge zum Bildungsauftrag der Universität heute, Frankfurt a. M. 2005, 433–448.

Hofer, Michael, Undarstellbarkeit und expressives Ideal. Dimensionen personaler Authentizität, in: Kreutzer, Ansgar, Niemand, Christoph (Hg.), Authentizität – Modewort, Leitbild, Konzept (Schriften der Katholischen Privat-Universität Linz 1), Regensburg 2016, 135–160.

Hrubesch-Millauer, Stephanie, Gendersensible (Persönlichkeits-)Bildung, in: Spoun, Sascha, Wunderlich, Werner (Hg.), Studienziel Persönlichkeit. Beiträge zum Bildungsauftrag der Universität heute, Frankfurt a. M. 2005, 411–432.

Kreutzer, Ansgar, Authentizität: Leitbild im Kontext der Individualisierung – Herausforderung für die Theologie, in: Kreutzer, Ansgar, Niemand, Christoph (Hg.), Authentizität – Modewort, Leitbild, Konzept (Schriften der Katholischen Privat-Universität Linz 1), Regensburg 2016, 11–26.

Luber, Markus, Einleitung: Mission Menschlichkeit, in: Idika, Christiana, Ders. (Hg.), Mission Menschlichkeit. Das kritische Potenzial christlich-humanistischer Bildung weltweit (Weltkirche und Mission 15), Regensburg 2021, 9–27.

Morgan, Nicky, Taught not Caught. Education for 21st Century Character, Melton 2017.

Muchová, Ludmila, Religiöse Bildung und die „Pädagogik der Wende". Tschechische Erfahrungen mit authentischem Glauben, in: Kreutzer, Ansgar, Niemand, Christoph (Hg.), Authentizität – Modewort, Leitbild, Konzept (Schriften der Katholischen Privat-Universität Linz 1), Regensburg 2016, 349–369.

Persönlichkeit versus Digitalisierung: Wie sieht Lernen und Lehren in der Zukunft aus?, in: Bildungsspiegel. Weiterbildung und Personalwesen, https://www.bildungsspiegel.de/news/weiterbildung-bildungspolitik/1087-persoenlichkeitversus-digitalisierung-wie-sieht-lernen-und-lehren-in-der-zukunft-aus (10.06.2021).

Renz-Polster, Herbert, Zwischen Bildung und Freiheit. Wie „artgerechte" Kindheit gelingen kann, in: das magazin der pädagogischen hochschule oö 4 (2019), 10.

Rohrhirsch, Ferdinand, Christliche Führung – Anspruch und Wirklichkeit. Führen mit Persönlichkeit und Ethik, Wiesbaden 2013.

Schaper, Niclas, Wozu benötigt die Personalpraxis Talentmanagementansätze. Grundlegende Fragen und Lösungsansätze, in: Weitz, Andrea (Hg.), Talentmanagement im Mittelstand, Lengerich 2009, 13–35.

Schönwitz, Jürgen, Religion – Identität – Bildung. Ein Konzept religiöser Selbstbildung (Praktische Theologie und Kultur 23), Freiburg i. Br. 2012.

Schools for Human Flourishing, o. O. 2016, https://www.woodardschools.co.uk/wp-content/uploads/2016/05/Schools-for-Human-Flourishing.pdf (10.06.2021).

Wagner, Helmut, Wertebildung. Ein zeitloses Thema der Schule, in: das magazin der pädagogischen hochschule oö 4 (2019), 12.

Walter, Simon, GABALs großer Methodenkoffer Persönlichkeitsentwicklung, Offenbach 2012.

Weber, Ines, Wie bildet Geschichte?, in: Rottenburger Jahrbuch für Kirchengeschichte 37 (2018), 17–35.

Dies., Wie Kirchengeschichte zur Auffindung von personaler Authentizität heute beitragen kann, in: Hofer, Michael, Rößner, Christian (Hg.), Zwischen Illusion und Ideal. Authentizität als Anspruch und Versprechen (Schriften der Katholischen Privat-Universität Linz 7), Regensburg 2019, 133–154.

Dies., Zum Potenzial katholischer Bildung. Für einen Haltungswechsel, in: Herder Korrespondenz 1 (2021), 37–38.

Wegenschimmel, Karl, Eislaufen. Nightingale als Anstoß zu reflektierter Professionalität, in: das magazin der pädagogischen hochschule oö 4 (2019), 4.

Zaborowsky, Holger, Bildung, Politik, Christentum. Unterwegs zu einem neuen Humanismus, in: Idika, Christiana, Luber, Markus (Hg.), Mission Menschlichkeit. Das kritische Potenzial christlich-humanistischer Bildung weltweit (Weltkirche und Mission 15), Regensburg 2021, 91–106.

Ders., Nach dem Posthumanismus. Bildung, Politik und der Stachel christlicher Erinnerung, in: Theologie der Gegenwart 60 (2017), 269–281.

Hochschulbildung allgemein

o. A., Welche Bildung darf's denn sein?, in: attempto! 28 (2010), 4–7, https://uni-tuebingen.de/universitaet/aktuelles-und-publikationen/veroeffentlichungen/attempto/archiv/ (10.06.2021).

Becker, Patrick, Das Grundanliegen der Studienreform, in: Ders. (Hg.), Studienreform in der Theologie. Eine Bestandsaufnahme (Theologie und Hochschuldidaktik 2), Berlin 2011, 94–107.

Bohl, Thorsten, Kohler, Britta, Lehrerausbildung auf neuen Wegen?, in: attempto! 28 (2010), 20f, https://uni-tuebingen.de/universitaet/aktuelles-und-publikationen/veroeffentlichungen/attempto/archiv/ (10.06.2021).

Borgmann, Wolfgang, In der Krise zurück zu Humboldt?, in: attempto! 28 (2010), 14f, https://uni-tuebingen.de/universitaet/aktuelles-und-publikationen/veroeffentlichungen/attempto/archiv/ (10.06.2021).

Bullinger, Hans-Jörg, Ilg, Rolf, Universität und Elite in Deutschland, in: Spoun, Sascha, Wunderlich, Werner (Hg.), Studienziel Persönlichkeit. Beiträge zum Bildungsauftrag der Universität heute, Frankfurt a. M. 2005, 391–400.

Burtscheidt, Christine, Neue Freiheiten, alte Abhängigkeiten – deutsche Hochschulen im Wettbewerb, in: Oerter, Rolf u. a. (Hg.), Universitäre Bildung – Fachidiot oder Persönlichkeit, München – Mering 2012, 18–48.

Eberk, Thomas S., Zur Einführung, in: Spoun, Sascha, Wunderlich, Werner (Hg.), Studienziel Persönlichkeit. Beiträge zum Bildungsauftrag der Universität heute, Frankfurt a. M. 2005, 33–38.

Erpenbeck, John F., Hochschulen der Zukunft, in: Ders., Meertens, Sarah A. (Hg.), Studium der Zukunft – Absolvent(inn)en der Zukunft. Future Skills zwischen Theorie und Praxis (Zukunft der Hochschulbildung – Future Higher Education 2), Wiesbaden 2020, 65–82.

Frey, Dieter, Peter, Tanja, Rosenstiel, Lutz von, Defizite der deutschen Universitäten, in: Oerter, Rolf u. a. (Hg.), Universitäre Bildung – Fachidiot oder Persönlichkeit, München – Mering 2012, 6–17.

Ders., Streicher, Bernhard, Eliteförderung von Studenten am Beispiel Elitenetzwerk Bayern, Bayerischen Eliteförderungsgesetz und Bayerische Eliteakademie, in: Oerter, Rolf u. a. (Hg.), Universitäre Bildung – Fachidiot oder Persönlichkeit, München – Mering 2012, 226–233.

Fuhrer, Therese, Die Funktion von Bildung. Überlegungen zum Sinn „klassischer Bildung" in einem modernen Curriculum, in: Spoun, Sascha, Wunderlich, Werner (Hg.), Studienziel Persönlichkeit. Beiträge zum Bildungsauftrag der Universität heute, Frankfurt a. M. 2005, 103–112.

Gabel, Michael, Die Situation der Katholischen Theologie in Deutschland, in: Becker, Patrick (Hg.), Studienreform in der Theologie. Eine Bestandsaufnahme (Theologie und Hochschuldidaktik 2), Berlin 2011, 34–50.

Gaehtgens, Peter, Ein Exzellenzprogramm für die Lehre?, in: attempto! 20 (2006), 6f, https://uni-tuebingen.de/universitaet/aktuelles-und-publikationen/veroeffentlichungen/attempto/archiv/ (10.06.2021).

Hallensleben, Barbara, Die Situation der Katholischen Theologie in der Schweiz, in: Becker, Patrick (Hg.), Studienreform in der Theologie. Eine Bestandsaufnahme (Theologie und Hochschuldidaktik 2), Berlin 2011, 76–89.

Harich-Schwarzbauer, Henriette, Klassische Bildung und die Kontingenz der modernen Wissensgesellschaften, in: Spoun, Sascha, Wunderlich, Werner (Hg.), Studienziel Persönlichkeit. Beiträge zum Bildungsauftrag der Universität heute, Frankfurt a. M. 2005, 113–126.

Hermann, Ulrich, Bildung durch Wissenschaft? Mythos „Humboldt", in: Jamme, Christoph, Schröder, Asta von (Hg.), Einsamkeit und Freiheit. Zum Bildungsauftrag der Universität im 21. Jahrhundert, München 2011, 171–192.

Hierold, Alfred E., Der Bologna-Prozess auf gesamtkirchlicher Ebene, in: Becker, Patrick (Hg.), Studienreform in der Theologie. Eine Bestandsaufnahme (Theologie und Hochschuldidaktik 2), Berlin 2011, 90–92.

Hochschule der Zukunft, https://hochschule-der-zukunft.org/ (10.06.2021).

Jäckel, Michael, Schaltplan der Zukunft? Die Digitalisierungsstimmung an deutschen Hochschulen, in: Forschung & Lehre 24 (2017), 859f.

Jakubowicz, Sibylle, Qualitätsmanagement an Hochschulen, in: Becker, Patrick (Hg.), Studienreform in der Theologie. Eine Bestandsaufnahme (Theologie und Hochschuldidaktik 2), Berlin 2011, 140–149.

Jamme, Christoph, Einleitung, in: Ders., Schröder, Asta von (Hg.), Einsamkeit und Freiheit. Zum Bildungsauftrag der Universität im 21. Jahrhundert, München 2011, 7–15.

Kaube, Jürgen, Bildung und Föderalismus: Dürfen, ohne zu können, in: attempto! 28 (2010), 10f, https://uni-tuebingen.de/universitaet/aktuelles-und-publikationen/veroeffentlichungen/attempto/archiv/ (10.06.2021).

Koller, Sabine, Klatt, Matthias, Lehre in der Krise? Warum sich die Verhältnisse ändern müssen und nicht die Ideale, in: Forschung & Lehre 19 (2012), 448.

Kommol, Hannah, Kommol, Isabel, Rohling, Hendrik, Lehre und Studium zwischen Anspruch und Wirklichkeit, in: attempto! 32 (2012), 4f, https://uni-tuebingen.de/universitaet/aktuelles-und-publikationen/veroeffentlichungen/attempto/archiv/ (10.06.2021).

Kondring, Caroline, Reis, Oliver, „An der Uni lernst du nichts!" – Eine Lernumgebung zum Konzeptwechsel in der Lehrerbildung, in: Büttner, Gerhard u. a. (Hg.), Lernumgebungen (Religion lernen. Jahrbuch für konstruktivistische Religionsdidaktik 3), Hannover 2012, 88–107.

Krautsch, Georg, Brauchen Hochschulen Lehrstrategien?, in: Forschung & Lehre 24 (2017), 862f.

Kucera, Paola, Offen und unkompliziert, in: attempto! 28 (2010), 18f, https://uni-tuebingen.de/universitaet/aktuelles-und-publikationen/veroeffentlichungen/attempto/archiv/ (10.06.2021).

Ladenthin, Volker, Zur universitären Ausbildung von Religionslehrern. Ein Beitrag aus der Perspektive der Allgemeinen Pädagogik, in: Brieden, Norbert, Reis, Oliver (Hg.), Glaubensreflexion – Berufsorientierung – theologische Habitusbildung. Der Einstieg ins Theologiestudium als hochschuldidaktische Herausforderung (Theologie und Hochschuldidaktik 8), Berlin 2018, 111–133.

Ders., Bildung als Aufgabe der Gesellschaft. Prinzipien der Bildungsplanung nach PISA, https://www.db-thueringen.de/receive/dbt_mods_00001570 (10.06.2021).

Ders., Wenn die Gestaltung der Curricula zum Problem wird, in: Forschung & Lehre 14.01.2020, https://www.forschung-und-lehre.de/lehre/wenn-die-gestaltung-der-curricula-zum-problem-wird-2442/ (10.06.2021).

Ders., Wissenschaft als Methode. Die Universität muss lehren, was noch keiner kennt, in: Forschung & Lehre 26 (2019), 802–805.

Ders., Da läuft etwas ganz schief, in: Forschung & Lehre 06.08.2018, https://www.forschung-und-lehre.de/da-laeuft-etwas-ganz-schief-894/ (10.06.2021).

Lenzen, Dieter, Humboldt und Bologna: das verträgt sich!, in: attempto! 32 (2012), 10f, https://uni-tuebingen.de/universitaet/aktuelles-und-publikationen/veroeffentlichungen/attempto/archiv/ (10.06.2021).

Ders., Wissen, Kompetenz und Bildung. Alles Qualifikationen?, Paderborn 2015.

Ders., Zwischen Differenzierung und Entropie. Das deutsche Universitätssystem, in: Forschung & Lehre 24 (2017), 872–874.

Matuschek, Stefan, Zerreißprobe. Zur gegenwärtigen Hochschulreform, in: Jamme, Christoph, Schröder, Asta von (Hg.), Einsamkeit und Freiheit. Zum Bildungsauftrag der Universität im 21. Jahrhundert, München 2011, 125–138.

Mayer-Lantermann, Katrin, Rechtsfragen der Akkreditierung von Studiengängen, in: Becker, Patrick (Hg.), Studienreform in der Theologie. Eine Bestandsaufnahme (Theologie und Hochschuldidaktik 2), Berlin 2011, 150–173.

Menze, Clemens, Grundzüge der Bildungsphilosophie Wilhelm von Humboldts, in: Steffen, Hans (Hg.), Bildung und Gesellschaft. Zum Bildungsbegriff von Humboldt bis zur Gegenwart, Göttingen 1972, 5–27.

Mittelstraß, Jürgen, Hochschuldidaktik als Reparaturwerkzeug, in: attempto! 20 (2006), 8f, https://uni-tuebingen.de/universitaet/aktuelles-und-publikationen/veroeffentlichungen/attempto/archiv/ (10.06.2021).

Oelkers, Jürgen, Bildung durch Wissenschaft im Kontext schulischen Lernens: ein Problemaufriss, in: Spoun, Sascha, Wunderlich, Werner (Hg.), Studienziel Persönlichkeit. Beiträge zum Bildungsauftrag der Universität heute, Frankfurt a. M. 2005, 273–292.

Oerter, Rolf, Stiefkind Lehrerbildung. Warum die Universitäten sich um eine bessere Lehrerbildung kümmern sollten, in: Oerter, Rolf u. a. (Hg.), Universitäre Bildung – Fachidiot oder Persönlichkeit, München – Mering 2012, 177–191.

Pintaric, Drago, Die Situation der Katholischen Theologie in Österreich, in: Becker, Patrick (Hg.), Studienreform in der Theologie. Eine Bestandsaufnahme (Theologie und Hochschuldidaktik 2), Berlin 2011, 51–75.

Preuss, Roland, Osel, Johann, Zehn Jahre Bologna-Reform. Harsche Kritik an Bachelor und Master, in: Süddeutsche Zeitung, 15. August 2012, https://www.sueddeutsche.de/bildung/zehn-jahre-bologna-reform-harsche-kritik-an-bachelor-und-master-1.1441136, (10.06.2021).

Priddat, Birger P., Wozu Universität?, in: Jamme, Christoph, Schröder, Asta von (Hg.), Einsamkeit und Freiheit. Zum Bildungsauftrag der Universität im 21. Jahrhundert, München 2011, 139–152.

Reiss, Kristina, Prenzel, Manfred, Seidel, Tina, Ein Modell für die Lehramtsausbildung: Die TUM School of Education, in: Oerter, Rolf u. a. (Hg.), Universitäre Bildung – Fachidiot oder Persönlichkeit, München – Mering 2012, 192–208.

Rohstock, Anne, „Ein manchmal auch ein wenig verlogener Pathos". Humboldt als Argument in den Hochschulreformen der Bundesrepublik (1949–2009), in: Jamme, Christoph, Schröder, Asta von (Hg.), Einsamkeit und Freiheit. Zum Bildungsauftrag der Universität im 21. Jahrhundert, München 2011, 117–123.

Rüsen, Jörn, Wissenschaftskultur und Bildung, in: Jamme, Christoph, Schröder, Asta von (Hg.), Einsamkeit und Freiheit. Zum Bildungsauftrag der Universität im 21. Jahrhundert, München 2011, 17–27.

Schaper, Niclas, Fachgutachten zur Kompetenzorientierung in Studium und Lehre, 2012, https://www.hrk-nexus.de/fileadmin/redaktion/hrk-nexus/07-Downloads/07-02-Publikationen/fachgutachten_kompetenzorientierung.pdf (10.06.2021).

Schedel, Ingolf, Mielke, Friederich, Die Bedeutung von Wissenschaft, in: Spoun, Sascha, Wunderlich, Werner (Hg.), Studienziel Persönlichkeit. Beiträge zum Bildungsauftrag der Universität heute, Frankfurt a. M. 2005, 237–252.

Schneewind, Klaus A., Die „Bachelorisierung" des Studiums und die „Gnade der frühen Geburt" – kritische Anmerkungen zur Ausbildung im Fach Psychologie, in: Oerter, Rolf u. a. (Hg.), Universitäre Bildung – Fachidiot oder Persönlichkeit, München – Mering 2012, 171–176.

Ders., Öffnung in der Universität: Interdisziplinarität in Forschung, Lehre und Anwendung, in:Oerter, Rolf u. a. (Hg.), Universitäre Bildung – Fachidiot oder Persönlichkeit, München – Mering 2012, 210–218.

Seifert, Michael, Wie „generale" muss ein Studium sein?, in: attempto! 28 (2010), 16f, https://uni-tuebingen.de/universitaet/aktuelles-und-publikationen/veroeffentlichungen/attempto/archiv/ (10.06.2021).

Steyfarth, Felix C., Spoun, Sascha, Die Vertreibung aus dem Elfenbeinturm. Selbstverständnis, Attraktivität und Wettbewerb deutscher Universitäten nach Bologna, in: Jamme, Christoph, Schröder, Asta von (Hg.), Einsamkeit und Freiheit. Zum Bildungsauftrag der Universität im 21. Jahrhundert, München 2011, 194–220.

Tenorth, Heinz-Elmar, Wilhelm von Humboldt. Bildungspolitik und Universitätsreform, Paderborn 2018.
Thomä, Dieter, Drei Prinzipien und drei Phasen der „Humboldt-Kultur". Erfindung, Krise und ein Leben nach dem Tod, in: Spoun, Sascha, Wunderlich, Werner (Hg.), Studienziel Persönlichkeit. Beiträge zum Bildungsauftrag der Universität heute, Frankfurt a. M. 2005, 49–70.

Timmermann, Dieter, Schluss mit der „Geschlossenen Gesellschaft", in: attempto! 32 (2012), 12f, http://www.uni-tuebingen.de/aktuelles/veroeffentlichungen/attempto/archiv.html (10.06.2021).

Weber, Ines, Nimm dein Studium selbst in die Hand. Zu einer veränderten Lehr-Lernkultur im Theologiestudium, in: Brieden, Norbert, Reis, Oliver (Hg.), Glaubensreflexion – Berufsorientierung – theologische Habitusbildung. Der Einstieg ins Theologiestudium als hochschuldidaktische Herausforderung (Theologie und Hochschuldidaktik 8), Münster 2018, 289–301.

Wertheimer, Jürgen, Eine gute Universität braucht kognitive Opulenz, in: attempto! 33 (2012), 18f, http://www.uni-tuebingen.de/aktuelles/veroeffentlichungen/attempto/archiv.html (10.06.2021).

Wiersing, Ehrhard, Theorie der Bildung. Eine humanwissenschaftliche Grundlegung, Paderborn 2015.

Wins, Thomas Lang-von, Rosenstiel, Lutz von, Kompetenzentwicklung in der Universität, in: Spoun, Sascha, Wunderlich, Werner (Hg.), Studienziel Persönlichkeit. Beiträge zum Bildungsauftrag der Universität heute, Frankfurt a. M. 2005, 297–314.

Winter, Martin, Bologna-Reform im Jahr 2010 – ein Zwischenbericht zum Stand der empirischen Hochschulforschung, in: Becker, Patrick, Studienreform in der Theologie. Eine Bestandsaufnahme (Theologie und Hochschuldidaktik 2), Münster 2011, 10–33.

Wolff-Metternich, Brigitta-Sophie von, Zweckfreie und nutzenorientierte Wissenschaft. Zwei unvereinbare Aufgaben der Universtität?, in: Spoun, Sascha, Wunderlich, Werner (Hg.), Studienziel Persönlichkeit. Beiträge zum Bildungsauftrag der Universität heute, Frankfurt a. M. 2005, 401–410.

Zeller, Marie-Louise, „Studium – Eure schönsten Jahre?", in: attempto! 32 (2012), 6f, https://uni-tuebingen.de/universitaet/aktuelles-und-publikationen/veroeffentlichungen/attempto/archiv/ (10.06.2021).

Persönlichkeitsbildung an der Hochschule

Arens, Edmund, Konkurrierende Qualitätsansprüche. Theologie zwischen Ausbildung und Bildung, in: ET Studies. Journal of the European Society for Catholic Theology 3 (2012), 191–210.

Brüggenbrock, Christel, Zur Einführung, in: Spoun, Sascha, Wunderlich, Werner (Hg.), Studienziel Persönlichkeit. Beiträge zum Bildungsauftrag der Universität heute, Frankfurt a. M. 2005, 159–160.

Elsholz, Uwe, Hochschulbildung zwischen Fachwissenschaft, Praxisbezug und Persönlichkeitsentwicklung. Folgerungen für die Hochschuldidaktik, in: Jenert, Tobias, Reimann, Gabi, Schmohl, Tobias (Hg.), Hochschulbildungsforschung. Theoretische, methodologische und methodische Denkanstöße für die Hochschuldidaktik, Wiesbaden 2019, 7–21.

Gomez, Peter, Vorwort, in: Spoun, Sascha, Wunderlich, Werner (Hg.), Studienziel Persönlichkeit. Beiträge zum Bildungsauftrag der Universität heute, Frankfurt a. M. 2005, 12.

Göring, Michael, Vorwort, in: Spoun, Sascha, Wunderlich, Werner (Hg.), Studienziel Persönlichkeit. Beiträge zum Bildungsauftrag der Universität heute, Frankfurt a. M. 2005, 11.

Heuser, Uwe Jean, Zur Einführung, in: Spoun, Sascha, Wunderlich, Werner (Hg.), Studienziel Persönlichkeit. Beiträge zum Bildungsauftrag der Universität heute, Frankfurt a. M. 2005, 389–390.

Kastner, Doris, Silbergasser, Marianne, Platz, Ramona, „Bildung heute". Protokoll zur Podiumsdiskussion, in: Rottenburger Jahrbuch für Kirchengeschichte 37 (2018), 125–127.

Kaufmann, Vincent, Persönlichkeitsbildung und Kulturwissenschaften: Selbstkritische Betrachtungen eines ehemaligen Franco-Romanisten, in: Spoun, Sascha, Wunderlich, Werner (Hg.), Studienziel Persönlichkeit. Beiträge zum Bildungsauftrag der Universität heute, Frankfurt a. M. 2005, 189–206.

Kegler, Ulrike, Die Schule am See. Persönlichkeitsbildung und Pubertät, in: das magazin der pädagogischen hochschule oö 4 (2019), 6.

Keller, Holm, Kunst und Persönlichkeit: Robert Wilsons Watermill Center, in: Spoun, Sascha, Wunderlich, Werner (Hg.), Studienziel Persönlichkeit. Beiträge zum Bildungsauftrag der Universität heute, Frankfurt a. M. 2005, 379–388.

Kytzler, Bernhard, Zur Einführung, in: Spoun, Sascha, Wunderlich, Werner (Hg.), Studienziel Persönlichkeit. Beiträge zum Bildungsauftrag der Universität heute, Frankfurt a. M. 2005, 87–94.

Ladenthin, Volker, Warum wir die historischen Fächer brauchen, in: Forschung & Lehre 04.04.2021, https://www.forschung-und-lehre.de/zeitfragen/warum-wir-die-historischen-faecher-brauchen-3614/ (10.06.2021).

Lang-von Wins, Thomas, Ebner, Katharina, Das Modell des studentischen Peer Coaching an der Universität der Bundeswehr, in: Oerter, Rolf u. a. (Hg.), Universitäre Bildung – Fachidiot oder Persönlichkeit, München – Mering 2012, 146–159.

Ders., Thomas, Lang, Eva, Rotering-Steinberg, Sigrid, Die Vermittlung überfachlicher Kompetenzen im Rahmen von „studium plus" an der Universität der Bundeswehr München, in: Oerter, Rolf u. a. (Hg.), Universitäre Bildung – Fachidiot oder Persönlichkeit, München – Mering 2012, 160–170.

Leeb-Brandstetter, Renate, Systemisch orientierte Supervision. Was kann sie im pädagogischen Kontext leisten?, in: das magazin der pädagogischen hochschule oö 4 (2019), 8.

Lenehan, Katia, Catholic Education and Humanism in Taiwan. From Cardinal Paul Yu Pin's Educational Approach of Inculturation in Fu Jen Catholic University to Today's Practical Challenge in the Global Age, in: Idika, Christiana, Luber, Markus (Hg.), Mission Menschlichkeit. Das kritische Potenzial christlich-humanistischer Bildung weltweit (Weltkirche und Mission 15), Regensburg 2021, 124–139.

Lenzen, Dieter, Besinnung auf alte Stärken. Bologna und die Folgen, in: Forschung & Lehre 21 (2014), 838f.

Ders., Dazugelernt. Beiträge aus einem Jahrzehnt der Bildungsreform 2000 bis 2010, Wiesbaden 2014.

Ders., Hochschulen sind keine Fertigungsstraßen. Neun provokative Anmerkungen zum Bologna-Prozess, in: Forschung & Lehre 19 (2012), 356–358.

Mega, Laura, Vielfalt der Universität nutzen, in: attempto! 28 (2010), 12f, https://uni-tuebingen.de/universitaet/aktuelles-und-publikationen/veroeffentlichungen/attempto/archiv/ (10.06.2021).

Mohr, Ernst, Vorwort, in: Spoun, Sascha, Wunderlich, Werner (Hg.), Studienziel Persönlichkeit. Beiträge zum Bildungsauftrag der Universität heute, Frankfurt a. M. 2005, 9f.

Mohrs, Thomas, Verbildet Bildung? Ein Plädoyer für Persönlichkeitsbildung als fundamentales Leitprinzip, in: das magazin der pädagogischen hochschule oö 4 (2019), 3.

Ders., Rathner, Ingrid, Die Person als Zentrum allen Lernens. „Persönlichkeitsbildung" an der PH OÖ, in: das magazin der pädagogischen hochschule oö 4 (2019), 16.

Müller, Achatz von, Törichte Wissenschaft? Klassische Bildung zwischen Selbstkritik und Wissenschaftsentfesselung, in: Spoun, Sascha, Wunderlich, Werner (Hg.), Studienziel Persönlichkeit. Beiträge zum Bildungsauftrag der Universität heute, Frankfurt a. M. 2005, 95–102.

Nida-Rümelin, Julian, Die Bedeutung der geisteswissenschaftlichen Perspektive, in: Spoun, Sascha, Wunderlich, Werner (Hg.), Studienziel Persönlichkeit. Beiträge zum Bildungsauftrag der Universität heute, Frankfurt a. M. 2005, 211–223.

Oelkers, Jürgen, Der Mensch als Maß des Bildungswesens, in: Herms, Eilert (Hg.), Menschenbild und Menschenwürde (Veröffentlichungen der Wissenschaftlichen Gesellschaft für Theologie 17), Gütersloh 2001, 118–137.

Ders. u. a., Einleitung, in: Ders. u. a. (Hg.), Universitäre Bildung – Fachidiot oder Persönlichkeit, München – Mering 2012, 1–4.

Pietschmann, Herbert, Die Bedeutung der naturwissenschaftlichen Perspektive, in: Spoun, Sascha, Wunderlich, Werner (Hg.), Studienziel Persönlichkeit. Beiträge zum Bildungsauftrag der Universität heute, Frankfurt a. M. 2005, 223–236.

Pluschke, Ulrike, Der Blick über den Tellerrand. Das Studium generale als Element der Persönlichkeitsentwicklung an der Bucerius Law School, in: Spoun, Sascha, Wunderlich, Werner (Hg.), Studienziel Persönlichkeit. Beiträge zum Bildungsauftrag der Universität heute, Frankfurt a. M. 2005, 351–367.

Pögl, Johannes, Stumpner, Stephan, Draußen vor der Tür. Ein fiktives Zwiegespräch, in: das magazin der pädagogischen hochschule oö 4 (2019), 2.

Preckel, Daniel, Frey, Karl, Erzeugt das Hochschuldstudium messbare Persönlichkeitsveränderungen?, in: Spoun, Sascha, Wunderlich, Werner (Hg.), Studienziel Persönlichkeit. Beiträge zum Bildungsauftrag der Universität heute, Frankfurt a. M. 2005, 71–86.

Rosenstiel, Lutz von, Frey, Dieter, Universität als Stätte der Bildung und Persönlichkeitsentwicklung, in: Oerter, Rolf u. a. (Hg.), Universitäre Bildung – Fachidiot oder Persönlichkeit, München – Mering 2012, 49–68.

Ders., Oerter, Rolf, Universität und Politikberatung, in: Oerter, Rolf u. a. (Hg.), Universitäre Bildung – Fachidiot oder Persönlichkeit, München – Mering 2012, 219–225.

Roth, Gerhard, Bildung braucht Persönlichkeit. Wie Lernen gelingt, Stuttgart 2011.

Schulze Wessel, Martin, Der Angriff des Populismus auf die Geschichte. Weshalb ein kritisches Geschichtsbewusstsein für die Demokratie unerlässlich ist (Konrad Adenauer Stiftung: Analysen und Argumente 256), Berlin 2017, 1–7, https://www.kas.de/c/document_library/get_file?uuid=93caaa79-3c7e-f2b4-7a13-949238f64b0a&groupId=252038 (10.06.2021).

Sold, Rupert, Begabung als Bildungshandicap. Begabungs- und (Hoch)Begabtenförderung an der PH OÖ, in: das magazin der pädagogischen hochschule oö 4 (2019), 15.

Spoun, Sascha, Zur Einführung, in: Ders., Wunderlich, Werner (Hg.), Studienziel Persönlichkeit. Beiträge zum Bildungsauftrag der Universität heute, Frankfurt a. M. 2005, 293–296.

Ders., Mentoring und Coaching an der Universität: Legitimation – Ziele – Gestaltung, in: Ders., Wunderlich, Werner (Hg.), Studienziel Persönlichkeit. Beiträge zum Bildungsauftrag der Universität heute, Frankfurt a. M. 2005, 335–350.

Ders., Perspektiven für universitäre Bildung. Persönlichkeitsbildung als Ausgangspunkt und Ziel der Universitäts- und Studienreform der Leuphana Universität Lüneburg, in: Oerter, Rolf u. a. (Hg.), Universitäre Bildung – Fachidiot oder Persönlichkeit, München – Mering 2012, 126–145.

Ders., Wunderlich, Werner, Bildung ohne Verfallsdatum. Zur Aktualität humanistischer Traditionen aus Sicht der Universität St. Gallen, in: Dies. (Hg.), Studienziel Persönlichkeit. Beiträge zum Bildungsauftrag der Universität heute, Frankfurt a. M. 2005, 127–142.

Dies., Prolegomena zur akademischen Persönlichkeitsbildung: Die Universität als Wertevermittlerin, in: Dies., (Hg.), Studienziel Persönlichkeit. Beiträge zum Bildungsauftrag der Universität heute, Frankfurt a. M. 2005, 17–32.

Dies. (Hg.), Studienziel Persönlichkeit. Beiträge zum Bildungsauftrag der Universität heute, Frankfurt a. M. – New York 2005.

Dies., Vorwort, in: Dies., (Hg.), Studienziel Persönlichkeit. Beiträge zum Bildungsauftrag der Universität heute, Frankfurt a. M. 2005, 13.

Sterck-Degueldre, Jean-Pierre, Der homo studiosus ist mehr als sein Kopf. Impulse für eine ganzheitliche Hochschuldidaktik, in: Becker, Patrick, Heinrich, Christiane (Hg.), Theonome Anthropologie? Christliche Bilder von Menschen und Menschlichkeit, Freiburg i. Br. – Basel – Wien 2016, 402–416.

Strube, Sonja Angelika, Universitäre Theologie als ein „Stadium religiöser Entwicklung"?: Versuch eines Reframings des Verhältnisses von Theologie und Glaube angesichts der Herausforderungen (nicht nur) der Studieneingangsphase in: Brieden, Norbert, Reis, Oliver (Hg.), Glaubensreflexion – Berufsorientierung – theologische Habitusbildung. Der Einstieg ins Theologiestudium als hochschuldidaktische Herausforderung (Theologie und Hochschuldidaktik 8), Berlin 2018, 159–176.

Thier, Andreas, Klassische Bildung und rechtswissenschaftliches Studium, in: Spoun, Sascha, Wunderlich, Werner (Hg.), Studienziel Persönlichkeit. Beiträge zum Bildungsauftrag der Universität heute, Frankfurt a. M. 2005, 143–158.

Thommen, Jean-Paul, Peterhoff, Daniela, Instrumente der Persönlichkeitsentwicklung, in: Spoun, Sascha, Wunderlich, Werner (Hg.), Studienziel Persönlichkeit. Beiträge zum Bildungsauftrag der Universität heute, Frankfurt a. M. 2005, 315–334.

Uzukwu, Gesila Nneka, Obikwelu, Humphrey K. Akaolisa, Forging an Inclusive Principle of Education for People with Auditory Impediment. A Socio-Cultural an Humanitarian Imperative for Christians in Nigeria, in: Idika, Christiana, Luber, Markus (Hg.), Mission Menschlichkeit. Das kritische Potenzial christlich-humanistischer Bildung weltweit (Weltkirche und Mission 15), Regensburg 2021, 184–197.

Weber, Ines, Einleitung, in: Bauer, Christian, Kirschner, Martin, Dies. (Hg.), An Differenzen lernen. Die Tübinger Grundkurse als theologischer Ort (Tübinger Perspektiven zur Pastoraltheologie und Religionspädagogik 50), Münster 2013, 7–32.

Dies., Empathie und Perspektivenwechsel. Geschichte bildet Persönlichkeit. Ein Workshopbericht, in: Rottenburger Jahrbuch für Kirchengeschichte 37 (2018), 135–137.

Dies., Für eine Kultur der ‚Leaderships'. Wissenschaft und Katholische Bildung, in: kunst und kirche 2 (2020), S. 18f.

Dies., Katholische Theologie – Bologna aktiv gestaltend. Ein Plädoyer für Persönlichkeitsbildung an der Hochschule, in: ET Studies. Journal of the European Society for Catholic Theology 3 (2012), 255–271.

Dies., „Zu Wachstum und Reife verhelfen". Zum Bildungspotenzial der Kirchengeschichte, in: Theologisch-praktische Quartalschrift 166 (2018), 77–87.

Wunderlich, Werner, Zur Einführung, in: Spoun, Sascha, Ders. (Hg.), Studienziel Persönlichkeit. Beiträge zum Bildungsauftrag der Universität heute, Frankfurt a. M. 2005, 207–210.

Christliche Menschenbilder

Bedford-Strohm, Heinrich, Anthropologie aus evangelischer Sicht, in: Stubenrauch, Bertram, Seewald, Michael (Hg.), Das Menschenbild der Konfessionen. Achillesferse der Ökumene?, Freiburg i. Br. 2015, 33–49.

Benrath, Gustav, Menschenbild und Seelsorge in der deutschen Spätaufklärung, in: Herms, Eilert (Hg.), Menschenbild und Menschenwürde (Veröffentlichungen der Wissenschaftlichen Gesellschaft für Theologie 17), Gütersloh 2001, 201–212.

Danz, Christian, Hominem iustificari fide. Überlegungen zur protestantischen Anthropologie, in: Stubenrauch, Bertram, Seewald, Michael (Hg.), Das Menschenbild der Konfessionen. Achillesferse der Ökumene?, Freiburg i. Br. 2015, 157–185.

Drecoll, Volker Henning (Hg.), Augustin Handbuch, Tübingen 2014.

Fürst, Alfons, Markschies, Christoph, Editorial, in: Metzler, Karin, Die Kommentierung des Buches Genesis (Origenes. Werke mit deutscher Übersetzung 1,1), Berlin u. a. 2010, VII–XII.

Görgemanns, Herwig, Karpp, Heinrich, Einführung, in: Origenes. Vier Bücher von den Prinzipien, ed. Dies., Darmstadt [3]1992, 1–50.

Kennedy, Arthur L., Anthropology as Foundation of Ecumenical Dialogue: A Catholic Perspective, in: Stubenrauch, Bertram, Seewald, Michael (Hg.), Das Menschenbild der Konfessionen. Achillesferse der Ökumene?, Freiburg i. Br. 2015, 50–66.

Koch, Kurt, Der Mensch als ökumenische Frage: Gibt es (noch) eine gemeinchristliche Anthropologie, in: Stubenrauch, Bertram, Seewald, Michael (Hg.), Das Menschenbild der Konfessionen. Achillesferse der Ökumene?, Freiburg i. Br. 2015, 18–32.

Landmesser, Christoph, Der Mensch im Neuen Testament, in: Oorschot, Jürgen von (Hg.), Mensch (Themen der Theologie 11), Tübingen 2018, 65–104.

Langemeyer, Georg, Die theologische Anthropologie (Texte zur Theologie. Abteilung Dogmatik 8), Graz 1998.

Oorschot, Jürgen von, Aspekte impliziter Anthropologien im Alten Testament, in: Ders. (Hg.), Mensch (Themen der Theologie 11), Tübingen 2018, 17–64.

Ders., Der Mensch im Gefüge der Welten, in: Ders. (Hg.), Mensch (Themen der Theologie 11), Tübingen 2018, 1–16.

Origenes, Peri archon tomoi 4. De principiis libri IV, ed. Görgemanns, Herwig, Karpp, Heinrich, Origenes. Vier Bücher von den Prinzipien, Darmstadt [3]1992, 71–831.

Ostheimer, Jochen von, Die Welt im Wandel. Anthropologische Aspekte der Großen Transformation, in: Stubenrauch, Bertram, Seewald, Michael (Hg.), Das Menschenbild der Konfessionen. Achillesferse der Ökumene?, Freiburg i. Br. 2015, 289–315.

Sattler, Dorothea, Schneider, Theodor, Schöpfungslehre, in: Schneider, Theodor (Hg.), Handbuch der Dogmatik 1: Prolegomena – Gotteslehre – Schöpfungslehre – Christologie – Pneumatologie, Düsseldorf 1992, 120–240.

Seewald, Michael, Die Lehre vom Menschen: Achillesferse der Ökumene?, in: Stubenrauch, Bertram, Ders. (Hg.), Das Menschenbild der Konfessionen. Achillesferse der Ökumene?, Freiburg i. Br. 2015, 12–15.

Ders., Der Mensch als Geschaffener und Gewordener. Herausforderungen und Risse einer christlichen Anthropologie in ökumenischer Verantwortung, in: Stubenrauch, Bertram, Ders. (Hg.), Das Menschenbild der Konfessionen. Achillesferse der Ökumene?, Freiburg i. Br. 2015, 316–341.

Stubenrauch, Bertram, Menschenbilder im Vergleich. Beobachtungen zur Epistemologie anthropologischen Denkens, in: Ders., Seewald, Michael (Hg.), Das Menschenbild der Konfessionen. Achillesferse der Ökumene?, Freiburg i. Br. 2015, 67–89.

Ders., Seewald, Michael (Hg.), Das Menschenbild der Konfessionen. Achillesferse der Ökumene?, Freiburg i. Br. – Basel – Wien 2015.

Thurner, Martin, „Perfectissimum in tota natura". Die Grundlagen des katholischen Menschenbildes in der Philosophie des Mittelalters, in: Stubenrauch, Bertram, Seewald, Michael (Hg.), Das Menschenbild der Konfessionen. Achillesferse der Ökumene?, Freiburg i. Br. 2015, 134–156.

Volp, Ulrich, Der Mensch – kirchen- und theologiegeschichtliche Aspekte, in: Oorschot, Jürgen von (Hg.), Mensch (Themen der Theologie 11), Tübingen 2018, 105–140.

Ders., Die Würde des Menschen. Ein Beitrag zur Anthropologie in der Alten Kirche (Supplements to Vigiliae Christianae 81), Leiden – Boston 2006.

Weber, Ines, Silbergasser, Marianne, Was ist der Mensch? Antworten der mittelalterlichen Theologie. 24./25. Juni 2019, KU Linz. Jahrestagung der Internationalen Gesellschaft für Theologische Mediävistik (IGTM), in: Archa Verbi. Yearbook for the Study of Medieval Theology 16 (2019), 196–199.

Welsch, Martin, Der arbeitende Mensch im Angesicht des technologischen Fortschritts. Skizzen zu künftigen Herausforderungen der christlichen Anthropologie, in: Stubenrauch, Bertram, Seewald, Michael (Hg.), Das Menschenbild der Konfessionen. Achillesferse der Ökumene?, Freiburg i. Br. 2015, 272–288.

Wenz, Gunther, Der Mensch als Ebenbild Gottes und als Sünder. Wegmarken und Herausforderungen der Anthropologie aus der Sicht der evangelischen Theologie, in: Stubenrauch, Bertram, Seewald, Michael (Hg.), Das Menschenbild der Konfessionen. Achillesferse der Ökumene?, Freiburg i. Br. 2015, 90–106.

Christliche Bildungsgeschichte

Batllori, Miquel, Zwischen Mittelalter und Renaissance, in: Falkner, Andreas, Imhof, Paul (Hg.), Ignatius von Loyola und die Gesellschaft Jesu 1491–1556, Würzburg 1990, 19–30.

Bechina, Friedrich, „Entwicklung" als Schlüsselbegriff für christliche Bildung und einen solidarischen Humanismus heute, in: Idika, Christiana, Luber, Markus (Hg.), Mission Menschlichkeit. Das kritische Potenzial christlich-humanistischer Bildung weltweit (Weltkirche und Mission 15), Regensburg 2021, 28–69.

Damberg, Wilhelm, Bildung, Schule und katholische Identität im 20. Jahrhundert, in: Rottenburger Jahrbuch für Kirchengeschichte 37 (2018), 113–124.

Dörnemann, Michael, Krankheit und Heilung in der Theologie der frühen Kirchenväter (Studien und Texte zu Antike und Christentum 20), Tübingen 2003.

Gemeinhardt, Peter, Das Erbe der Antike als Fundament des Aufbruchs. Theologie und Bildung von Alkuin bis Anselm von Canterbury, in: Ders., Georges, Tobias (Hg)., Theologie und Bildung im Mittelalter (Archa Verbi. Subsidia 13), Münster 2015, 13–44.

Greschat, Katharina, Haus – Schule – Kirche. Bildungskonzeptionen und -institutionen in der (christlichen) Antike, in: Rottenburger Jahrbuch für Kirchengeschichte 37 (2018), 37–48.

Hailer, Martin, Charakter und Organisation des Wissens in der frühen mittelalterlichen Universität. Eine wissenschaftliche Erinnerung aus aktuellem Anlass, in: Jamme, Christoph, Schröder, Asta von (Hg.), Einsamkeit und Freiheit. Zum Bildungsauftrag der Universität im 21. Jahrhundert, München 2011, 41–68.

Ders., Wissenserwerb und Heil. Miszelle über einen frühmittelalterlichen Gedanken in neuzeitlicher Verantwortung, in: Jamme, Christoph, Schröder, Asta von (Hg.), Einsamkeit und Freiheit. Zum Bildungsauftrag der Universität im 21. Jahrhundert, München 2011, 29–40.

Handschuh, Christian, „Zur wahren Bildung gehört Tugend, edle Gesinnung, fester Charakter, kurz – gediegene Sittlichkeit". Katholische Bildung und Erziehung im 19. Jahrhundert, in: Rottenburger Jahrbuch für Kirchengeschichte 37 (2018), 91–111.

Haub, Rita, Jesuitisch geprägter Schulalltag. Die Bayerische Schulordnung (1569) und die Ratio studiorum (1599), in: Funiok, Rüdiger, Schöndorf, Harald (Hg.), Ignatius von Loyola und die Pädagogik der Jesuiten. Ein Modell für Schule und Persönlichkeitsbildung (Erziehungskonzeptionen und Praxis 81), Frankfurt a. M. 2017, 223–271.

Holzem, Andreas, „Damit die Jugendt in GottesForcht und ehrlichen Sitten erzogen werde." Elementarschule und Elitenbildung in der Frühen Neuzeit, in: Rottenburger Jahrbuch für Kirchengeschichte 37 (2018), 63–89.

Internationale Kommission für das Apostolat jesuitischer Erziehung, Grundzüge jesuitischer Erziehung (Rom 1986), in: Funiok, Rüdiger, Schöndorf, Harald (Hg.), Ignatius von Loyola und die Pädagogik der Jesuiten. Ein Modell für Schule und Persönlichkeitsbildung (Erziehungskonzeptionen und Praxis 81), Frankfurt a. M. 2017, 387–397.

Dies., Ignatianische Pädagogik. Ansätze für die Praxis (1993), in: Funiok, Rüdiger, Schöndorf, Harald (Hg.), Ignatius von Loyola und die Pädagogik der Jesuiten. Ein Modell für Schule und Persönlichkeitsbildung (Erziehungskonzeptionen und Praxis 81), Frankfurt a. M. 2017, 397–427.

Jürgens, Heinrich, „Schwerter zu Pflugscharen". Die Wandlung des Ignatius von Loyola, in: Falkner, Andreas, Imhof, Paul (Hg.), Ignatius von Loyola und die Gesellschaft Jesu 1491–1556, Würzburg 1990, 39–58.

Kintzinger, Martin, Weisheit, Wissen, Weltverständnis. „Menschenbildung" im europäischen Mittelalter, in: Rottenburger Jahrbuch für Kirchengeschichte 37 (2018), 49–62.

Kreutzer, Ansgar, Reitinger, Johannes, Religiöse Individualisierung und partizipative Bildung. Eine empirische und interdisziplinäre Studie im Kontext kirchlicher Bildungshäuser, Linz 2020.

Mateo, Rogelio García S. J., Das Pädagogische in den „Geistlichen Übungen", in: Funiok, Rüdiger, Schöndorf, Harald (Hg.), Ignatius von Loyola und die Pädagogik der Jesuiten. Ein Modell für Schule und Persönlichkeitsbildung (Erziehungskonzeptionen und Praxis 81), Frankfurt a. M. 2017, 45–74.

O'Malley, John W., Die Schulen der ersten Jesuiten, in: Funiok, Rüdiger, Schöndorf, Harald (Hg.), Ignatius von Loyola und die Pädagogik der Jesuiten. Ein Modell für Schule und Persönlichkeitsbildung (Erziehungskonzeptionen und Praxis 81), Frankfurt a. M. 2017, 91–154.

Preul, Reiner, Anthropologische Fundamente des christlichen Erziehungs- und Bildungsverständnisses, in: Herms, Eilert (Hg.), Menschenbild und Menschenwürde (Veröffentlichungen der Wissenschaftlichen Gesellschaft für Theologie 17), Gütersloh 2001, 138–155.

Rüegg, Walter, Bildung und Gesellschaft im 19. Jahrhundert, in: Steffen, Hans (Hg.), Bildung und Gesellschaft. Zum Bildungsbegriff von Humbold bis zur Gegenwart, Göttingen 1972, 28–40.

Schatz, Klaus, Ordensleben. Die evangelischen Räte im Zeitalter der Reformation, in: Falkner, Andreas, Imhof, Paul (Hg.), Ignatius von Loyola und die Gesellschaft Jesu 1491–1556, Würzburg 1990, 109–120.

Weber, Ines, Erziehung zum guten christlichen Leben. Hölle und Fegefeuer in Mittelalter und Neuzeit, in: Theologisch-praktische Quartalschrift 167 (2019), 176–185.

Dies., Mensch und Bibel. Zur Bildung des Herzens in der Katholischen Aufklärung des deutschen Südwestens, Habilitationsschrift, Tübingen 2014.

Dies., Der Priester als Arzt. Zum heilenden Charakter der Buße im frühen Mittelalter, in: Holzweber, Markus (Hg.), Von der Kunst der Sprache. Aus dem Alltag eines Kirchenhistorikers. Festschrift für Rupert Klieber, Wien 2019, 47–63.

Dies., „daß wir uns die Tugendbeyspiele der Heiligen zur Nachahmung vorstellen". Heiligen- und Reliquienverehrung in der katholischen Aufklärung, in: Delgado, Mariano, Leppin, Volker (Hg.), Bilder, Heilige und Reliquien (Studien zur christlichen Religions- und Kulturgeschichte 28), Basel – Stuttgart 2020, 287–305.

Wolf, Christof, Jesuitentheater in Deutschland, in: Funiok, Rüdiger, Schöndorf, Harald (Hg.), Ignatius von Loyola und die Pädagogik der Jesuiten. Ein Modell für Schule und Persönlichkeitsbildung (Erziehungskonzeptionen und Praxis 81), Frankfurt am Main 2017, 294–344.

Kirchen- und Kulturgeschichte

Bock, Florian, Konzepte der Kirchengeschichtsschreibung in Deutschland und Italien nach 1945, in: Henkelmann, Andreas u. a. (Hg.) Katholizismus transnational. Beiträge zur Zeitgeschichte und Gegenwart in Westeuropa und den Vereinigten Staaten, Münster 2019, 37–52.

Goetz, Hans-Werner, Moderne Mediävistik. Stand und Perspektiven der Mittelalterforschung, Darmstadt 1999.

Holzem, Andreas, Die Geschichte des „geglaubten Gottes". Kirchengeschichte zwischen „Memoria" und „Historie", in: Leinhäupl-Wilke, Andreas, Striet, Magnus (Hg.), Katholische Theologie studieren: Themenfelder und Disziplinen (Münsteraner Einführungen Theologie 1), Münster 2000, 73–103.

Ders., Praktische Theologie in der Vergangenheitsform. Die Geschichte des Christentums als Geschichte des ‚geglaubten Gottes', in: Nauer, Doris, Bucher, Rainer, Weber, Franz (Hg.), Praktische Theologie. Bestandsaufnahme und Zukunftsperspektiven. Festschrift Ottmar Fuchs (Praktische Theologie heute 74), Stuttgart 2005, 388–397.

Oexle, Otto-Gerhard, Geschichte als Historische Kulturwissenschaft, in: Hardtwig, Wolfgang, Wehler, Hans-Ulrich (Hg.), Kulturgeschichte Heute, Göttingen 1996, 14–40.

Ders., Kultur, Kulturwissenschaft, Historische Kulturwissenschaft. Überlegungen zur kulturwissenschaftlichen Wende, in: Das Mittelalter 5 (2000), 13–33.

Ders., Soziale Gruppen in der Ständegesellschaft: Lebensformen des Mittelalters und ihre historischen Wirkungen, in: Ders., Hülsen-Esch, Andrea von (Hg.), Die Repräsentation der Gruppen. Texte – Bilder – Objekte, Göttingen 1998, 9–44.

Schatz, Klaus, Ist Kirchengeschichte Theologie?, in: Theologisches Jahrbuch (1984), 57–83.

Ders., Ist Kirchengeschichte Theologie?, in: Theologie und Philosophie 55 (1980), 481–513.

Tschopp, Silvia Serena, Weber, Wolfgang E.J., Grundfragen der Kulturgeschichte (Kontroversen um die Geschichte), Darmstadt 2007.

Wolf, Hubert, Was heißt und zu welchem Ende studiert man Kirchengeschichte? Zu Rolle und Funktion des Faches im Ganzen katholischer Theologie, in: Kinzig, Wolfram, Leppin, Volker, Wartenberg, Günther (Hg.), Historiographie und Theologie, Leipzig 2004, 53–65.

Weber, Ines, Kirchengeschichte als Angewandte Theologie – ein Widerspruch in sich?, in: Leinhäupl, Andreas, Gaus, Ralf (Hg.), Angewandte Theologie studieren – Ein Lese- und Studienbuch, Ostfildern 2021 [im Druck].

Kompetenzen

Baethge, Martin u. a., Anforderungen und Probleme beruflicher und betrieblicher Weiterbildung. Expertise im Auftrag der Hans-Boeckler-Stiftung (Arbeitspapier 76), Düsseldorf 2003, https://www.boeckler.de /pdf/p_arbp_076.pdf (10.06.2021).

Baker, Millie, Medien-, Präsentations- und Visualisierungskompetenzen, in: Nünning, Vera (Hg.), Schlüsselkompetenzen: Qualifikationen für Studium und Beruf, Stuttgart – Weimar ²2008, 164–178.

Bauder-Begerow, Irina, Recherchieren, in: Nünning, Vera (Hg.), Schlüsselkompetenzen: Qualifikationen für Studium und Beruf, Stuttgart – Weimar ²2008, 49–63.

Blömeke, Sigrid, Zlatkin-Troitschanskala, Olga, Kompetenzen von Studierenden. Einleitung zum Beiheft, in: Zeitschrift für Pädagogik 61 (2015), 7–10.

Ehlers, Ulf-Daniel, Einleitung, in: Ders., Meertens, Sarah A. (Hg.), Studium der Zukunft – Absolvent(inn)en der Zukunft. Future Skills zwischen Theorie und Praxis (Zukunft der Hochschulbildung – Future Higher Education 2), Wiesbaden 2020, 1–15.

Ders., Future Skills für Absolvent(innen) der Zukunft, in: Ders., Meertens, Sarah A. (Hg.), Studium der Zukunft – Absolvent(inn)en der Zukunft. Future Skills zwischen Theorie und Praxis (Zukunft der Hochschulbildung – Future Higher Education 2), Wiesbaden 2020, 31–63.

Ders., Future Skills. Lernen der Zukunft – Hochschule der Zukunft (Zukunft der Hochschulbildung – Futur Higher Education), Wiesbaden 2020.

Ders., Der Future Skills Turn, in: Ders., Meertens, Sarah A. (Hg.), Studium der Zukunft – Absolvent(inn)en der Zukunft. Future Skills zwischen Theorie und Praxis (Zukunft der Hochschulbildung – Future Higher Education 2), Wiesbaden 2020, 17–30.

Ders., Meertens, Sarah A. (Hg.), Studium der Zukunft – Absolvent(inn)en der Zukunft. Future Skills zwischen Theorie und Praxis (Zukunft der Hochschulbildung – Future Higher Education 2), Wiesbaden 2020.

Esselborn-Krumbiegel, Helga, Prüfungsvorbereitung, in: Nünning, Vera (Hg.), Schlüsselkompetenzen: Qualifikationen für Studium und Beruf, Stuttgart – Weimar ²2008, 123–139.

Dies., Wissenschaftliches Schreiben, in: Nünning, Vera (Hg.), Schlüsselkompetenzen: Qualifikationen für Studium und Beruf, Stuttgart – Weimar ²2008, 105–122.

Falk, Simone, Zeitmanagement, in: Nünning, Vera (Hg.), Schlüsselkompetenzen: Qualifikationen für Studium und Beruf, Stuttgart – Weimar ²2008, 20–32.

Fuleda, Stefanie, Moderationskompetenzen und Verhandlungsführung, in: Nünning, Vera (Hg.), Schlüsselkompetenzen: Qualifikationen für Studium und Beruf, Stuttgart – Weimar ²2008, 195–206.

Grill, Rupert, Kompetenz – ethische Anmerkungen zu einem bildungspolitischen Modewort, in: ET-Studies. Journal of the European Society for Catholic Theology 2 (2011), 225–243.

Hauthal, Janine, Organisatorische Kompetenzen und Eventmanagement, in: Nünning, Vera (Hg.), Schlüsselkompetenzen: Qualifikationen für Studium und Beruf, Stuttgart – Weimar ²2008, 275–289.

Hess-Lüttich, Ernest W. B., Interkulturelle Medienwissenschaft und Kulturkonflikt, in: Spoun, Sascha, Wunderlich, Werner (Hg.), Studienziel Persönlichkeit. Beiträge zum Bildungsauftrag der Universität heute, Frankfurt a. M. 2005, 169–188.

Hüttmann, Andrea, Erfolgreich studieren mit Soft Skills. Die eigene Persönlichkeit wirkungsvoll stärken, Wiesbaden 2016.

Jannidis, Fotis, Winko, Simone, Begriffsbildung, in: Nünning, Vera (Hg.), Schlüsselkompetenzen: Qualifikationen für Studium und Beruf, Stuttgart – Weimar ²2008, 64–77.

Janson, Simone, Ausblick: Berufschancen und Berufsfelder für Geistes- und Kulturwissenschaftler/innen, in: Nünning, Vera (Hg.), Schlüsselkompetenzen: Qualifikationen für Studium und Beruf, Stuttgart – Weimar ²2008, 308–318.

Jarchow, Margarete, Kreativität als Entwicklungsfaktor kultureller Kompetenz im Studium, in: Spoun, Sascha, Wunderlich, Werner (Hg.), Studienziel Persönlichkeit. Beiträge zum Bildungsauftrag der Universität heute, Frankfurt a. M. 2005, 367–378.

Kanning, Uwe Peter, Soziale Kompetenzen, in: Nünning, Vera (Hg.), Schlüsselkompetenzen: Qualifikationen für Studium und Beruf, Stuttgart – Weimar ²2008, 263–274.

Lindner, Rachel, Hahn, Angela, Bewerbungstraining, in: Nünning, Vera (Hg.), Schlüsselkompetenzen: Qualifikationen für Studium und Beruf, Stuttgart – Weimar ²2008, 290–307.

Lüsebrink, Hans-Jürgen, Interkulturelle Kompetenz, in: Nünning, Vera (Hg.), Schlüsselkompetenzen: Qualifikationen für Studium und Beruf, Stuttgart – Weimar ²2008, 220–234.

Lusin, Caroline, Projektmanagement, in: Nünning, Vera (Hg.), Schlüsselkompetenzen: Qualifikationen für Studium und Beruf, Stuttgart – Weimar ²2008, 33–48.

OeAD. Österreichs Agentur für Bildung und Internationalisierung, Jahreskonferenz Bologna-Tag 2021; https://oead.at/de/veranstaltungen/anmeldung/2021/bologna-tag-2021/; https://www.youtube.com/watch?v=-5C2_Sox_PU (10.06.2021).

Oö. Zukunftsakademie, https://www.ooe-zukunftsakademie.at/

Neumann, Birgit, Rhetorik und Vortragstechniken, in: Nünning, Vera (Hg.), Schlüsselkompetenzen: Qualifikationen für Studium und Beruf, Stuttgart – Weimar ²2008, 150–163.

Nünning, Ansgar, Textsortenkompetenzen, in: Nünning, Vera (Hg.), Schlüsselkompetenzen: Qualifikationen für Studium und Beruf, Stuttgart – Weimar ²2008, 91–104.

Nünning, Vera (Hg.), Schlüsselqualifikationen. Qualifikationen für Studium und Beruf, Stuttgart – Weimar ²2008.

Dies., Einleitung: Qualifikationen für Studium und Beruf, in: Dies. (Hg.), Schlüsselkompetenzen: Qualifikationen für Studium und Beruf, Stuttgart – Weimar ²2008, 1–19.

Rüskamp, Wulf, Journalistisches Schreiben, in: Nünning, Vera (Hg.), Schlüsselkompetenzen: Qualifikationen für Studium und Beruf, Stuttgart – Weimar ²2008, 247–262.

Schwanecke, Christine, Analysieren, Strukturieren, Argumentieren, in: Nünning, Vera (Hg.), Schlüsselkompetenzen: Qualifikationen für Studium und Beruf, Stuttgart – Weimar ²2008, 78–90.

Weiler, Hans N., „Kulturelle Kompetenz" oder: Die Analphabeten der Globalisierung, in: Spoun, Sascha, Wunderlich, Werner (Hg.), Studienziel Persönlichkeit. Beiträge zum Bildungsauftrag der Universität heute, Frankfurt a. M. 2005, 161–168.

Zierold, Martin, Kommunikation und Metakommunikation in: Nünning, Vera (Hg.), Schlüsselkompetenzen: Qualifikationen für Studium und Beruf, Stuttgart – Weimar ²2008, 179–194.

Zorn, Barbara, Didaktische Kompetenzen, in: Nünning, Vera (Hg.), Schlüsselkompetenzen: Qualifikationen für Studium und Beruf, Stuttgart – Weimar ²2008, 235–246.

Zukunftsinstitut, Die Neuerfindung der Arbeitswelt, https://www.zukunftsinstitut.de/artikel/die-neuerfindung-der-arbeitswelt/ (10.06.2021).

Lerntheorie und Neurodidaktik

Andrä, Christian, Macedonia, Manuela (Hg.), Bewegtes Lernen. Handbuch für Forschung und Praxis, Berlin 2020.

Arbeitsgruppe Hochschuldidaktische Weiterbildung an der Albert-Ludwigs-Universität Freiburg i. Br. (Hg.), Besser Lehren. Praxisorientierte Anregungen und Hilfen für Lehrende in Hochschule und Weiterbildung, Heft 2, Weinheim ²2000.

Bernecker, Michael, Lerntypen: Persönlichkeitsorientierte Vorlesungsgestaltung, in: Reiter, Hanspeter (Hg.), Handbuch Hirnforschung und Weiterbildung. Wie Trainer, Coaches und Berater von den Neurowissenschaften profitieren können, Weinheim – Basel 2017, 25–41.

Birkenbihl, Vera (Hg.), Das „neue" Stroh im Kopf? Vom Gehirn-Besitzer zum Gehirn-Benutzer, München ³⁸2013.

Born, Jan, Lernen im Schlaf, in: attempto! 36 (2014), 6–11, https://uni-tuebingen.de/universitaet/aktuelles-und-publikationen/veroeffentlichungen/attempto/archiv/ (10.06.2021).

Brinkmann, Malte, Üben – elementares Lernen. Überlegungen zur Phänomenologie, Theorie und Didaktik der pädagogischen Übung, in: Mitgutsch, Konstantin u.a. (Hg.), Dem Lernen auf der Spur. Die pädagogische Perspektive, Stuttgart 2008, 278–294.

Buder, Jürgen, Schwind, Christina, Erwirbst du es noch, oder konstruierst du es schon,das Wissen?, in: attempto! 32 (2012), 16f, https://uni-tuebingen.de/universitaet/aktuelles-und-publikationen/veroeffentlichungen/attempto/archiv/ (10.06.2021).

Buzan, Tony, Kopftraining. Anleitung zum kreativen Denken. Tests und Übungen, München 2019.

Folta-Schoofs, Kristian, Ostermann, Britta, Neurodidaktik. Grundlagen für Studium und Praxis, Stuttgart 2019.

Funke, Joachim, Kreativitätstechniken, in: Nünning, Vera (Hg.), Schlüsselkompetenzen: Qualifikationen für Studium und Beruf, Stuttgart – Weimar [2]2008, 207–219.

Genz, Uwe, Gehirn und Lernen: Neurodidaktik und Neurokompetenz, in: Reiter, Hanspeter (Hg.), Handbuch Hirnforschung und Weiterbildung. Wie Trainer, Coaches und Berater von den Neurowissenschaften profitieren können, Weinheim – Basel 2017, 106–122.

Günther, Klaus, Lehre als Massenvorlesung? Ein Blick auf neurowissenschaftliche Erkenntnisse. Impulsvorlesungen regen Lernende zum Denken und Problematisieren an, in: Forschung & Lehre 19 (2012), 462–464.

Hattie, John A.C., Visible Learning. A synthesis of over 800 meta-analyses relating to achievement, London – New York 2009.

Herrmann, Ulrich (Hg.), Neurodidaktik. Grundlagen und Vorschläge für gehirngerechtes Lehren und Lernen, Weinheim – Basel [2]2009.

Ders., Gehirnforschung und neurodidaktische Revision schulisch organisierten Lehrens und Lernens. Aspekte und Chancen einer gemeinsamen interdisziplinären Erfolgsgeschichte, in: Ders. (Hg.), Neurodidaktik. Grundlagen und Vorschläge für gehirngerechtes Lehren und Lernen, Weinheim – Basel [2]2009, 148–170.

Ders., Neurodidaktik – neue Wege des Lehrens und Lernens, in: Ders. (Hg.), Neurodidaktik. Grundlagen und Vorschläge für gehirngerechtes Lehren und Lernen, Weinheim – Basel [2]2009, 9–15.

Hille, Kathrin, Rózsa, Julia, Was das Gehirn zum Lernen bringt, in: attempto! 12 (2012), 14f, https://uni-tuebingen.de/universitaet/aktuelles-und-publikationen/veroeffentlichungen/attempto/archiv/ (10.06.2021).

Karbe, Antje, Büffeln bis zum Limit, in: attempto! 32 (2012), 18–20, https://uni-tuebingen.de/universitaet/aktuelles-und-publikationen/veroeffentlichungen/attempto/archiv/ (10.06.2021).

Klüting, Rainer, Wie digitale Medien unser Lernen verändern, in: attempto! 37 (2015), 22–25, https://uni-tuebingen.de/universitaet/aktuelles-und-publikationen/veroeffentlichungen/attempto/archiv/ (10.06.2021).

Lernen mit Spaß. Große Studie von scoyo und ZEIT LEO, https://www.zeit-verlagsgruppe.de/ pressemitteilung/lernen-mit-spass-grosse-studie-von-scoyo-und-zeit-leo/ (10.06.2021).

Michl, Werner, Heckmair, Bernd, Bewegtes Lernen im Fokus der Hirnforschung, in: Reiter, Hanspeter (Hg.), Handbuch Hirnforschung und Weiterbildung. Wie Trainer, Coaches und Berater von den Neurowissenschaften profitieren können, Weinheim – Basel 2017, 230–244.

Naughton, Carl, Kemper, Gertrud, Reher, Annette, Mal mir ein (Neuro-)Bild mit Worten!, in: Reiter, Hanspeter (Hg.), Handbuch Hirnforschung und Weiterbildung. Wie Trainer, Coaches und Berater von den Neurowissenschaften profitieren können, Weinheim – Basel 2017, 245–263.

Plaimauer, Christine, „Das find' ich nicht in Ordnung!" An der Hochschule lernen wir anders, in: das magazin der pädagogischen hochschule oö 4 (2019), 14f.

Rauch, Judith, Pionier zwischen den Welten, in: attempto! 40 (2016), 18–21, https://uni-tuebingen.de/universitaet/aktuelles-und-publikationen/veroeffentlichungen/attempto/archiv/ (10.06.2021).

Reiter, Hanspeter, Einführung, in: Ders. (Hg.), Handbuch Hirnforschung und Weiterbildung. Wie Trainer, Coaches und Berater von den Neurowissenschaften profitieren können, Weinheim – Basel 2017, 13–24.

Roth, Gerhard, Was bedeuten Motivation und Emotionen für den Lernerfolg? Kognitions- und neurowissenschaftliche Erkenntnisse, in: Reiter, Hanspeter (Hg.), Handbuch Hirnforschung und Weiterbildung. Wie Trainer, Coaches und Berater von den Neurowissenschaften profitieren können, Weinheim – Basel 2017, 264–281.

Schäfer, Stefanie, Lern- und Memorierungstechniken, in: Nünning, Vera (Hg.), Schlüsselkompetenzen: Qualifikationen für Studium und Beruf, Stuttgart – Weimar ²2008, 140–149.

Schaper, Niclas, Zu viel Wiedergeben – zu wenig Erklären und Bewerten. Prüfungsanforderungen und -praxis nach Bologna, in: Forschung & Lehre 24 (2017), 870f.

Schavan, Annette, „Lehre braucht Wertschätzung", in: attempto! 28 (2010), 8f, https://uni-tuebingen.de/universitaet/aktuelles-und-publikationen/veroeffentlichungen/attempto/archiv/ (10.06.2021).

Schulze, Holger, Stolpersteine auf dem Weg ins Langzeitgedächtnis, in: Reiter, Hanspeter (Hg.), Handbuch Hirnforschung und Weiterbildung. Wie Trainer, Coaches und Berater von den Neurowissenschaften profitieren können, Weinheim – Basel 2017, 282–296.

Seelbach, Thorsten, Die Kunst des Lehrens – Neurodidaktik, in: Reiter, Hanspeter (Hg.), Handbuch Hirnforschung und Weiterbildung. Wie Trainer, Coaches und Berater von den Neurowissenschaften profitieren können, Weinheim – Basel 2017, 297–314.

Seifert, Michael, „Dann baut man als Student eine Schranke auf", in: attempto! 20 (2006), 12f, https://uni-tuebingen.de/universitaet/aktuelles-und-publikationen/veroeffentlichungen/attempto/archiv/ (10.06.2021).

Stern, Elsbeth, Entscheidend ist das Vorwissen. Fragen an die Kognitionswissenschaftlerin Elsbeth Stern, in: Forschung & Lehre 19 (2012), 452–453.

Studie Lernen mit Spaß. Wie Schüler die Freude am Lernen nicht verlieren, https://www.scoyo.de/magazin/lernen/lernen-mit-spass/artikel-studie-lernen-mit-spass/ (10.06.2021).

Teuchert-Noodt, Gertraud, Mein Brainy: Lernen in kleinen und großen Schaltkreisen, in: Reiter, Hanspeter (Hg.), Handbuch Hirnforschung und Weiterbildung. Wie Trainer, Coaches und Berater von den Neurowissenschaften profitieren können, Weinheim – Basel 2017, 354–373.

Hochschuldidaktik

Arnold, Patricia, Kilian, Lars, Thillosen, Anne, Zimmer, Gerhard, Handbuch E-Learning. Lernen mit digitalen Medien, Bielefeld ⁵2018.

Auferkorte-Michaelis, Nicole, Ruschin, Sylvia, Studiengänge konzipieren im Zeichen der Studienreform, in: Becker, Patrick (Hg.), Studienreform in der Theologie. Eine Bestandsaufnahme (Theologie und Hochschuldidaktik 2), Münster 2011, 128–138.

Bachmann, Heinz, Kompetenzorientierte Hochschullehre. Die Notwendigkeit von Kohärenz zwischen Lernzielen, Prüfungsformen und Lehr-Lern-Methoden (Forum Hochschuldidaktik und Erwachsenenbildung 1), Bern ³2018.

Basse, Michael, Kirchengeschichte als Wahrnehmungsgefüge, in: Büttner, Gerhard u. a. (Hg.), Kirchengeschichte (Religion Lernen. Jahrbuch für konstruktivistische Religionsdidaktik 2), Hannover 2011, 11–22.

Battaglia, Santina, Was ist Hochschuldidaktik?, in: attempto! 20 (2006), 4f, http://www.uni-tuebingen.de/aktuelles/veroeffentlichungen/attempto/archiv.html (10.06.2021).

Bauer, Christian, Denken in Konstellationen? Theologische Bildung und Praktische Theologie, in: Ders., Kirschner, Martin, Weber, Ines (Hg.), An Differenzen lernen. Tübinger Grundkurse als theologischer Ort (Tübinger Perspektiven zur Pastoraltheologie und Religionspädagogik 50), Münster 2013, 91–97.

Ders., Kirschner, Martin, An Differenzen lernen: Ergebnisse und Perspektiven, in: Dies., Weber, Ines (Hg.), An Differenzen lernen. Die Tübinger Grundkurse als theologischer Ort (Tübinger Perspektiven zur Pastoraltheologie und Religionspädagogik 50), Münster 2013, 101–114.

Ders., Kirschner, Martin, Weber, Ines (Hg.), An Differenzen lernen. Tübinger Grundkurse als theologischer Ort (Tübinger Perspektiven zur Pastoraltheologie und Religionspädagogik 50), Münster 2013.

Baumert, Britta, Schöpfungstheologie didaktisch reflektieren, in: Dausner, René, Enxing, Julia (Hg.), Impulse für eine kompetenzorientierte Didaktik der Systematischen Theologie (Theologie und Hochschuldidaktik 5), Berlin 2014, 5–22.

Becker, Patrick, Vor der Konzeption von Grundkursen steht der Blick auf die angehenden Studierenden, in: Brieden, Norbert, Reis, Oliver (Hg.), Glaubensreflexion – Berufsorientierung – theologische Habitus bildung. Der Einstieg ins Theologiestudium als hochschuldidaktische Herausforderung (Theologie und Hochschuldidaktik 8), Berlin 2018, 59–70.

Ders., Problembasiertes Lernen in der Theologie? Abschließende Reflexionen, in: Ders., Herrler, Andreas, Jöris, Steffen (Hg.), Problem Based Learning (PBL) in der Theologie (Theologie und Hochschuldidaktik 10), Berlin 2020, 139–147.

Ders., Vorwort, in: Ders. (Hg.), Studienreform in der Theologie. Eine Bestandsaufnahme (Theologie und Hochschuldidaktik 2), Berlin 2011, 7–9.

Bernhard, Roland, Fragebogenentwicklung anhand qualitativer Daten in einem Mixed-Methods-Research-Design. Eine geschichtsdidaktische Perspektive zu historischem Denken und Schulbuchnutzung, in: Bramann, Christoph, Kühberger, Christoph, Bernhard, Roland (Hg.), Historisch Denken lernen mit Schulbüchern, Frankfurt a. M. 2018, 37–62.

Ders., Kühberger, Christoph, Domänen(un)spezifisch – Empirische Befunde zum Kompetenzverständnis von Geschichtslehrpersonen, in: Waldis, Monika, Ziegler, Béatrice (Hg.), Forschungswerkstatt Geschichtsdidaktik 17. Beiträge zur Tagung „geschichtsdidaktik empirisch 17" (Geschichtsdidaktik heute 11), Bern 2019.

Dies., Erforschung der Einstellungen von Geschichtslehrpersonen zu fachspezifischer Kompetenzorientierung. Einige Ergebnisse und theoretische Reflexionen zu Mixed Methods, in: Schreiber, Waltraud, Ziegler, Béatrice, Kühberger, Christoph (Hg.), Geschichtsdidaktischer Zwischenhalt. Beiträge aus der Tagung „Kompetent machen für ein Leben in, mit und durch Geschichte" in Eichstätt vom November 2017, Göttingen 2019, 119–130.

Biberger, Bernd, Der „Shift from Teaching to Learning" in einer exegetischen Vorlesung, in: Scheidler, Monika, Reis, Oliver (Hg.), Vom Lehren zum Lernen. Didaktische Wende in der Theologie? (Theologie und Hochschuldidaktik 1), Zürich 2008, 93–106.

Blum, Daniela, Bock, Florian, Henkelmann, Andreas, Der hochschuldidaktische Königsweg? Forschendes Lernen in kirchenhistorischen Seminaren, in: Bock, Florian, Handschuh, Christian, Henkelmann, Andreas (Hg.), Kompetenzorientierte Kirchengeschichte. Hochschuldidaktische Perspektiven „nach Bologna" (Theologie und Hochschuldidaktik 6), Berlin 2015, 91–114.

Ders., Handschuh, Christian, Henkelmann, Andreas (Hg.), Kompetenzorientierte Kirchengeschichte. Hochschuldidaktische Perspektiven „nach Bologna" (Theologie und Hochschuldidaktik 6), Berlin 2015.

Ders., Henkelmann, Andreas, Kompetenzorientierte Kirchengeschichtsdidaktik in Universität und Schule. Chancen und Möglichkeiten einer Neuorientierung nach Bologna, in: Bork, Stefan, Gärtner, Claudia (Hg.), Kirchengeschichtsdidaktik. Verortungen zwischen Religionspädagogik, Kirchengeschichte und Geschichtsdidaktik, Stuttgart 2016, 143–161.

Ders., Henkelmann, Andreas, Was ist und wie lässt sich kirchenhistorische Kompetenz vermitteln? Diskussionsbeitrag am Beispiel eines Propädeutischen Proseminars, in: Bruckmann, Florian, Reis, Oliver, Scheidler, Monika (Hg.), Kompetenzorientierte Lehre in der Theologie. Konkretion – Reflexion – Perspektiven (Theologie und Hochschuldidaktik 3), Berlin u. a. 2011, 85–108.

Brieden, Norbert, Kompetenzorientierung im Vorbereitungsseminar für schulpraktische Studien im Fach „Katholische Religionslehre", in: Bruckmann, Florian, Reis, Oliver, Scheidler, Monika (Hg.), Kompetenzorientierte Lehre in der Theologie. Konkretion – Reflexion – Perspektiven (Theologie und Hochschuldidaktik 3), Berlin 2011, 197–221.

Ders., Ethisches Lernen im Schnittfeld ethik- und religionsdidaktischer Reflexionen, in: Becker, Patrick, Herrler, Andreas, Jöris, Steffen (Hg.), Problem Based Learning (PBL) in der Theologie (Theologie und Hochschuldidaktik 10), Berlin 2020, 87–119.

Bruckmann, Florian, Christologie kompetent, in: Ders., Reis, Oliver, Scheidler, Monika (Hg.), Kompetenzorientierte Lehre in der Theologie. Konkretion – Reflexion – Perspektiven (Theologie und Hochschuldidaktik 3), Münster 2011, 143–166.

Ders., Kirche unterschiedlich leben, ausdrücken und verstehen, in: Dausner, René, Enxing, Julia (Hg.), Impulse für eine kompetenzorientierte Didaktik der Systematischen Theologie (Theologie und Hochschuldidaktik 5), Berlin 2014, 91–106.

Ders., Tu alles mit Rat. Anregungen aus der Benediktsregel für die Hochschuldidaktik, in: Scheidler, Monika, Reis, Oliver (Hg.), Vom Lehren zum Lernen. Didaktische Wende in der Theologie? (Theologie und Hochschuldidaktik 1), Zürich 2008, 125–136.

Ders., Reis, Oliver, Scheidler, Monika (Hg.), Kompetenzorientierte Lehre in der Theologie. Konkretion – Reflexion – Perspektiven (Theologie und Hochschuldidaktik 3), Münster 2011.

Büttner, Gerhard, Kumpf Herbert, Eine Sozialkonferenz im Kaiserreich. Planspiel zur Sozialpolitik der Kirchen und sozialer Gruppen zur Frage der Krankenversicherung, in: Ders. u. a. (Hg.), Kirchengeschichte (Religion Lernen. Jahrbuch für konstruktivistische Religionsdidaktik 2), Hannover 2011, 141–155.

Burrichter, Rita, Gehen, sehen und verstehen. Zum religionspädagogischen Umgang mit Brauchtum in einer enttraditionalisierten Gegenwart, in: Büttner, Gerhard u. a. (Hg.), Kirchengeschichte (Religion Lernen. Jahrbuch für konstruktivistische Religionsdidaktik 2), Hannover 2011, 117–128.

Dannecker, Klaus Peter, Evaluation und Feedback als elementare Methoden liturgischer Bildung, in: Scheidler, Monika, Reis, Oliver (Hg.), Vom Lehren zum Lernen. Didaktische Wende in der Theologie? (Theologie und Hochschuldidaktik 1), Zürich 2008, 185–205.

Dausner, René, „Jesus Christus und die Gottesherrschaft". Eine kompetenzorientierte Erschließung der Christologie, in: Ders., Enxing, Julia (Hg.), Impulse für eine kompetenzorientierte Didaktik der Systematischen Theologie (Theologie und Hochschuldidaktik 5), Berlin 2014, 57–89.

Dierks, Heidrun, Konstruktivistischer Kirchengeschichtsunterricht am Beispiel reformatorischer Flugschriften, in: Büttner, Gerhard u. a. (Hg.), Kirchengeschichte (Religion Lernen. Jahrbuch für konstruktivistische Religionsdidaktik 2), Hannover 2011, 53–67.

Dieterich, Veit-Jakobus, Heiliger – Ketzer – Protestant – Maskottchen? Konstruktionen des Franziskus in Kunst, Kirchengeschichte und Religionsunterricht, in: Büttner, Gerhard u. a. (Hg.), Kirchengeschichte (Religion Lernen. Jahrbuch für konstruktivistische Religionsdidaktik 2), Hannover 2011, 68–84.

Dyma, Oliver, Lesen lernen. Theologische Bildung und alttestamentliche Exegese, in: Bauer, Christian, Kirschner, Martin, Weber, Ines (Hg.), An Differenzen lernen. Tübinger Grundkurse als theologischer Ort (Tübinger Perspektiven zur Pastoraltheologie und Religionspädagogik 50), Münster 2013, 35–42.

Eck, Sebastian, Geht das zusammen: Lehrstückdidaktik und Forschendes Lernen im Inverted Classroom Model? Eine historisch-theologische Lehrveranstaltung anlässlich des Reformationsjubiläums, in: Giercke-Ungermann, Annett, Handschuh, Christian (Hg.), Digitale Lehre in der Theologie: Chancen, Risiken und Nebenwirkungen (Theologie und Hochschuldidaktik 11), Münster 2020, 205–212.

Eberle, Thomas, Kontextstudium und Coaching-Programm an der Universität St. Gallen, in: Oerter, Rolf u. a. (Hg.), Universitäre Bildung – Fachidiot oder Persönlichkeit, München – Mering 2012, 91–112.

Eder, Sigrid, Prettenthaler, Monika, Lebendige Textbegegnung: Ein bibeldiaktisches Lehr-/Lernkonzept in Kooperation von Exegese und Religionspädagogik – exemplarisch dargestellt am Rutbuch und an Psalm 30, in: Giercke-Ungermann, Annett, Huebenthal, Sandra (Hg.), Orks in der Gelehrtenwerkstatt? Bibelwissenschaftliche Lehrformate und Lernumgebungen neu modelliert (Theologie und Hochschuldidaktik 7), Berlin 2016, 137–155.

Enxing, Julia, Zentrale Themen der Gott-Welt-Beziehung – ein fundamentaltheologischer Grundlegungsversuch, in: Dausner, René, Dies. (Hg.), Impulse für eine kompetenzorientierte Didaktik der Systematischen Theologie (Theologie und Hochschuldidaktik 5), Berlin 2014, 23–55.

Euler, Dieter, Forschendes Lernen, in: Spoun, Sascha, Wunderlich, Werner (Hg.), Studienziel Persönlichkeit. Beiträge zum Bildungsauftrag der Universität heute, Frankfurt a. M. 2005, 253–272.

Feeser-Lichterfeld, Ulrich, Digitalisierung und Seelsorge (lernen), in: Giercke-Ungermann, Annett, Handschuh, Christian (Hg.), Digitale Lehre in der Theologie: Chancen, Risiken und Nebenwirkungen (Theologie und Hochschuldidaktik 11), Münster 2020, 245–256.

Fleck, Carola, Vielfalt der Lehrstile als Qualitätsmerkmal theologischer Lehre am Beispiel eines Seminars zum Thema „Natur erleben – religions- und erlebnispädagogische Dimensionen des Schöpfungsglaubens", in: Scheidler, Monika, Reis, Oliver (Hg.), Vom Lehren zum Lernen. Didaktische Wende in der Theologie? (Theologie und Hochschuldidaktik 1), Zürich 2008, 241–255.

Förder, Gabriele, Zellner, Janin, Wo ist hier eigentlich der Dozent?, in: attempto! 20 (2006), 18f, https://uni-tuebingen.de/universitaet/aktuelles-und-publikationen/veroeffentlichungen/attempto/archiv/ (10.06.2021).

Franz, Thomas, Sehen – Urteilen – Handeln. Fundamentaltheologsiche Grundlagen für ein personen- und prozesszentriertes Lehren der kirchlichen Lehre, in: Scheidler, Monika, Reis, Oliver (Hg.), Vom Lehren zum Lernen. Didaktische Wende in der Theologie? (Theologie und Hochschuldidaktik 1), Zürich 2008, 107–124.

Fresacher, Bernhard, An der Lehre lernen. Überlegungen zum Ort der Didaktik in der Theologie, in: Scheidler, Monika, Reis, Oliver (Hg.), Vom Lehren zum Lernen. Didaktische Wende in der Theologie? (Theologie und Hochschuldidaktik 1), Zürich 2008, 137–155.

Gaiser, Birgit, Wedekind, Joachim, Das Ende der Euphorie, in: attempto! 20 (2006), 16f, https://uni-tuebingen.de/universitaet/aktuelles-und-publikationen/veroeffentlichungen/attempto/archiv/(10.06.2021).

Galda, Maria, Intention, Verfahren und Chancen der Lehrevaluation, in: Patrick Becker (Hg.), Studienreform in der Theologie. Eine Bestandsaufnahme (Theologie und Hochschuldidaktik 2), Berlin 2011, 174–183.

Gärtner, Christoph, Pastoraltheologie lehren und lernen im Kontext einer Fachhochschule, in: Scheidler, Monika, Reis, Oliver (Hg.), Vom Lehren zum Lernen. Didaktische Wende in der Theologie? (Theologie und Hochschuldidaktik 1), Zürich 2008, 223–239.

Gialousis, Alexander-Maximilian, Stenske, Claudia, Problembasiertes Lernen im Propädeutikum, in: Becker, Patrick, Herrler, Andreas, Jöris, Steffen (Hg.), Problem Based Learning (PBL) in der Theologie (Theologie und Hochschuldidaktik 10), Berlin 2020, 33–46.

Giercke-Ungermann, Annett, Chancen und Herausforderungen digitaler Lehr-/Lernkonzepte in der Theologie, in: Theologisch-praktische Quartalschrift 2 (2020), 131–137.

Dies., Handschuh, Christian, (Hg.), Digitale Lehre in der Theologie: Chancen, Risiken und Nebenwirkungen (Theologie und Hochschuldidaktik 11), Münster 2020.

Grochulski, Michaela G., Mit Tora, Bibel und Koran. Ein interreligiös-interdisziplinärer Zugang zum ‚Grundkurs Glaubensvollzüge', in: Brieden, Norbert, Reis, Oliver (Hg.), Glaubensreflexion – Berufsorientierung – theologische Habitusbildung. Der Einstieg ins Theologiestudium als hochschuldidaktische Herausforderung (Theologie und Hochschuldidaktik 8), Berlin 2018, 213–229.

Gronover, Matthias, Prekäre Religionspädagogik? Theologische Bildung und Religionspädagogik, in: Bauer, Christian, Kirschner, Martin, Weber, Ines (Hg.), An Differenzen lernen. Tübinger Grundkurse als theologischer Ort (Tübinger Perspektiven zur Pastoraltheologie und Religionspädagogik 50), Münster 2013, 77–89.

Guggenmos, Claudia, Mystagogische Bildung am Beispiel der Seminare Fachdidaktik 2. Theologische Bildung und Religionspädagogik, in: Bauer, Christian, Kirschner, Martin, Weber, Ines (Hg.), An Differenzen lernen. Tübinger Grundkurse als theologischer Ort (Tübinger Perspektiven zur Pastoraltheologie und Religionspädagogik 50), Münster 2013, 69–76.

Dies., Gruppenprozesse in handlungsorientierten religionspädagogischen Seminaren, in: Scheidler, Monika, Reis, Oliver (Hg.), Vom Lehren zum Lernen. Didaktische Wende in der Theologie? (Theologie und Hochschuldidaktik 1), Zürich 2008, 257–274.

Häfele, Hartmut, Maier-Häfele, Kornelia, 101 Online-Seminarmethoden. Methoden und Strategien für die Online- und Blended-Learning-Seminarpraxis, Bonn ²2020.

Handschuh, Christian, Kirchengeschichte, Kompetenz, Curriculum. Oder: Warum es Spaß macht, Kirchengeschichte zu lehren, in: Bock, Florian, Handschuh, Christian, Henkelmann, Andreas (Hg.), Kompetenzorientierte Kirchengeschichte. Hochschuldidaktische Perspektiven „nach Bologna" (Theologie und Hochschuldidaktik 6), Berlin 2015, 155–178.

Handschuh, Christian, Giercke-Ungermann, Annett, E-Learning als Zukunftskonzeption in der Theologie, in: Dies. (Hg.), Digitale Lehre in der Theologie: Chancen, Risiken und Nebenwirkungen (Theologie und Hochschuldidaktik 11), Münster 2020, 11–28.

Heidemann, Astrid, Posterpräsentation und Lerntagebuch – Erfahrungen mit zwei Prüfungsformaten in der Studieneingangsphase, in: Brieden, Norbert, Reis, Oliver (Hg.), Glaubensreflexion – Berufsorientierung – theologische Habitusbildung. Der Einstieg ins Theologiestudium als hochschuldidaktische Herausforderung (Theologie und Hochschuldidaktik 8), Berlin 2018, 271–288.

Heilmann, Jan, Wick, Peter, Exegese des Neuen Testaments in einer Gelehrtenwerkstatt: Forschendes Lernen in den Bibelwissenschaften in einem Blended-Learning-Szenario, in: Giercke-Ungermann, Annett, Huebenthal, Sandra (Hg.), Orks in der Gelehrtenwerkstatt? Bibelwissenschaftliche Lehrformate und Lernumgebungen neu modelliert (Theologie und Hochschuldidaktik 7), Berlin 2016, 105–119.

Hein, Rudolf B., Moraltheologie – Spielwiese für Problemstellungen, in: Becker, Patrick, Herrler, Andreas, Jöris, Steffen (Hg.), Problem Based Learning (PBL) in der Theologie (Theologie und Hochschuldidaktik 10), Berlin 2020, 71–85.

Hense Jan, Mandl, Heinz, Innovative Hochschullehre zur Reduktion der Studienabbruchsquote in MINT-Fächern, in: Oerter, Rolf u. a. (Hg.), Universitäre Bildung – Fachidiot oder Persönlichkeit, München – Mering 2012, 70–90.

Herrler, Andreas, Problembasiertes Lernen – was kann man sich darunter vorstellen?, in: Becker, Patrick, Ders., Jöris, Steffen (Hg.), Problem Based Learning (PBL) in der Theologie (Theologie und Hochschuldidaktik 10), Berlin 2020, 13–30.

Horstmann, Simone, Lernen mit dem Credo – eine interdisziplinäre Vorlesung, in: Brieden, Norbert, Reis, Oliver (Hg.), Glaubensreflexion – Berufsorientierung – theologische Habitusbildung. Der Einstieg ins Theologiestudium als hochschuldidaktische Herausforderung (Theologie und Hochschuldidaktik 8), Berlin 2018, 233–258.

Hotze, Gerhard, Der Theologische Grundkurs als Portal zum Fachstudium am Beispiel der PTH Münster, in: Brieden, Norbert, Reis, Oliver (Hg.), Glaubensreflexion – Berufsorientierung – theologische Habitusbildung. Der Einstieg ins Theologiestudium als hochschuldidaktische Herausforderung (Theologie und Hochschuldidaktik 8), Berlin 2018, 195–212.

Ders., Jesus Christus als Problem? Erfahrungsbericht aus dem Einsatz von PBL in einer neutestamentlichen Christologie-Vorlesung, in: Becker, Patrick, Herrler, Andreas, Jöris, Steffen (Hg.), Problem Based Learning (PBL) in der Theologie (Theologie und Hochschuldidaktik 10), Berlin 2020, 47–60.

Huebenthal, Sandra, Wirtschaftsgleichnisse. Oder: Wie lässt sich eine Vorlesung kompetenzorientiert gestalten?, in: Giercke-Ungermann, Annett, Dies. (Hg.), Orks in der Gelehrtenwerkstatt? Bibelwissenschaftliche Lehrformate und Lern- umgebungen neu modelliert (Theologie und Hochschuldidaktik 7), Berlin 2016, 27–42.

Irlenborn, Bernd, Vom Instruktions- zum Partizipationsmodell? Zur Didaktik der Philosophie im Studium der Theologie, in: Scheidler, Monika, Reis, Oliver (Hg.), Vom Lehren zum Lernen. Didaktische Wende in der Theologie? (Theologie und Hochschuldidaktik 1), Zürich 2008, 157–168.

Jacobs, George Martin, Renandya, Willi A., Student Centered Cooperative Learning. Linking Concepts in Education to Promote Student Learning, Singapur 2019.

Jöris, Steffen, Die Grundlagen der historischen Quellenarbeit: Ein Beitrag der Biblischen Theologie zur interdiszipliären Lehre, in: Giercke-Ungermann, Annett, Huebenthal, Sandra (Hg.), Orks in der Gelehrtenwerkstatt? Bibelwissenschaftliche Lehrformate und Lernumgebungen neu modelliert (Theologie und Hochschuldidaktik 7), Berlin 2016, 15–26.

Jorzik, Bettina (Hg.), Charta guter Lehre. Grundsätze und Leitlinien für eine bessere Lehrkultur, Stifterverband für die Deutsche Wissenschaft, Essen 2013.

Kirschner, Martin, Kompetenter Umgang mit dem Paradox des Glaubens. Theologische Bildung und Systematische Theologie, in: Bauer, Christian, Ders., Weber, Ines (Hg.), An Differenzen lernen. Tübinger Grundkurse als theologischer Ort (Tübinger Perspektiven zur Pastoraltheologie und Religionspädagogik 50), Münster 2013, 61–68.

Kläden, Tobias, Didaktische Herausforderungen an die Praktische Theologie. Ein Plädoyer für eine verstärkte Subjektorientierung in der Didaktik (nicht nur) der Praktischen Theologie, in: Scheidler, Monika, Reis, Oliver (Hg.), Vom Lehren zum Lernen. Didaktische Wende in der Theologie? (Theologie und Hochschuldidaktik 1), Zürich 2008, 207–221.

Klein, Zamyat M., 150 kreative Webinar-Methoden. Kreative und lebendige Tools und Tipps für Ihre Live-Online-Trainings, Bonn [3]2020.

Klöckener, Monnica, Wissenschaftliches Arbeiten in der Kirchengeschichte lernen. Historische Quellentexte als Fälle für Problem Based Learning, in: Becker, Patrick, Herrler, Andreas, Jöris, Steffen (Hg.), Problem Based Learning (PBL) in der Theologie (Theologie und Hochschuldidaktik 10), Berlin 2020, 61–70.

Koller, Edeltraud, Kompetenzorientierung im moraltheologischen Proseminar, in: Bruckmann, Florian, Reis, Oliver, Scheidler, Monika (Hg.), Kompetenzorientierte Lehre in der Theologie. Konkretion – Reflexion – Perspektiven (Theologie und Hochschuldidaktik 3), Berlin 2011, 109–125.

König, Klaus, Kirchengeschichte als Inkulturationsgeschichte von Christlichem (re-)konstruieren, in: Büttner, Gerhard u. a. (Hg.), Kirchengeschichte (Religion Lernen. Jahrbuch für konstruktivistische Religionsdidaktik 2), Hannover 2011, 38–52.

Köster, Norbert, Kirchengeschichtsdidaktik aus der Perspektive der Kirchengeschichte, in: Bork, Stefan, Gärtner, Claudia (Hg.), Kirchengeschichtsdidaktik. Verortungen zwischen Religionspädagogik, Kirchengeschichte und Geschichtsdidaktik, Stuttgart 2016, 13–31.

Kühberger, Christoph, Bernhard, Roland, Bramann, Christoph (Hg.), Das Geschichtsschulbuch. Lehren – Lernen – Forschen (Salzburger Beiträge zur Lehrer/innen/bildung: Der Dialog der Fachddaktiken mit Fach- und Bildungswissenschaften 6), Münster – New York 2019.

Kümper, Hiram, Kirche hat Geschichte, Geschichte hat Didaktik, ergo: Kirchengeschichte hat Geschichtsdidaktik? Ein Kommentar, in: Bock, Florian, Handschuh, Christian, Henkelmann, Andreas (Hg.), Kompetenzorientierte Kirchengeschichte. Hochschuldidaktische Perspektiven „nach Bologna" (Theologie und Hochschuldidaktik 6), Berlin 2015, 181–198.

Kürzinger, Kathrin S., Zimmermann, Barbara, Lernziele und Kompetenzen in aktuellen Konzepten zur Studieneingangsphase in Evangelischer und Katholischer Theologie, in: Brieden, Norbert, Reis, Oliver (Hg.), Glaubensreflexion – Berufsorientierung – theologische Habitusbildung. Der Einstieg ins Theologiestudium als hochschuldidaktische Herausforderung (Theologie und Hochschuldidaktik 8), Münster 2018, 73–110.

Ladenthin, Volker, Schmitt, Jared, Wie man richtig studiert. Von der Immatriculation zum Forschenden Lernen: ein Studienberater, Bonn 2018.

Ders., Brieden, Norbert, Diskussion über den Text in Randbemerkungen, in: Brieden, Norbert, Reis, Oliver (Hg.), Glaubensreflexion – Berufsorientierung – theologische Habitusbildung. Der Einstieg ins Theologiestudium als hochschuldidaktische Herausforderung (Theologie und Hochschuldidaktik 8), Berlin 2018, 134–136.

Leinhäupl, Andreas, Religionspädagogik am Bildschirm lernen? Ein Werkstattbericht, in: Giercke-Ungermann, Annett, Handschuh, Christian (Hg.), Digitale Lehre in der Theologie: Chancen, Risiken und Nebenwirkungen (Theologie und Hochschuldidaktik 11), Münster 2020, 187–194.

Lindner, Konstantin, Kirchengeschichte konstruktivistisch konkretisieren: dem Vaticanum II mit Zeitzeugen auf der Spur, in: Büttner, Gerhard u. a. (Hg.), Kirchengeschichte (Religion Lernen. Jahrbuch für konstruktivistische Religionsdidaktik 2), Hannover 2011, 156–176.

Ders., Kirchengeschichte im Religionsunterricht re-konstruieren. Perspektiven einer konstruktivistischen Kirchengeschichtsdidaktik am Beispiel „Oral History" als Zugang zum Vaticanum II, in: Büttner, Gerhard u. a. (Hg.), Kirchengeschichte (Religion Lernen. Jahrbuch für konstruktivistische Religionsdidaktik 2), Hannover 2011, 85–98.

Luther, Susanne, Die Übersetzung der Kindheitserzählung des Thomas nach dem Codex Sabaiticus: ein innovatives Lehrkonzept im Bereich des Forschenden Lernens, in: Giercke-Ungermann, Annett, Huebenthal, Sandra (Hg.), Orks in der Gelehrtenwerkstatt? Bibelwissenschaftliche Lehrformate und Lernumgebungen neu modelliert (Theologie und Hochschuldidaktik 7), Berlin 2016, 121–136.

Meyer, Guido, Virtuelle Welten als Herausforderung für die Praktische Theologie, in: Giercke-Ungermann, Annett, Handschuh, Christian (Hg.), Digitale Lehre in der Theologie: Chancen, Risiken und Nebenwirkungen (Theologie und Hochschuldidaktik 11), Münster 2020, 47–66.

Mendl, Hans, Kirchengeschichte und Kirchengeschichtsdidaktik – eine Replik, in: Bock, Florian, Handschuh, Christian, Henkelmann, Andreas (Hg.), Kompetenzorientierte Kirchengeschichte. Hochschuldidaktische Perspektiven „nach Bologna" (Theologie und Hochschuldidaktik 6), Berlin 2015, 199–209.

Metzger, Christoph, Nüesch, Charlotte, Fair prüfen. Ein Qualitätsleitfaden für Prüfende an Hochschulen (Hochschuldidaktische Schriften 6), St. Gallen 2004.

Misera, Carsten, Vom Blended Learning zum Flipped Classroom: Das Flipped Classroom Konzept im Religionsunterricht, in: Giercke-Ungermann, Annett, Handschuh, Christian (Hg.), Digitale Lehre in der Theologie: Chancen, Risiken und Nebenwirkungen (Theologie und Hochschuldidaktik 11), Münster 2020, 141–150.

Moos, Christoph, „Einführung in die Theologie als Wissenschaft": Praxisbeispiel für eine Präsenzveranstaltung mit netzgestütztem Lehrkonzept, in: Giercke-Ungermann, Annett, Handschuh, Christian (Hg.), Digitale Lehre in der Theologie: Chancen, Risiken und Nebenwirkungen (Theologie und Hochschuldidaktik 11), Münster 2020, 153–162.

Neuber, Carolin, Geschichte Israels zwischen Lernstoff und Handlungskompetenz: Blended Learning in einer Einführungsveranstaltung, in: Giercke-Ungermann, Annett, Handschuh, Christian (Hg.), Digitale Lehre in der Theologie: Chancen, Risiken und Nebenwirkungen (Theologie und Hochschuldidaktik 11), Münster 2020, 163–174.

Dies., Online-Lernplattformen als Bereicherung für exegetische Seminare: Ein Probelauf mit „Moodle", in: Giercke-Ungermann, Annett, Huebenthal, Sandra (Hg.), Orks in der Gelehrtenwerkstatt? Bibelwissenschaftliche Lehrformate und Lernumgebungen neu modelliert (Theologie und Hochschuldidaktik 7), Berlin 2016, 91–103.

Neuhold, Leopold, Gremsl, Thomas, „Welt im (digitalen) Wandel – Neue Herausforderungen für die Ethik?", in: Giercke-Ungermann, Annett, Handschuh, Christian (Hg.), Digitale Lehre in der Theologie: Chancen, Risiken und Nebenwirkungen (Theologie und Hochschuldidaktik 11), Münster 2020, 67–84.

Ostermann, Martin, Schöttner, Marievonne, „Virtuelle Studienbegleitung" bei Theologie im Fernkurs, in: Giercke-Ungermann, Annett, Handschuh, Christian (Hg.), Digitale Lehre in der Theologie: Chancen, Risiken und Nebenwirkungen (Theologie und Hochschuldidaktik 11), Münster 2020, 225–234.

Paganini, Simone, Biblische Theologie als Objekt von Problem-Based Learning, in: Giercke-Ungermann, Annett, Huebenthal, Sandra (Hg.), Orks in der Gelehrtenwerkstatt? Bibelwissenschaftliche Lehrformate und Lernumgebungen neu modelliert (Theologie und Hochschuldidaktik 7), Berlin 2016, 189–202.

Peters, Bergit, „In weiter Ferne so nah…": Kompetenzerwartungen an Lehrende in medialen Lehr-/Lern-Arrangements, in: Giercke-Ungermann, Annett, Handschuh, Christian (Hg.), Digitale Lehre in der Theologie: Chancen, Risiken und Nebenwirkungen (Theologie und Hochschuldidaktik 11), Münster 2020, 127–132.

Pfäffli, Brigitta K., Lehren an Hochschulen. Eine Hochschuldidaktik für den Aufbau von Wissen und Kompetenzen, Bern [2]2015.

Preißer, Rüdiger, Kompetenzorientierte Hochschuldidaktik, in: Bruckmann, Florian, Reis, Oliver, Scheidler, Monika (Hg.), Kompetenzorientierte Lehre in der Theologie. Konkretion – Reflexion – Perspektiven (Theologie und Hochschuldidaktik 3), Münster 2011, 17–36.

Quenstedt, Jan, Viele Wege führen zum Examen: E-Learning als Wegbegleiter und Wegbereiter, in: Giercke-Ungermann, Annett, Handschuh, Christian (Hg.), Digitale Lehre in der Theologie: Chancen, Risiken und Nebenwirkungen (Theologie und Hochschuldidaktik 11), Münster 2020, 213–224.

Rathner, Ingrid, Lassen Sie mal mich machen…! Lerngruppendidaktik als Schulmodell, in: das magazin der pädagogischen hochschule oö 4 (2019), 5.

Reis, Oliver, Die Bedeutung der allgemeinen Hochschuldidaktik für die theologische Lehre, in: Bauer, Christian, Kirschner, Martin, Weber, Ines (Hg.), An Differenzen lernen. Tübinger Grundkurse als theologischer Ort (Tübinger Perspektiven zur Pastoraltheologie und Religionspädagogik 50), Münster 2013, 117–126.

Ders., ‚What you see, is what you get?' – Zum Grad der Kompetenzorientierung in diesem Band, in: Bock, Florian, Handschuh, Christian, Henkelmann, Andreas (Hg.), Kompetenzorientierte Kirchengeschichte. Hochschuldidaktische Perspektiven „nach Bologna" (Theologie und Hochschuldidaktik 6), Berlin 2015, 211–218.

Ders., Kompetenzorientierung als hochschuldidaktische Chance für die Theologie, in: Scheidler, Monika, Ders. (Hg.), Vom Lehren zum Lernen. Didaktische Wende in der Theologie? (Theologie und Hochschuldidaktik 1), Münster 2008, 19–37.

Ders., Learning Outcomes als diagnostisches und didaktisches Instrument, in: Bock, Florian, Handschuh, Christian, Henkelmann, Andreas (Hg.), Kompetenzorientierte Kirchengeschichte. Hochschuldidaktische Perspektiven „nach Bologna" (Theologie und Hochschuldidaktik 6), Berlin 2015, 17–35.

Ders., Rekonstruktion Systematischer Theologiebildung am Beispiel der Tinitätslehre, in: Dausner, René, Enxing, Julia (Hg.), Impulse für eine kompetenzorientierte Didaktik der Systematischen Theologie (Theologie und Hochschuldidaktik 5), Berlin 2014, 137–154.

Ders., Sinn und Umsetzung der Kompetenzorientierung – Lehre ‚von hinten' denken, in: Becker, Patrick, Studienreform in der Theologie. Eine Bestandsaufnahme (Theologie und Hochschuldidaktik 2), Münster 2011, 108–127.

Ders., Systematische Theologie für eine kompetenzorientierte Religionslehrer/innenausbildung. Ein Lehrmodell und seine kompetenzdiagnostische Auswertung im Rahmen der Studienreform (Theologie und Hochschuldidaktik 4), Münster 2014.

Ders., Der Übergang Schule-Hochschule aus hochschuldidaktischer Sicht, in: Brieden, Norbert, Ders. (Hg.), Glaubensreflexion – Berufsorientierung – theologische Habitusbildung. Der Einstieg ins Theologiestudium als hochschuldidaktische Herausforderung (Theologie und Hochschuldidaktik 8), Münster 2018, 139–157.

Ders., Qualitätsentwicklung im Theologiestudium durch Kompetenzorientierung? Eine Analyse der Chancen und Gefahren der Studienreform, in: ET Studies. Journal of the European Society for Catholic Theology 3 (2012), 169–189.

Ders., Ruschin, Sylvia, Kompetenzorientiertes Prüfen als zentrales Element gelungener Modularisierung, in: Journal Hochschuldidaktik 18 (2007), 6–9.

Ders., Scheidler, Monika, Der „Shift from Teaching to Learning" als Anliegen der Theologiedidaktik, in: Dies., (Hg.), Vom Lehren zum Lernen. Didaktische Wende in der Theologie? (Theologie und Hochschuldidaktik 1), Zürich 2008, 5–18.

Riegel, Ulrich, Fricke, Michael, Martin Luther – leibliches Lernen im Spannungsfeld von Konstruktivismus und Instruktionismus, in: Büttner, Gerhard u. a. (Hg.), Kirchengeschichte (Religion Lernen. Jahrbuch für konstruktivistische Religionsdidaktik 2), Hannover 2011, 99–116.

Riegger, Manfred, Problemorientiertes Lernen mit Professioneller Simulation, in: Becker, Patrick, Herrler, Andreas, Jöris, Steffen (Hg.), Problem Based Learning (PBL) in der Theologie (Theologie und Hochschuldidaktik 10), Berlin 2020, 121–136.

Richter, Regine, Lernen, wie man lehrt, in: attempto! 20 (2006), 20f, https://uni-tuebingen.de/universitaet/aktuelles-und-publikationen/veroeffentlichungen/attempto/archiv/ (10.06.2021).

Rotmann, Julia, Stüting, Katrin, Kirche in der DDR. Ein am Konstruktivismus orientiertes Kirchengeschichtsprojekt in der Einführungsphase der neuen gymnasialen Oberstufe, in: Büttner, Gerhard u.a. (Hg.), Kirchengeschichte (Religion Lernen. Jahrbuch für konstruktivistische Religionsdidaktik 2), Hannover 2011, 129–140.

Rydryck, Michael, Schneider, Michael, Methoden der Auslegung in Exegese und Bibeldidaktik: Ein Seminarkonzept für Lehramtsstudierende, in: Giercke-Ungermann, Annett, Huebenthal, Sandra (Hg.), Orks in der Gelehrtenwerkstatt? Bibelwissenschaftliche Lehrformate und Lernumgebungen neu modelliert (Theologie und Hochschul- didaktik 7), Berlin 2016, 43–54.

Saberschinsky, Alexander, Liturgiewissenschaft lehren und lernen in der ersten Ausbildungsphase, in: Scheidler, Monika, Reis, Oliver (Hg.), Vom Lehren zum Lernen. Didaktische Wende in der Theologie? (Theologie und Hochschuldidaktik 1), Zürich 2008, 169–183.

Ders., Liturgiewissenschaft als hochschuldidaktische Herausforderung im Lehramtsstudiengang, in: Brieden, Norbert, Reis, Oliver (Hg.), Glaubensreflexion – Berufsorientierung – theologische Habitusbildung. Der Einstieg ins Theologiestudium als hochschuldidaktische Herausforderung (Theologie und Hochschuldidaktik 8), Berlin 2018, 259–270.

Sander, Kai G., Wie Digitalisierung Theologie verändern kann: Überlegungen zur Anschlussfähigkeit von Theologie im Brennpunkt digitaler Kommunikation, in: Giercke-Ungermann, Annett, Handschuh, Christian (Hg.), Digitale Lehre in der Theologie: Chancen, Risiken und Nebenwirkungen (Theologie und Hochschuldidaktik 11), Münster 2020, 97–110.

Ders., Die Studieneingangsphase in einem ‚fachhochschulischen' praktisch-theologischen Studiengang, in: Brieden, Norbert, Reis, Oliver (Hg.), Glaubensreflexion – Berufsorientierung – theologische Habitusbildung. Der Einstieg ins Theologiestudium als hochschuldidaktische Herausforderung (Theologie und Hochschuldidaktik 8), Berlin 2018, 179–193.

Schaefer, Christoph, Die „angekommene Offenbarung"? Theologische Bildung und neutestamentliche Exegese, in: Bauer, Christian, Kirschner, Martin, Weber, Ines (Hg.), An Differenzen lernen. Tübinger Grundkurse als theologischer Ort (Tübinger Perspektiven zur Pastoraltheologie und Religionspädagogik 50), Münster 2013, 43–49.

Schaper, Niclas, Ansätze zur Kompetenzmodellierung und -messung im Rahmen einer kompetenzorientierten Hochschuldidaktik, in: Bruckmann, Florian, Reis, Oliver, Scheidler, Monika (Hg.), Kompetenzorientierte Lehre in der Theologie. Konkretion – Reflexion – Perspektiven (Theologie und Hochschuldidaktik 3), Münster 2011, 37–62.

Scheidler, Monika, Kompetenzerwerb in einem religionspädagogischen Basismodul, in: Bruckmann, Florian, Reis, Oliver, Dies. (Hg.), Kompetenzorientierte Lehre in der Theologie. Konkretion – Reflexion – Perspektiven (Theologie und Hochschuldidaktik 3), Berlin 2011, 223–228.

Dies., Didaktische Wende in theologischen Vorlesungen? Zum Zusammenhang zwischen Lehrkonzeptionen von Professoren und studentischen Lernleistungen, in: Dies., Reis, Oliver (Hg.), Vom Lehren zum Lernen. Didaktische Wende in der Theologie? (Theologie und Hochschuldidaktik 1), Zürich 2008, 65–90.

Dies., Hilberath, Bernd Jochen, Wildt, Johannes (Hg.), Theologie Lehren. Hochschuldidaktik und Reform der Theologie (Quaestiones disputatae 197), Freiburg i. Br. 2002.

Dies., Reis, Oliver (Hg.), Vom Lehren zum Lernen. Didaktische Wende in der Theologie? (Theologische Hochschuldidaktik 1), Münster 2008.

Dies., Reis, Oliver, Der „Shift from Teaching to Learning" als Anliegen der Theologiedidaktik, in: Scheidler, Monika, Reis, Oliver (Hg.), Vom Lehren zum Lernen. Didaktische Wende in der Theologie? (Theologie und Hochschuldidaktik 1), Münster 2008, 5–18.

Schneider, Bernhard, Einführung in die Kirchengeschichtsdidaktik – Profil einer Vorlesung und Übung, in: Bock, Florian, Handschuh, Christian, Henkelmann, Andreas (Hg.), Kompetenzorientierte Kirchengeschichte. Hochschuldidaktische Perspektiven „nach Bologna" (Theologie und Hochschuldidaktik 6), Berlin 2015, 117–135.

Schöning, Benedict, Hochschuldidaktik unter der Bedingung der Kultur der Digitalität, in: Giercke-Ungermann, Annett, Handschuh, Christian (Hg.), Digitale Lehre in der Theologie: Chancen, Risiken und Nebenwirkungen (Theologie und Hochschuldidaktik 11), Münster 2020, 113–126.

Schreiber, Waltraud, Ziegler, Béatrice, Kühberger, Christoph (Hg.), Geschichtsdidaktischer Zwischenhalt. Beiträge aus der Tagung „Kompetent machen für ein Leben in, mit und durch Geschichte" in Eichstätt vom November 2017, Göttingen 2019.

Schmermund, Kathrin, „Uni-Dozenten sind in ihrer Rolle sehr frei", in: Forschung & Lehre 21.09.2018, https:// www.forschung-und-lehre.de/lehre/uni-dozenten-sind-in-ihrer-rolle-sehr-frei-1033/ (10.06.2021).

Siegemund, Axel, Öffentliche Theologie im Digitalen: Von der konfessionellen Lehre zur transdisziplinären Echokammer?, in: Giercke-Ungermann, Annett, Handschuh, Christian (Hg.), Digitale Lehre in der Theologie: Chancen, Risiken und Nebenwirkungen (Theologie und Hochschuldidaktik 11), Münster 2020, 85–96.

Silber, Stefan, Virtueller Raum – realer Mehrwert: Ein digitaler Studiengang für Theologie ist keine Notlösung, sondern eine Verheißung, in: Giercke-Ungermann, Annett, Handschuh, Christian (Hg.), Digitale Lehre in der Theologie: Chancen, Risiken und Nebenwirkungen (Theologie und Hochschuldidaktik 11), Münster 2020, 257–266.

Sterck-Degueldre, Jean-Pierre, Ist Jesus übers Wasser gegangen? – Impulse aus der Praxis für eine kompetenzorientierte Hochschuldidaktik, in: Giercke-Ungermann, Annett, Huebenthal, Sandra (Hg.), Orks in der Gelehrtenwerkstatt? Bibelwissenschaftliche Lehrformate und Lernumgebungen neu modelliert (Theologie und Hochschuldidaktik 7), Berlin 2016, 157–172.

Steffens, Ulrich, Höfer, Dieter, Die Hattie-Studie. Hintergrundartikel von Ulrich Steffens und Dieter Höfer zur Studie von John Hattie („Visible Learning", 2009), Wiesbaden 2014.

Strube, Sonja Angelika, „Bei euch aber soll es nicht so sein" – Ein rezipient_innenorientierter Zugang zu Mk 10,35–45, in: Giercke-Ungermann, Annett, Huebenthal, Sandra (Hg.), Orks in der Gelehrtenwerkstatt? Bibelwissenschaftliche Lehrformate und Lernumgebungen neu modelliert (Theologie und Hochschuldidaktik 7), Berlin 2016, 173–188.

Tappen, Julian, Einführung in das Systematische Theologisieren: Ein blended learning-basiertes flipped classroom-Konzept für Lehramtsstudiengänge, in: Giercke-Ungermann, Annett, Handschuh, Christian (Hg.), Digitale Lehre in der Theologie: Chancen, Risiken und Nebenwirkungen (Theologie und Hochschuldidaktik 11), Münster 2020, 175–186.

Tautz, Monika, Handschuh, Christian, Der „garstig breite Graben" zwischen Universität und Schule – oder: Warum Kirchengeschichte und Religionspädagogik einfach zusammenarbeiten müssen, in: Bock, Florian, Handschuh, Christian, Henkelmann, Andreas (Hg.), Kompetenzorientierte Kirchengeschichte. Hochschuldidaktische Perspektiven „nach Bologna" (Theologie und Hochschuldidaktik 6), Berlin 2015, 137–153.

Thumser, Katrin, Noten für die Lehre, in: attempto!, http://www.uni-tuebingen.de/aktuelles/veroeffentlichungen/attempto/archiv.html (10.06.2021).

Van Norden, Jörg, Der narrative Konstruktivismus – Irrweg oder Chance?, in: Büttner, Gerhard u. a. (Hg.), Kirchengeschichte (Religion Lernen. Jahrbuch für konstruktivistische Religionsdidaktik 2), Hannover 2011, 177–194.

Völkl, Bärbel, Man sieht nur mit dem Herzen gut!? – Was hat Thilo Sarrazins Angst um Deutschland mit Geschichte zu tun? Kritische Überlegungen zur Sinnbildung über Zeiterfahrung, in: Büttner, Gerhard u. a. (Hg.), Kirchengeschichte (Religion Lernen. Jahrbuch für konstruktivistische Religionsdidaktik 2), Hannover 2011, 23–37.

Wagner, Thomas, From Teaching to Coaching: Lernprozesse auf digitalen Lernplattformen ermöglichen und begleiten, in: Giercke-Ungermann, Annett, Handschuh, Christian (Hg.), Digitale Lehre in der Theologie: Chancen, Risiken und Nebenwirkungen (Theologie und Hochschuldidaktik 11), Münster 2020, 133–140.

Waldis, Monika, Ziegler, Béatrice (Hg.), Forschungswerkstatt Geschichtsdidaktik 17. Beiträge zur Tagung "geschichtsdidaktik empirisch 17" (Geschichte heute 11), Bern 2019.

Walder, Josef, Gott auf der Spur? Möglichkeiten und Grenzen digitaler Medien und digitaler Lehre in theologischen und religionspädagogischen Arbeitsfeldern, in: Giercke-Ungermann, Annett, Handschuh, Christian (Hg.), Digitale Lehre in der Theologie: Chancen, Risiken und Nebenwirkungen (Theologie und Hochschuldidaktik 11), Münster 2020, 31–46.

Weber, Ines, Personenorientierte Geschichte. Theologische Bildung und Mittlere und Neue Kirchengeschichte, in: Bauer, Christian, Kirschner, Martin, Dies. (Hg.), An Differenzen lernen. Die Tübinger Grundkurse als theologischer Ort (Tübinger Perspektiven zur Pastoraltheologie und Religionspädagogik 50), Münster 2013, 51–59.

Dies., Metakognitiver Kompetenzerwerb und Perspektivenwechseln in der Vorlesung – Kirchengeschichte im Aufbau- und Vertiefungsmodul, in: Bock, Florian, Handschuh, Christian, Henkelmann, Andreas (Hg.), Kompetenzorientierte Kirchengeschichte. Hochschuldidaktische Perspektiven „nach Bologna" (Theologie und Hochschuldidaktik 6), Berlin 2015, 71–89.

Dies., Von Kontinuitäten und Wandlungen. Die Grundwissen II – Vorlesung im Basismodul, in: Bock, Florian, Handschuh, Christian, Henkelmann, Andreas (Hg.), Kompetenzorientierte Kirchengeschichte. Hochschuldidaktische Perspektiven „nach Bologna" (Theologie und Hochschuldidaktik 6), Berlin 2015, 37–49.

Weber, Katja, Wenn ich auch was sagen darf..., in: attempto! 20 (2006), 14f, http://www.uni-tuebingen.de/aktuelles/veroeffentlichungen/attempto/archiv.html (14.06.2021).

Weckwerth, Andreas, „‚Verstehst Du auch, was Du liest?' – ‚Wie könnte ich es, wenn mich niemand anleitet?'" – Eine kompetenzorientierte Einführung in das Studium der Alten Kirchengeschichte, in: Bock, Florian, Handschuh, Christian, Henkelmann, Andreas (Hg.), Kompetenzorientierte Kirchengeschichte. Hochschuldidaktische Perspektiven „nach Bologna" (Theologie und Hochschuldidaktik 6), Berlin 2015, 51–68.

Wick, Peter, Sinnoffene Textdeutung und Digitales Lernen: Wie Studierende mit Hilfe eines Wikis zu Textforschern werden!, in: Giercke-Ungermann, Annett, Handschuh, Christian (Hg.), Digitale Lehre in der Theologie: Chancen, Risiken und Nebenwirkungen (Theologie und Hochschuldidaktik 11), Münster 2020, 195–204.

Winkler, Mathias, Exegetische Kompetenzen aufbauen und prüfen: Ein dreistufiges Modell für das biblische Proseminar, in: Giercke-Ungermann, Annett, Huebenthal, Sandra (Hg.), Orks in der Gelehrtenwerkstatt? Bibelwissenschaftliche Lehrformate und Lernumgebungen neu modelliert (Theologie und Hochschuldidaktik 7), Berlin 2016, 55–67.

Anmerkungen

1 www.gute-gesellschaft.com
2 Lenzen, Dieter, Humboldt und Bologna: das verträgt sich!, in: attempto! 32 (2012), 10f, 10, https://uni-tuebingen.de/universitaet/aktuelles-und-publikationen/veroeffentlichungen/attempto/archiv/ (10.06.2021).
3 Mohr, Ernst, Vorwort, in: Spoun, Sascha, Wunderlich, Werner (Hg.), Studienziel Persönlichkeit. Beiträge zum Bildungsauftrag der Universität heute, Frankfurt a. M. 2005, 9f, 9.
4 Göring, Michael, Vorwort, in: Spoun, Sascha, Wunderlich, Werner (Hg.), Studienziel Persönlichkeit. Beiträge zum Bildungsauftrag der Universität heute, Frankfurt a. M. 2005, 11, 11.
5 Mohr, Vorwort (wie Anm. 3), 9f.
6 Enzyklika ‚LAUDATO SI' von Papst Franziskus über die Sorge für das gemeinsame Haus, hg. v. Sekretariat der Deutschen Bischofskonferenz (Verlautbarungen des Apostolischen Stuhls 202), Bonn [4]2018, VI,53.
7 Gomez, Peter, Vorwort, in: Spoun, Sascha, Wunderlich, Werner (Hg.), Studienziel Persönlichkeit. Beiträge zum Bildungsauftrag der Universität heute, Frankfurt a. M. 2005, 12, 12.
8 Persönlichkeit versus Digitalisierung: Wie sieht Lernen und Lehren in der Zukunft aus?, in: Bildungsspiegel. Weiterbildung und Personalwesen, https://www.bildungsspiegel.de/news/weiterbildung-bildungspolitik/1087-persoenlichkeitversus-digitalisierung-wie-sieht-lernen-und-lehren-in-der-zukunft-aus (10.06.2021).
9 Bildung der Zukunft: Persönlichkeitsbildung versus Digitalisierung, in: Euro Akademie Magazin, https://www.euroakademie.de/magazin/bildung-der-zukunft-persoenlichkeit-versus-digitalisierung/ (10.06.2021).
10 Decretum de apostolatu laicorum. Dekret über das Apostolat der Laien. „Apostolicam actuositatem", hg. v. Hünermann, Peter, Hilberath, Bernd Jochen, Die Dokumente des Zweiten Vatikanischen Konzils. Konstitutionen, Dekrete, Erklärungen (Herders theologischer Kommentar zum Zweiten Vatikanischen Konzil 1), Freiburg i. Br. – Basel – Wien 2004, 387–435, 4,7.
11 Ebd., 5,1.
12 Ebd.
13 Ebd., 3,4.
14 Ebd.
15 Kongregation für das Katholische Bildungswesen, Erziehung heute und morgen. Eine immer neue Leidenschaft. Instrumentum laboris, Vatikanstadt 2014, http://www.educatio.va/content/dam/cec/Documenti/ Educare%20oggi%20e%20domani_%2 0ITALIANO.pdf (10.06.2021), dt. Fassung: https://schulen.katholisch.de/Portals/0/PDF/DBK_Dokumente/DBK_Instrumentum.pdf (10.06.2021), 12.
16 Ebd., 11.
17 Der europäische Hochschulraum. Gemeinsame Erklärung der Europäischen Bildungsminister. 19. Juni 1999, Bologna, hg. v. Hallermann, Heribert, Katholische Theologie im Bologna-Prozess. Gesetze, Dokumente, Berichte (Kirchen- und Staatskirchenrecht 13), Paderborn u. a., 139–141, 139.
18 Kongregation für das Katholische Bildungswesen, Erziehung heute und morgen (wie Anm. 15), 12.
19 Ebd., 21.
20 Ebd., 8f.
21 Ebd., 5.
22 Apostolische Konstitution „VERITATIS GAUDIUM" von Papst Franziskus über die kirchlichen Universitäten und Fakultäten, hg. v. Sekretariat der Deutschen Bischofskonferenz (Verlautbarungen des Apostolischen Stuhls 211), Bonn 2018, Einleitung, 3.
23 Kongregation für das Katholische Bildungswesen, Erziehung heute und morgen (wie Anm. 15), 20.
24 Ebd., 12.
25 Ebd., 21.
26 Beckmann-Zöller, Beate, Bildung zur Menschwerdung. Der Beitrag des christlichen Glaubens zur Entfaltung humaner Personalität, in: Theologisch-praktische Quartalschrift 158 (2010), 160–169, 161.
27 Kongregation für das Katholische Bildungswesen, Erziehung heute und morgen (wie Anm. 15), 16.
28 Ebd., 11.

29 Veritatis Gaudium (wie Anm. 22), I,3,2.
30 Kongregation für das Katholische Bildungswesen, Erziehung heute und morgen (wie Anm. 15), 32.
31 Ebd., 20.
32 Ebd., 11.
33 Ebd., 17.
34 Holzem, Andreas, Die Geschichte des „geglaubten Gottes". Kirchengeschichte zwischen „Memoria" und „Historie", in: Leinhäupl-Wilke, Andreas, Striet, Magnus (Hg.), Katholische Theologie studieren: Themenfelder und Disziplinen (Münsteraner Einführungen: Theologie 1), Münster 2000, 73–103, 74.
35 Ders., Praktische Theologie in der Vergangenheitsform. Die Geschichte des Christentums als Geschichte des ‚geglaubten Gottes', in: Nauer, Doris, Bucher, Rainer, Weber, Franz (Hg.), Praktische Theologie. Bestandsaufnahme und Zukunftsperspektiven. Festschrift Ottmar Fuchs (Praktische Theologie heute 74), Stuttgart 2005, 388–397, 388.
36 Der Reader wird in einem der Folgebände innerhalb dieser Reihe publiziert werden.
37 Der Reader wird in einem der Folgebände innerhalb dieser Reihe publiziert werden.
38 Der Reader wird in einem der Folgebände innerhalb dieser Reihe publiziert werden.

Notizen